剩餘價值理論導讀

《中冊》

北京大學經濟系《資本論》研究組 編著

財經錢線

再版前言

為紀念馬克思忌辰一百週年（1983 年），山東人民出版社於 20 世紀 80~90 年代出版了《資本論》研究叢書（共計 24 種），這是當年中國理論界和出版界的一件盛事，於光遠、孫冶方、薛暮橋、陳岱孫和陶大鏞等學界老前輩擔當顧問，中國經濟界著名領導人和學者許滌新特為叢書作序。《〈剩餘價值理論〉導讀》（原名《〈剩餘價值理論〉釋義》）即是其中之一，由北京大學經濟系《資本論》研究組編寫，於 1985—1993 年分三冊出版。

本書力求闡明馬克思《剩餘價值理論》這部重要遺稿的基本論點及其在馬克思經濟思想發展中的重要地位。我們所依據的版本是中共中央編譯局編譯、人民出版社出版的《馬克思恩格斯全集》第 26 卷（第一分冊 1972 年，第二分冊 1973 年，第三分冊 1974 年）；為閱讀或查找方便，本書也相應地分作上、中、下三冊，並採用了該版本的全部標題及相關符號。

本書的編寫是在陳岱孫教授指導下進行的。當時正值「文革」浩劫終結不久，在理論上正本清源、撥亂反正尚是一項艱鉅而繁重的任務；正確解釋和領會馬克思這部遺稿的內涵和精神，不僅具有重要的科研價值，而且具有重要的政治意義。當年教學研究因「文革」而荒疏多年，加之缺乏新的參考資料，時間又十分緊迫，編寫組面臨不少困難，但經大家同心協力，分工合作，多次研討修改，終於在預定期限內拿出了這項具有長久科學價值的成果。

時光荏苒，歲月如梭，當年眾人合作攻關之場景尚歷歷在目，未曾想繼陳岱孫教授於 1997 年仙逝之後，參與寫作的金以輝、徐淑娟、周元和周勤英教授亦先後辭世，實令人深以為憾。此次重新出版，為不煩勞業已年高的弓孟謙和靳蘭徵兩位教授，我索性越俎代庖，將全書（包括他們兩位撰寫的部分在內）加以掃描和整理，對全書文字和論述做了訂正。為了更恰當地反應本書幫助或指導讀者閱讀原著的宗旨，特將原書名之「釋義」更改為「導讀」，但對全書內容未做任何實質性改動。這個版本的文責當然在我，熱誠歡迎專家學者和廣大讀者不吝批評指正。

當年各位編寫者的分工如下：

晏智杰：全書緒論、總的評論、第一章、第三章（第 8~11 節）、第四章（第 5~20 節）、第六章、原第一冊附錄（第 8~10 節，第 13 節），第八章、第十九章、第二十章。負責修訂第一冊文字。

弓孟謙：第二章、第三章（第 1~7 節）、第五章、第七章、第十章、第二十二章、第二十三章、第二十四章、原第三冊附錄。

靳蘭徵：原第一冊附錄（第 1~7 節，第 11~12 節），第九章、第十三章、第十四章、原第二冊附錄、第二十一章。

周元：第四章（第 1~4 節）。

徐淑娟：第十一章、第十二章。
周勤英：第十五章、第十六章。
金以輝：第十七章、第十八章。
本次再版，由晏智杰整理和審定。

晏智杰

於北京大學

目 錄

剩餘價值理論
（《資本論》第四卷）
中冊

[第八章] 洛貝爾圖斯先生。新的地租理論(插入部分)

《馬克思恩格斯全集》編者在註釋中指出，馬克思在寫完《剩餘價值理論》第一分冊之後，按照他的計劃，應該著手寫李嘉圖部分，但是，馬克思沒有立即著手進行這一工作。起初，他準備在第一分冊關於蘭蓋的研究之後，接著寫布雷。但論布雷的一章沒有寫完，便轉而寫作本章。馬克思是在 1862 年 6 月寫作論洛貝爾圖斯這一章的。拉薩爾在 1862 年 6 月 9 日給馬克思的信裡，請馬克思在最近把洛貝爾圖斯論地租的書還給他，這可能是促使馬克思立即寫作本章的一個原因。這一點可以從下面即將引用的馬克思於 1862 年 6 月 19 日致拉薩爾的信中得到證明。不過，還有更重要的原因，促使馬克思在分析李嘉圖的地租理論之前，插入對洛貝爾圖斯地租理論的分析。這時候，馬克思對李嘉圖地租理論的錯誤已經弄清楚了。馬克思認為，李嘉圖地租理論的根本缺陷之一，是沒有絕對地租的概念。而洛貝爾圖斯在《給馮·基爾希曼的第三封信：駁李嘉圖的地租學說，對新的地租理論的論證》（1851 年）中，企圖闡明「一般地租」的概念，所以，馬克思寫了這個插入部分。

事實上，洛貝爾圖斯早在 1842 年發表的《關於德國國家經濟狀況的認識》(以下簡稱《認識》) 一書中，已經提出了他在後來作了發揮的地租論的基本觀點。洛貝爾圖斯認為，李嘉圖的地租論只說明了地租的級差，而沒有說明「一般地租的產生」，洛貝爾圖斯所要闡明的恰是這個「一般地租」的起源和性質。[①] 可是，馬克思沒有看到這本書。

在閱讀本章以前，重溫馬克思在寫作本章過程中，於 1862 年 6 月 16 日致拉薩爾的信是很有益處的。馬克思在這封信中扼要指出了洛貝爾圖斯地租論的

① 洛貝爾圖斯. 關於德國國家經濟狀況的認識 [M]. 斯竹，譯. 北京：商務印書館，1982：126.

最基本論點以及他對這一理論的總評價。

馬克思說：「你就洛貝爾圖斯和羅雪爾提出的警告，使我想起還應該從他們的著作中做些摘錄，並對摘錄下來的東西加點評語。關於洛貝爾圖斯，我在給你的第一封信中對他所做的評價並不完全公正①。他的書②中確實有很多好東西。只是他想創立一種新的租的理論的企圖，可以說是近乎幼稚的，可笑的。在洛貝爾圖斯看來，在農業中是並不計算原料的。因為洛貝爾圖斯斷言，德國農民自己並不把種子、飼料等等列入開支，並不計算這些生產費用，也就是說**計算得不正確**。按照這種理論，在農場主已經正確計算了一百五十多年的英國，就**根本**不應該有地租存在。由此應該得出的並不是洛貝爾圖斯所得出的那種結論——租佃者所以繳租是因為他們的利潤率高於工業中的利潤率——而是應該得出這樣的結論：他繳租是由於計算得不對，而使他滿足於較低的利潤率。不過，單是這個例子就使我意識到，不太發達的德國經濟關係必然要在頭腦裡產生混亂。李嘉圖的地租理論，就其目前的表述方式來說，是絕對不正確的，但是對它提出的一切異議，要麼由於不理解，要麼充其量不過是表明特定的現象乍看起來同李嘉圖的理論不相符。但是後一種情況決不能推翻這種或那種理論。為反對李嘉圖而提出的正面理論卻更要錯誤一千倍。雖然洛貝爾圖斯先生正面去解決也是那樣幼稚，但是其中包含有正確的傾向。」③

這就是說，洛貝爾圖斯試圖論證「一般地租」的存在是可取的、正確的、值得贊揚的。可是他所提出的理論本身是幼稚的、可笑的、站不住腳的。造成這種情況的原因，既有實踐方面的，即德國當時（19世紀40年代）資本主義關係的不發展；又有理論方面的，即堅持有缺陷的勞動價值論，不懂得價值與生產價格的區分。這樣，對洛貝爾圖斯地租論的分析，勢必涉及價值論和生產價格論，涉及資本主義條件下農業和工業發展的不同特點，而對這些理論和問題，馬克思在過去還沒有系統研究和闡述過。因此，在本章，馬克思並沒有立即直接評述洛貝爾圖斯的地租論的具體觀點（這些評述是從第四節以後展開的），而是用了很多篇幅（前三節）從正面探討和闡明自己關於價值與生產價

① 指1861年5月8日的信，馬克思在信中說：「關於洛貝爾圖斯的著作，它的傾向是完全值得贊揚的。至於其他方面，則好的地方不新，新的地方不好。」

② 指洛貝爾圖斯：《給馮・基爾希曼的第三封信：駁李嘉圖的地租學說，對新的地租理論的論證》。

③ 指1976年版第159~160頁《馬克思恩格斯〈資本論〉書信集》中的《馬克思致斐迪南・拉薩爾（1862年6月16日）》。

格的基本理論，弄清楚了這一理論，洛貝爾圖斯（還有李嘉圖）在地租論上的一個基本錯誤也就徹底明白了。應當指出，這是馬克思第一次系統地探討他的生產價格論。這一理論在後來所寫的《資本論》第三卷中得到了進一步的完善。

馬克思在這裡所評述的洛貝爾圖斯，是 19 世紀中期德國著名經濟學家、資產階級改良主義者、德國「國家社會主義」理論（代表資產階級化的普魯士貴族利益）的奠基人之一①。他的最主要代表作是 1842 年出版的《關於德國國家經濟狀況的認識》。他在這本書中全面闡述了價值論、租金論（實即剩餘價值論）、分配論以及危機論等。關於這本書，恩格斯在很久以後（1884 年 8 月 1 日）致考茨基的信中，曾經做過這樣的評價：「洛貝爾圖斯的這本書，確實是他寫的所有著作中最好的一本。無論就好的方面或壞的方面來說，這是一本年輕人的著作，是後來那些老調的藍本。此書證明，如果他繼續研究下去，而不去編造烏托邦的話（指他主張以勞動券代替貨幣，改善資本主義分配制度的空想主義方案——引者註），他就已經十分接近了問題的實質。」馬克思沒有見過這本書。馬克思在這裡詳加評論（在《資本論》中又多次提到）的，是洛貝爾圖斯關於地租的一本書《給馮·基爾希曼的社會問題書簡。第三封信：駁李嘉圖的地租學說，對新的地租理論的論證》（1851 年）。第一、二封信出版於 1850 年，第四封信是作者死後問世的。除此以外，洛貝爾圖斯還寫了不少有關德國貨幣、信貸等方面的文章。

洛貝爾圖斯揚名於世，常同所謂馬克思「剽竊」了洛貝爾圖斯的剩餘價值理論這一歷史上曾經出現的指責和誹謗有關。洛貝爾圖斯生前私下提出的這一指責，在他死後，由德國「講壇社會主義者」和其他一些敵視馬克思主義的資產階級學者發展成了一場詆毀馬克思聲譽的運動。在這場用心險惡的誹謗甚囂塵上之時，恩格斯先後發表了「馬克思和洛貝爾圖斯」（為馬克思《哲學的貧困》所寫的德文版序言）和《資本論》第二卷編者序言，以無可辯駁的事實和對剩餘價值理論發展史的科學概括，駁斥了洛貝爾圖斯之流的讕言。恩

① 洛貝爾圖斯 1805 年 8 月生於普魯士西北部格賴夫斯瓦德一個瑞典司法官兼羅馬法教授之家。他在梅克倫堡文科中學畢生後，先後在戈丁根（1823—1825）和柏林（1825—1826）攻讀法學，畢業後曾任法官。1830 年左右開始研究政治經濟學，並赴瑞士、法國和荷蘭等國旅遊。1834 年在波美拉尼亞購置亞格措夫莊園，1836 年起在此莊園定居。1841 年他當選為州議員，1847 年起任省自治會騎士階層代表，之後在柏林任地方自治會會員。1848 年革命期間，任法蘭克福議會議員，致力於革新貴族政治；並曾任具有自由主義傾向的漢澤曼內閣文教部長（僅 14 天），之後又以「波羅的海地區工人階級福利同盟」主席身分加入議會。1875 年 12 月洛貝爾圖新病逝。

格斯的駁斥是這樣完全和徹底，連那些對馬克思主義從不容情的資產階級學者也不可能再提出什麼質疑①。恩格斯的回擊一勞永逸地粉碎了對馬克思的這場無恥攻擊②。

事實上，在價值論和剩餘價值論方面，馬克思完全是走的自己的路，而不需要洛貝爾圖斯的指點。馬克思對斯密和李嘉圖做了全面深入地研究，繼承並發展了他們的理論，而洛貝爾圖斯並沒有比他們前進一步。洛貝爾圖斯關於「租」的概念，不過是古典派早已闡明的資本家和地主階級的收入是對工人無償勞動的佔有這一論斷的重複。他關於「經濟財貨僅以勞動為代價」的原理，也沒有超出李嘉圖勞動價值論的水準。洛貝爾圖斯不理解資本主義社會的歷史前提，不理解勞動二重性，不理解剩餘價值的真正源泉，也不理解價值向生產價格的轉化。當然，洛貝爾圖斯在德國經濟思想史上理應佔有一席之地，這是因為他在德國資產階級經濟學界第一次提出並堅持了李嘉圖的勞動價值原理，接近於發現剩餘價值以及試圖說明一般地租等理論上的功績，而且正值否認理論研究的意義、反對古典經濟學的歷史學派興起之時。

研讀本章，除了會對洛貝爾圖斯的地租論和價值論加深認識之外，主要意義在於，使我們對馬克思在分析批判洛貝爾圖斯地租論的過程中，初次闡述的生產價格論和地租論，獲得明確的概念。

[(1) 農業中的超額剩餘價值。在資本主義條件下，農業的發展比工業慢]

馬克思在這裡探討了農業中超額利潤形成的特點，又「大略地談了一下」「農業中存在著提高利潤率（不是暫時提高而是同工業相比，平均地提高）的某些原因」。(第二分冊第 11 頁，註：書中引文均為中央編譯局編譯，人民出版社 1972—1974 年出版的《馬克思恩格斯全集》第 26 卷版本，為查閱方便，直接在引文後註頁碼，全書同)③

① 例如，著名資產階級經濟學史家熊彼得曾就此指出：「我不認為有什麼過硬的理由，可以駁回恩格斯對馬克思『剽竊』了洛貝爾圖斯這一說法的反駁。」(《經濟分析史》英文版第 508 頁)

② 關於恩格斯對所謂「剽竊」同題的駁斥，還可參閱恩格斯的下述信件：1884 年 3 月 6 日致查蘇利奇；1884 年 4 月 11 日致伯恩斯坦等。

③ 從第 8 章到第 18 章，引文括弧內頁碼均引自《剩餘價值理論》(《資本論》第 4 卷)（即《馬克思恩格斯全集》26 卷）第二冊，人民出版社，1973 年版。

馬克思在事先所做的說明中指出，在分析地租問題時，勢必要涉及的農業短工的「平均工資」。「是工人一日產品中必須歸他的那一部分產品的**價值**。」（第二分冊第 3 頁）這個價值最初以他所生產的一定量商品形式存在，在扣除了他自己消費的那一部分之後，他還可以用剩下的商品去交換他所需要的農業或工業品即生活資料。「因此，在這裡，對於他的必要『收入』說來，工業、農業等等也具有意義，而不只是他自己生產的**使用價值**才具有意義。但是，**商品**的概念本身就包含了這一點。工人生產的是商品，不簡單是產品。」（第二分冊第 3~4 頁）這也就意味著，分析的前提是資本主義商品生產和資本主義農業關係。

馬克思在研究農業中超額利潤形成的特點之前，首先評述了洛貝爾圖斯的「租」概念。「洛貝爾圖斯先生首先研究在土地佔有和資本佔有還**沒有分離**的國家中是什麼情況，並且在這裡得出重要的結論說：租（他所謂租，是指全部**剩餘價值**）只等於無酬勞動，或無酬勞動借以表現的產品量。」（第二分冊第 4 頁）

洛貝爾圖斯在其《認識》（1842 年）中已經發表了類似觀點。他說：「租金是無需任何勞動、憑財產而獲得的一種收入。租金因其所憑藉的財產是土地或是資本而分為地租和資本租金。」① 他又說：「如果勞動生產率很高，除勞動者必需生活資料外還能生產許多消費資料，若是存在土地和資本的私有制，這種多餘產品就成為租金，即被他人不勞而獲，換言之，土地和資本的私有制是獲取租金的原則。」②

馬克思接著評論道：「首先要注意，洛貝爾圖斯所指的只是**相對**剩餘價值的增長，就是說，只是由於勞動生產率提高而產生的剩餘價值的增長，而不是由於工作日本身延長而產生的剩餘價值的增長。」（第二分冊第 4 頁）

洛貝爾圖斯的這一局限性在其《認識》一書中也有**明顯的反應**。例如，他說：「猶如足夠的生產率是租金在**客觀可能性**方面的唯一基礎一樣，租金的增加，也只有在勞動生產率提高之後才有可能。……租金總是在勞動生產率提

---

① 洛貝爾圖斯. 關於德國國家經濟狀況的認識——五大原理［M］. 斯竹，陳慧，譯. 北京：商務印書館，1982：108.

② 洛貝爾圖斯. 關於德國國家經濟狀況的認識——五大原理［M］. 斯竹，陳慧，譯. 北京：商務印書館，1982：114.

高時才能增加。」①

馬克思在指出絕對剩餘價值和相對剩餘價值這兩個概念的聯繫和區別之後，著重指出，在一定條件下（極力壓低工資或極度延長工作日），在勞動生產率低的情況下，仍可有較高的利潤率。馬克思由此得到以下重要結論：「總之，不應該因為在某個國家中勞動的相對價值隨該國勞動生產率的增長而下降，就認為在不同國家中工資與勞動生產率成反比。情況恰恰相反。在世界市場上一個國家同其他國家相比，生產率越高，它的工資也就越高。在英國，不僅名義工資比大陸高，實際工資也比大陸高。工人吃較多的肉，滿足較多的需要。可是，這只適用於工業工人，不適用於農業工人。不過，英國的工資高的程度，沒有達到英國工人的生產率超過其他國家工人的生產率的程度。」（第二分冊第 5 頁）

以上結論，對我們準確地領會馬克思關於資本主義條件下工人階級狀況的觀點，顯然是很有意義的。不過，在這裡，首先應該注意的還是馬克思說的這一點，即「只適用於工業工人，不適用農業工人，」並由此提出了地租存在的**可能性**。

馬克思說：「由於農業工人的平均工資低於工業工人的平均工資，地租（也就是說，土地所有權的現代形式）已經成為可能，這是撇開由土地肥力不同引起的地租差別而單單就地租的存在本身說的。……剩餘價值可以由於工資壓到傳統水準以下而增加。凡是以資本主義生產方式經營農業生產的地方，實際上都是這種情況。……因此，這裡已經有了地租的**可能性**。」（第二分冊第 5 頁）對這種實際情況，不少資產階級經濟學者都曾提出過。值得注意的是，馬克思這裡所說的僅是地租出現的可能性，並不是說對農業工人工資的扣除就是本來意義上的地租。事實上，馬克思後來指出，對工資和利潤的扣除，常常構成土地所有者的收入，但是，從經濟學上來說，這些扣除都不是典型的資本主義地租②。

馬克思又指出：「地租的第二種增加，即價格不變，地租由於產品增加而增加，李嘉圖也知道，但是沒有加以考慮。」（第二分冊第 6 頁）

接下去，馬克思指出了農業超額利潤形成的特點：「不論怎樣解釋地租本

① 洛貝爾圖斯. 關於德國國家經濟狀況的認識——五大原理［M］. 斯竹，陳慧，譯. 北京：商務印書館，1982：112.

② 參見馬克思：《資本論》第 3 卷第 37 章。

身，農業同工業比起來，仍然存在著**重大差別**。超額剩餘價值的產生，在工業中是由於產品的生產較便宜，而在農業中是由於產品的生產較貴。」（第二分冊第6頁）其原因在於，農業的基本生產條件（土地）的數量有限，肥沃土地更有限。為了滿足社會對農產品的需求，比較不肥沃的土地必然加入耕作，從而提高了農產品的生產費用和價格。「李嘉圖不僅不否認這一點，並且十分明確地強調這一點。」（第二分冊第6頁）事實上，這正是李嘉圖級差地租理論的基本論證，這個論證是正確的。不過，李嘉圖只用它來論證級差地租，說明地租的相對量（級差地租）的產生，不僅由於肥沃土地的產品的價格提到它的價值之上，並且由於便宜產品按較貴產品的生產費用出賣。後來的分析表明，絕對地租的形成跟農業超額利潤形成的上述特徵也是分不開的。

在李嘉圖的地租論中，土地肥力的不同只是形成地租的一個必要條件，地租的出現是農產品價值決定範疇內的事情。蒲魯東企圖用土壤肥沃程度來決定地租，說明地租的起源。馬克思在批判蒲魯東的這一錯誤觀點時，解釋了李嘉圖的正確觀點，並強調指出，產生地租的規律「僅僅是競爭的規律，它不是從『土地』產生，而是從『資本主義生產』本身產生的」。(第二分冊第7頁)①

最後，馬克思著重分析了農業利潤率可能大於工業利潤率這一重要事實。

馬克思首先肯定了李嘉圖的又一個正確的觀察（不過，李嘉圖按資產階級經濟學家的習慣，把歷史現象變成永恆的規律），「這個歷史現象就是工業（真正資產階級的生產部門）比農業發展快。農業生產率提高了，但是比不上工業生產率提高的程度……這一點僅僅證明資產階級生產的極其古怪的發展和它所固有的矛盾，但是並不妨礙下述論點的正確性：農業生產率在相對地降低，因而同工業品相比，農產品的價值以及地租都在提高。」（第二分冊第7頁）

為什麼會這樣呢？馬克思說：「除了如畜牧業、養羊業等絕對排擠人口的一些農業部門以外，甚至在最先進的大農業中，使用的人數對使用的不變資本的比例，總是比工業，至少比主要工業部門大得多。」（第二分冊第11頁）用馬克思後來確定的術語來說，就是農業中資本有機構成較工業低。因此，即使由於某些原因，農業中的剩餘價值量小於工業中使用相同人數時得到的剩餘價值量，農業的利潤率仍可能大於工業的利潤率。

確認農業中超額利潤形成的特點和農業利潤率會大於工業利潤率這一歷史事實，就為在勞動價值論基礎上闡明絕對地租奠定了基石，甚至大體上說明了

① 參見馬克思：《哲學的貧困》第二章第四節（土地所有權或地租）。

絕對地租本身。既然在農業中會合乎規律地存在超過工業的超額剩餘價值，「那麼，單單土地所有者的存在這一事實本身，就使這種超額利潤不是進入一般利潤率的平均化過程，而是固定下來，落到土地所有者手中。」（第二分冊第 11 頁）馬克思絕對地租論的藍圖已經顯現在我們面前。

[(2) 利潤率和剩餘價值率的關係。作為農業中的不變資本要素的農業原料價值]

馬克思在這一節雖然還沒有直接分析洛貝爾圖斯地租論的具體論點，但是，針對著這些論點，馬克思已在一般的理論形式上和通過援引實際材料，預先指出了洛貝爾圖斯論點的錯誤。

馬克思指出，資本主義生產具有三個要素，即作為商品的勞動對象（土地、煤礦、水域和森林等）、勞動資料（機器、建築物等）和勞動力。前兩者構成預付資本中的不變資本（C），後者構成可變資本（V）。三者都進入勞動過程，但以不同方式進入價值形成過程。

考察洛貝爾圖斯地租論時要回答的問題，總體來說，可以歸結如下：在上述三要素中，缺少其中一個要素，能否使缺少這個要素的生產部門的利潤率提高呢？因為，洛貝爾圖斯認為，地租是農產品價格中不計入原料，從而有較高於工業利潤率的結果。

馬克思對此問題的分析和回答，有如下兩個層次：

第一，假定剩餘價值率（$\frac{M}{V}$）不變，從而 V 也不變，那麼，利潤率（$\frac{M}{C+V}$）只隨 C 量的變動而變動：$\frac{M}{C+V}$在 C 減少時增大，在 C 增大時減小，而且利潤率的增減不同 C：V 成比例，而同 C：（C+V）成比例。至於 C 這個量究竟由哪些要素構成，這些構成要素之間的比例如何，同利潤率是沒有關係的。馬克思還以假設的例證（煤的生產的不變資本只由機器構成而無原料，縫紉業則無機器，只由原料構成不變資本）說明這一點。（第二分冊第 14 頁）總之，在上述假定條件下，利潤率只同不變資本的數量有關，而同其構成無關。換言之，一個部門的利潤率（在剩餘價值率不變條件下），不會因一定量不變資本中缺少某一要素而提高。

第二，「如果說 C 的組成部分即原料和機器之間的比例，對利潤率有影響，那只有在下列兩種情況下才可能：第一，如果 C 的絕對量由於這個比例發生變化而有了變化，第二，如果 V 的量由於 C 的組成部分之間的這個比例而有了變化。」（第二分冊第 14 頁）這些變化意味著生產本身發生了有機變化，它可能是生產技術發生變動的結果，也可能是經營管理發生變動的結果。

在做了這些分析之後，馬克思又援引了幾位經濟學家的論述，表明「原料」（肥料、種子、飼料等）確是農業資本中的重要組成部分，而且隨著農業生產發展，作為商品的「原料」的地位和比重越來越重要了。結論是：「就真正的農業來說，如果說沒有『原料』——並且是作為商品的原料——加入農業（不論是農業自己把它再生產出來，還是把它作為商品買進，從外面取得，都一樣），那是可笑的。」（第二分冊第 15 頁）

[（3）農業中的價值和平均價格。絕對地租]

在前兩節分析的基礎上，馬克思在本節首先闡述了在工業中商品價值向生產價格的轉化；然後分析了在農業中由於存在某種障礙而使價值不轉化為生產價格，從而使絕對地租及其存在有了在價值規律和剩餘價值規律基礎上予以闡明的理論依據；最後，馬克思研究了土地私有權正是阻止農業中價值向生產價格轉化的障礙，是絕對地租存在的必要條件。這樣，馬克思就從理論上完全解決了絕對地租問題。本節是全章的重點之一。

馬克思在本章及其他各處所用的「平均價格」一詞，指的是生產價格，即生產費用（C+V）加平均利潤，正如馬克思後來所解釋的那樣，平均價格「是指一個相當長的時期內的平均市場價格，或者說，市場價格所趨向的中心。」（第二分冊第 359 頁）馬克思是在《剩餘價值理論》第一分冊（第二分冊第 76 頁）研究亞當・斯密價值論時首先使用這個術語的。

[（a）**工業中利潤率的平均化**]

洛貝爾圖斯大體正確地描述了資本競爭調節資本利潤率，使之達於平均利潤率的過程，但是，他對資本競爭（從而平均利潤率）究竟產生什麼結果的觀點是錯誤的。馬克思在分析批判洛貝爾圖斯觀點的基礎上，闡明了價值向生產價格的轉化。

照洛貝爾圖斯的想法，這種調節是這樣進行的：例如，假定商品 A 的價格提高到它的價值以上，則資本家 A 的利潤也提高到平均利潤以上，與此相應，其他領域（B、C 等）的利潤率會下降，而且，A 是作為加入工人消費的生活必需品，還是成為不變資本的組成部分，都會影響利潤率下降的部門的範圍。如果 A 是一般的個人消費品，那麼，在一定條件下，A 的價格提高還會減少 B、C 等部門的利潤量；在這種情況下，B、C 等部門的資本將離開自己的生產領域，轉入 A 生產領域，重新出現的資本更會力求擠進更加有利可圖的 A 生產領域。於是，在若干時間以後，A 的價格會因供給超過需求而下降，而 B、C 等的價格會因供不應求而上升，直到不再波動為止。

結果怎樣呢？洛貝爾圖斯接受了亞當・斯密和李嘉圖的觀點，認為競爭使商品價格還原為商品的實際價值，因為，如果就商品價格上下波動的平均數來看，平均價格等於價值，因而一定生產領域的平均利潤也等於一般利潤率。換言之，洛貝爾圖斯認為，就一個時期平均來說，商品是按自己的價值出賣的，因此，賺到的利潤等於一般利潤率。馬克思說「這個觀點是錯誤的。」（第二分冊第 19 頁）

馬克思重新分析了資本競爭的後果。他說，平均價格，一般利潤率，「一般說來，這不過是說，等量資本提供等量利潤，……但是，如果以為資本按照自己的大小，在不同的領域中生產相同的剩餘價值，那是完全錯誤的。」（第二分冊第 19 頁）即使假定剩餘價值率是既定的，這種說法也是錯誤的。為什麼呢？

因為等量資本所生產的剩餘價值量會依下述情況不同而不同：第一，資本有機構成（C：V）；第二，資本週轉時間；第三，生產期間的長度。

於是就會出現這樣的局面：如果商品按價值出售，或者說，如洛貝爾圖斯所說的那樣，商品的平均價格等於其價值，則利潤率在不同生產領域中必定是完全不同的。但事實上，資本競爭確使利潤率平均化了，即，使商品按平均利潤率所決定的價格出售，這個價格當然也就不能等於價值。除非某生產領域資本有機構成等於總資本的有機構成，它本身所生產的剩餘價值等於平均利潤，因而它的平均價格同價值相一致。所以，馬克思得出結論說：「競爭是通過調節平均價格來實現這種平均化的。但是，這種平均價格本身，使商品高於或低於它的價值，以致該商品不能比其他任何商品提供較大的利潤率。因此，認為資本競爭是通過使商品價格等於價值來確立一般利潤率的說法，是錯誤的。相反，競爭正是通過以下途徑來確立一般利潤率的：**它把商品的價值轉化為平均**

價格，在平均價格中，一種商品的剩餘價值的一部分轉到另一種商品上，等等。」（第二分冊第 21~22 頁）

由此可見，洛貝爾圖斯的錯誤（也是亞當·斯密和李嘉圖的錯誤）在於，等同了價值和生產價格。而這又同他們沒有正確的（從價值增值角度來看）資本構成學說，不理解剩餘價值的真正來源等直接有關。

馬克思還揭示了平均利潤率規律的社會階級含義。他指出，利潤率平均化，直截了當地說，無非是資本家們通過競爭把他們從工人階級身上榨取的全部無酬勞動量，按資本份額在他們之間進行分配。資本家們是既作為同伙（對工人階級來說），又作為敵手（彼此之間）來瓜分贓物的。這使我們很自然地想起馬克思後來曾對資本家們這個特點的概括；「……我們在這裡得到了一個像數學一樣精確的證明：為什麼資本家在他們的競爭中表現出彼此都是虛僞的兄弟，但面對著整個工人階級卻結成真正的共濟會團體。」①

［(b) 地租問題的提法］

馬克思從前面所述的價值轉化為生產價格的理論出發，進一步得出結論說，農業或礦山這樣的生產領域，可能存在著某種障礙，阻礙它們的商品價值轉化為只包含平均利潤的生產價格，而使其價格始終等於高過平均價格的價值。兩者的差額就是地租。這樣，就在價值規律的範圍內提出了地租問題。

然後，馬克思對地租問題上的一些流行的提法作了評述。

把地租歸於農業勞動比其他領域的勞動具有更高的生產率，甚至歸於土地本身（例如重農主義者所認為的那樣），是毫無道理的，而且是可笑的。因為如上所說，地租完全是商品價值範圍之內的現象，是剩餘價值的一個分支，而價值等於勞動，從而，剩餘價值（包括地租在內）決不能等於土地。

李嘉圖的觀點是馬克思評述的重點。

李嘉圖把資本主義地租歸結為超過一般利潤的餘額，是正確的。他不僅明確區分了資本主義地租和封建地租，而且很明白地指出，對農業工人工資的扣除和對農業資本家利潤的扣除等成分，並不算典型意義的地租。

然而，這同他的價值論是有矛盾的。依照他的看法，商品按一般利潤率出售，也就是按價值出售。如果真是這樣，怎麼可能有地租呢？或者說，如果農

---

① 馬克思．資本論：第 3 卷［M］// 馬克思恩格斯全集：第 25 卷．北京：人民出版社，1973：221.

業中的利潤等於其他生產領域的利潤，地租從何而來？在這裡，李嘉圖認為商品按價值出售，這是第一個錯誤的前提，它人為地使問題變得更困難了，而他把利潤混同於剩餘價值，更加大了他考察問題的困難。

面對這種困難，可以有兩種辦法。「或者證明，與一定原則矛盾的現象只是某種**表面的東西**，只是從事物本身發展中產生出來的假象。」（第二分冊第24頁）也就是說，在競爭條件下，價值必然轉化為生產價格，剩餘價值轉化為利潤。因而，地租的存在同價值規律和剩餘價值規律相矛盾，只是一種表面現象，還是從資本主義生產方式固有的規律中產生出來的假象。要正確地解釋這種假象，就應當把價值理論和剩餘價值理論進一步發展為生產價格論和利潤論，使理論符合於實際。但李嘉圖沒有這樣做，也做不到這一點。他所採取的是另一種辦法，即，「在**某一點上拋開**困難，然後把這一點作為出發點，從這裡出發，可以說明造成困難的現象在另一點上存在。」（第二分冊第24頁）或者說，「李嘉圖解決這個**困難**的辦法是：假定困難**在原則上**是不存在的」（第二分冊第24頁）

本來，問題（或者說困難）在於，為什麼會有地租？可是，李嘉圖卻回答說，假定租地農場主的資本只提供利潤，不提供地租（這裡的資本是指投入農業而不付地租的資本，例如，投到最劣等地上的資本或效果最低的土地投資）。換句話說，李嘉圖在某一點（例如劣等地）上拋開了困難，假定地租在理論上是不存在的。

然後，他把這一點作為出發點，說明地租在另一點（例如，中等地和優等地）上存在。在做此說明時，李嘉圖又援引馬爾薩斯人口論，提出了另一個錯誤的假定：由於人口增長對生活資源的壓力，迫使一國土地耕作總是由優等地擴展到劣等地（這個假定增加了研究的困難，而且是錯誤的，多餘的），這才產生地租。

由此可見，儘管李嘉圖依據他的價值論，對級差地租的形成作了相當科學的解釋（這是他在理論上的一大貢獻），然而，他作為分析出發點的那個假定，仍是一個有待證明的論題，更準確地說，這是一個與資本主義實際不相符合的錯誤假定，因為劣等地照例也需付租。問題又返回出發點：劣等地上的地租怎樣解釋呢？

另外一些人（例如凱里），用另一種方式否認地租的存在，他們認為地租只是以前投入土地的資本的利息，所以地租只是利潤的一種形式。這是一種庸俗見解。土地投資的利息常構成土地收入的一部分，但它不是本來意義上的地租。

還有一些人（例如布坎南），把地租看成純粹是壟斷的後果。這種看法的前提是，農產品不受商品價值和資本主義生產的一般規律的影響，可以人為地保持農產品價格超過其價值，保持農產品利潤率高出一般利潤率。這同資本主義生產的基礎和反應這一生產方式的理論（其基礎是價值規律，其根本規律是剩餘價值規律和平均利潤率規律），是直接矛盾的。

馬克思在評述了李嘉圖等人的地租觀點之後指出，地租問題的答案，只能從價值同生產價格的關係中去尋找。「既然確定，一種商品所實現的**資本的平均利潤率**即**一般利潤率**，可能**低於**商品自己的、由商品中實際包含的剩餘價值決定的利潤率，那就可以由此得出結論：如果一個特殊生產領域的商品，除了提供這種平均利潤率以外，還提供第二個剩餘價值，這種剩餘價值量具有特殊的名稱，比如叫作**地租**，那麼，這並不使利潤加地租，即利潤與地租之和，一定要大於這個商品本身所包含的**剩餘價值**。」（第二分冊第 27~28 頁）

馬克思又說：「這樣一來，問題已經大大簡化了。問題已經不是要說明，一種商品的價格，怎麼除了提供利潤之外還提供地租；……相反，問題是要說明，這種商品在商品價格平均化而導致平均價格的過程中，怎麼不把它的**內在剩餘價值**讓一些給其他商品，使它只留下**平均利潤**，這種商品怎樣把自己剩餘價值中構成**超過**平均利潤的餘額的那部分也加以實現。」（第二分冊第 30 頁）

這就是馬克思對地租問題的唯一科學的提法，「這樣提出問題的提法本身，就已經包含問題的解答。」（第二分冊第 30 頁）

[(c) 土地私有權是絕對地租存在的必要條件。農業中剩餘價值分解為利潤和地租]

這一小節，馬克思著重闡明了土地私有權的作用，還論及了地租量以及土地國有化的問題。

前已指出，分析地租的主要困難在於，如何在價值規律範圍內提出問題。馬克思由於創立了生產價格論而克服了這個困難。剩下的問題只在於說明，在農業中究竟存在什麼障礙，使價值不轉化為生產價格，剩餘價值不單單轉化為利潤，而是一定要將農產品價值與生產價格之間的餘額轉化為地租？既然這樣提出了問題，解決這個問題就非常容易了。

馬克思說:「十分簡單。一定的人們對土地、礦山和水域等的私有權，使他們能夠攫取、攔截和扣留在這個特殊生產領域，即這個特殊投資領域的商品中包含的剩餘價值超過利潤（平均利潤，由一般利潤率決定的利潤）的餘額，並且阻止這個餘額進入形成一般利潤率的總過程。」（第二分冊第 30 頁）

在工業生產領域，不存在這種私有權，所以競爭迫使資本家們不得不按照平均價格出售他的商品，即不得不滿足於平均利潤率。

但是，土地私有權卻阻止競爭在農業中取得這樣的勝利。土地私有權是一種權利、一種手段。它不允許農業生產中的剩餘價值全都投進資本的總庫從而使資本平均利潤率上升，而要求同資本家（農業租地農場主）分享這個無酬勞動的果實，就是說，它迫使資本家把超過平均利潤的餘額交給土地所有者。

由此可見，土地私有權是地租存在的必要條件，是土地所有者收入的源泉。但是，馬克思強調說，土地私有權「不是價值的源泉，因為價值只等於物化勞動時間；這種所有權也不是超額剩餘價值即無酬勞動中超過利潤所包含的無酬勞動的餘額的源泉」。（第二分冊第 36 頁）

在結束對土地所有權的論述之前，馬克思還著重談了以下兩個問題：

第一，如果最壞土地產品價值僅足提供平均利潤，「那麼，這塊土地就不付任何地租，土地所有權在這裡就只是名義上的。」（第二分冊第 31 頁）假如這裡還要付一筆租金，要麼是對利潤的扣除，要麼是對工資的扣除，或者二者兼而有之。這種情形是經常出現的。

第二，「一個特殊的地租的發展，就其本身來說，同**農業勞動的生產率**是絕對無關的，因為地租的不存在或者消失既可以同一個提高的利潤率聯繫著，也可以同一個保持不變的利潤率聯繫著，也可以同一個下降的利潤率聯繫著。」（第二分冊第 33 頁）這三種情況分別是指：①在存在著大量無主土地條件下進行的資本主義農業經營（例如早期的美國）；②一國土地質量一致，而且僅足支付平均利潤率；③一國土地質量一致，而且不足以提高平均率。

馬克思是這樣解釋這一現象的：「剩餘價值無非是無酬勞動；……**剩餘價值超過平均利潤的餘額**是指商品中……包含的無酬勞動量，大於形成平均利潤的無酬勞動量，因而大於商品的平均價格中**構成商品價格超過商品生產費用的餘額**的無酬勞動量。……因此，這個價格餘額與生產費用之比，代表用於商品生產過程的一定量資本支配無酬勞動的**比率**，而不管該特殊生產領域的商品所包含的無酬勞動是否等於這個**比率**。」（第二分冊第 33~34 頁）

在說明了現代地租及其存在之後，馬克思主要談了以下幾點：

（1）土地肥力和土地投資量是決定地租量的兩個因素。在投資相等的條件下，由於土地肥力的不同而帶來的地租量的增加，是因為地租對所投資本的比率提高了；在肥力相等的條件下，由於投資量不等而帶來的地租增加，是因為在同一比率（甚至不同比率）下地租量增加。

（2）對前面所述的地租理論來說，最壞土地提供不提供地租，都不是必然的。關鍵在於農產品的價值是否超過其生產價格，或者，其剩餘價值是否超過平均利潤。假定最劣地所提供的產品價值不高於生產價格，此等地便可沒有地租，但這種情況並不影響前述地租理論的意義。

（3）「完全沒有必要假定農業生產率減低」（第二分冊第 37 頁）。剛才說過，地租的發展，就其本身來說，同農業勞動的生產率絕對沒有關係。李嘉圖的地租論就有這個完全沒有必要的假定。

（4）在地租率不提高的條件下，地租的增加，或是因為農業生產率提高得不如工業快，所以農產品相對價值提高了，或是因為農業生產率降低，使農產品價值本身（從而貨幣價格）提高了。（以上都假定貨幣價值不變）

（5）在李嘉圖看來，如果土地像自然力（空氣、陽光等）一樣屬於大家所有而不被佔有，生產率就會高得多。馬克思說，如果真是這樣，資本的形成就少了一個主要的要素，土地就不能轉讓、佔有，因而不能作為別人的財產同勞動者相對立，並因此把他變成雇傭工人，這樣一來，資本主義生產本身就完結了。

不過，馬克思指出，李嘉圖把土地所有者看作完全是多餘的，這是正確的。激進的資產者後來在理論上發展到否定土地私有權，主張土地國有化（例如美國的亨利・喬治等）。「然而，他們在實踐上卻缺乏勇氣，因為對一種所有制形式——一種勞動條件私有制形式——的攻擊，對於另一種私有制形式也是十分危險的。況且，資產者自己已經弄到土地了。」（第二分冊第 39 頁）

[（4）洛貝爾圖斯關於農業中不存在原料價值的論點是站不住腳的]

馬克思首先概述了洛貝爾圖斯關於地租形成的基本觀點，然後從更廣泛的角度，考察了同這一觀點有關的問題。

馬克思說：「按照洛貝爾圖斯的意見，在農業中是根本不計算原料的，因為，洛貝爾圖斯肯定說，德國農民不把種子、飼料等算作自己的支出，不計算這些生產費用，也就是說，**計算錯誤**。這樣說來，在租地農場主進行正確計算已有 150 年以上的英國，就**不**應該存在**任何**地租。因此，洛貝爾圖斯從這裡得出的不應該是這個結論：租地農場主支付地租是因為他的利潤率比工業中的利潤率高；而應該完全是另一個結論：租地農場主支付地租是因為他由於計算錯誤而滿足於**較低**的利潤率。」（第二分冊第 39 頁）這個概述同本章開頭已提到的馬克思在 1862 年 6 月 16 日給拉薩爾信中的說法，幾乎是一模一樣的。

洛貝爾圖斯的觀點是明確的；沒有這種計算錯誤，地租就不可能存在，或者說，只有在原料加入生產而不被計算的地方，才有地租。「儘管洛貝爾圖斯先生**不是**想從**計算錯誤**得出地租，而是想從預付中**缺少**一個實際項目得出地租。」（第二分冊第 41 頁）

洛貝爾圖斯的觀點並不難理解。利潤率等於剩餘價值量同包括原料價值在內的全部預付資本量的比例（$\frac{M}{C+V}$）。如果農民真像洛貝爾圖斯所想像的那樣，實際上預付了原料，但沒有按資本家的辦法把它們計算進預付資本中，沒有用自己的全部預付額來除他所積攢的剩餘勞動，這樣一來，他的利潤率當然也就高於其他生產部門，在洛貝爾圖斯看來，地租即因此而產生。

這個觀點，甚至連重農主義者魁奈的觀點都不如，因為在魁奈所謂「年預付」中，原料（10 億利弗爾）是不可少的組成部分（參閱本書第一冊對魁奈《經濟表》的解說）。

「許多德國農民會犯這種錯誤，但是沒有一個資本主義租地農場主會犯這種錯誤」。（第二分冊第 41 頁）這是因為，當時德國的資本主義還不發達，農民預付中的原料多半還是從自己生產的實物中直接扣除下來的產品，而不是用貨幣購買進來的商品，因而通常不把原料算進他的支出。這說明，洛貝爾圖斯由於德國落後的經濟條件，不能把握發達的資本主義農業關係下的地租。

在這裡，馬克思沒有滿足於指出農業中有原料支出這一事實，而是展開分析了與此有關的不變資本（主要是原料）的補償問題，並且比較了工農業中這部分不變資本（原料）補償所具有的不同特點，從而進一步指出了洛貝爾圖斯觀點的錯誤。

首先是採礦業和漁業，在這些部門，原料只是作為輔助材料加入生產，因而可以撇開不談，而視該部門資本預付只由機器和工資構成。在這種條件下，同樣一筆資本在該部門會比別的部門（有原料支出）帶來更大的利潤。「引起這種差別的原因只能是：**在不同情況下**不變資本和可變資本的價值之比一般是不同的。」（第二分冊第 42 頁）但這裡沒有地租（就採礦業和漁業本身而論，而不是就礦山和水域私有權而論），其他產業部門的競爭會使利潤率趨於平均化，從而把上述利潤上的差別拉平。

與農業不同，在採礦業中，沒有一種礦產品以實物形式作為生產要素重新加入礦山所使用的不變資本（漁獵業也是這樣），該部門使用的生產要素，即使它的原料是從礦山開採出來的，也必須作為商品購買進來。換言之，在這個實際上沒有原料加入支出的地方，資本家也必然要計算他在不變資本預付上的全部支出，而不會因為他的某個生產要素的原料是從礦山開採出來的，而略去不計。

其次是加工工業本身，特別是其中這樣一部分，其一切生產要素（原料、機器、勞動力）同時作為支出，即作為商品加入新商品的生產。顯而易見，原料價值是加工工業產品價值中不可或缺的組成部分，例如，棉紗的價值中包含著原料棉花的價值，而棉布的價值中又包含著棉紗的價值。這一點，在原料和成品生產分屬於不同生產者時，是容易瞭解的。（馬克思舉例說明，見第二分冊第 44～45 頁）如果情況不是這樣，而是原料和成品的生產結合在一個資本家手裡時（即聯合化生產），原料價值（或不變資本）補償的形式就會發生變化，即由原來的通過商品買賣而改變為自行補償。既然原料和成品歸一人所有，當然不必作為商品來對待。在這種情況下，容易造成一種假象，似乎自行補償的部分不加入資本支出之中，而這又進一步造成一種假象，似乎在聯合化生產條件下，由於上述「計算方法」上的變化，使資本支出額小於分屬於若干生產者時的資本支出額，從而使利潤率提高了。（馬克思的舉例說明，見第二分冊第 45～47 頁）如果仍按一般利潤率出售商品，則會有利潤餘額或地租。馬克思說，「看來，這實際上就是洛貝爾圖斯先生計算地租的方法。」（第二分冊第 47 頁）

但是，馬克思指出，在聯合化生產條件下，所需的資本並沒有減少，利潤率也沒有變化，只是原先由若干生產者分享的剩餘價值，現在由一人獨占罷了。至於不變資本的補償方式，是通過商品交換補償還是經由實物自行補償，對利潤率都是無關緊要的。

這個結論直接適於說明洛貝爾圖斯地租觀點的錯誤：農業中（尤其是較

落後的德國農業中）的不變資本由生產者自己進行補償這一現象，迷惑了洛貝爾圖斯，使他得出了地租來自農業資本缺少原料這一項目（從而來自高的農業利潤率）這個錯誤結論。

馬克思進一步指出：「農業越是發達，它的一切要素也就越是不僅形式上，而且實際上作為商品加入農業，也就是說，這些要素來自外部，是另外一些生產者的產品（種子、肥料、牲畜、畜產品等）。」（第二分冊第 51 頁）在這種條件下，就更容易看出原料確是農業資本中的一個要素了，儘管這些原料有很大部分（有機物）是通過農業生產領域內部的商品交換來補償的。總之，「農業雖然為工業提供原料，但是在本身的領域中仍然有原料、機器和工資作為自己的各項支出，而工業對於這種原料、即農業從自身來補償而不是通過同工業品交換來補償的那部分不變資本，是決不向農業支付代價的。」（第二分冊第 52 頁）。

[（5）洛貝爾圖斯的地租理論的錯誤前提]

馬克思在這裡具體地分析批判了洛貝爾圖斯對地租的論證。

依據馬克思的引述，洛貝爾圖斯在其《社會問題書簡。第三封信》中所提出的地租論的主要論點如下：

（1）在只有土地所有者的歷史時期，全部不勞而獲的收入，全被土地所有者佔有。

（2）自從資本家出現以後，從工人那裡剝奪來的那部分勞動產品——「一種實物租」——現在分成了「地租和資本利潤」。

（3）資本利潤率表示盈利對資本的比例，存在著資本盈利平均化的趨勢。這個平均利潤率對農業也是一個正常標準，因為財產的收入只能按資本計算。

（4）「在工業中，**還要**把**農業的全部產品的價值——作為材料**——包括在資本內，而在原產品（即指農產品）生產中就不會有這種情況。」（轉引自第二分冊第 53 頁，引文是中央編譯局編譯，人民出版社 1972—1974 年出版的《馬克思恩格斯全集》第 26 卷版本，不是轉述，是引述，故標為「轉引自」，全書同）

（5）「原產品同工業品一樣，是按耗費的勞動交換的，原產品的價值只等於它所耗費的勞動。」（轉引自第二分冊第 53 頁）

（6）「我已經**假定**，租（**剩餘價值**，無酬勞動時間）**是按原產品和工業品的價值分配的**，而這個價值是由**耗費的勞動**決定的。」（轉引自第二分冊第54頁）「當然這也就是說，這些租部分的量，不決定於**據以計算盈利的資本的量**，而決定於**直接耗費的勞動**——不論是農業勞動或工業勞動——加上由於工具和機器的損耗而應當予以計算的勞動。」（轉引自第二分冊第55頁）

（7）「材料價值」不增加工業品價值和利潤（因為它們只由耗費勞動決定），但增大了工業資本從而使資本利潤率下降；同時，農業資本中不包含這個「材料價值」，但卻仍按工業中已經下降的利潤率獲利。這樣一來，「在農業的租部分中，必然剩下一個**依照這個盈利率計算盈利**時所吸收不了的部分。」（轉引自第二分冊第57頁）這個部分就是地租。

馬克思在引述洛貝爾圖斯觀點的過程中，已經對上述各點（從第三點以後）分別進行了評析；在引述以後，馬克思又集中做了分析，並把洛貝爾圖斯論證中的錯誤歸納為以下六個錯誤的前提。

第一，馬克思指出，洛貝爾圖斯認為，租（即剩餘價值）是按工業品和農業品的價值分配，也就是認為，如果產品價值由耗費勞動決定，那麼，不同商品中所包含的剩餘價值就與價值成正比（見上述第六點）。這也就是說，例如，如果商品A和商品B所包含的勞動量之比是3∶1，那麼，它們所包含的剩餘價值之比也是3∶1。馬克思說，「這是再錯誤不過的了。假定，必要勞動時間既定，等於10小時，一個商品（A）是30個工人的產品，另一個商品（B）是10個工人的產品。如果30個工人每天只勞動12小時，那麼，他們所創造的剩餘價值等於60小時，……如果10個工人每天勞動16小時，那麼，他們所創造的剩餘價值也是等於60小時。這樣，商品A的價值就等於30×12，即360小時，……而商品B的價值等於160勞動小時……商品A和商品B的價值之比是360∶160，即9∶4。兩個商品包含的剩餘價值之比是60∶60，即1∶1。」（第二分冊第55頁）出現這種情況的原因在於，在兩個商品生產上所體現的剩餘勞動時間不同，因而剩餘價值率不同。

第二，洛貝爾圖斯一方面假定存在平均利潤率，並以此為前提；另一方面又假定商品按其價值進行交換。這兩個前提是排斥的，而且後一個假定是錯誤的。馬克思已闡明，在競爭條件下，價值必然將化為生產價格，從而每個生產部門中的利潤已不再等於剩餘價值。馬克思說，洛貝爾圖斯根本不知道這一點

（第二分冊第 53 頁）①。

第三個錯誤的前提：原料的價值不加入農業。馬克思說：「這是德國農民的觀念」（第二分冊第 56 頁）。而資本主義租地農場主會毫不含糊地把種子、飼料、牲畜和肥料等作為他的不變資本的組成部分來計算。「隨著農業變成一個純粹的企業部門以及資本主義生產在農村中確立，隨著農業為市場而生產，生產商品，……農業也就計算它的支出，把支出的每個項目都看成商品，不管該物品是農業從本身（即從自己生產中）購買的還是向第三者購買的。」（第二分冊第 58 頁）因此，說原料價值加入工業而不加入農業，是錯誤的。據此斷言工業的利潤率會降低，從而使農業可獲超過由工業利潤率調節的餘額（地租），當然也是不對的。要知道資本的這樣一個組成部分（原料）也是加入農業的。因此，剩下要解決的問題只是，這個組成部分是否依同一比例加入農業？如果比例不同，對工農業的價值和剩餘價值生產會帶來什麼影響？但是，這裡所遇到的純粹是量的差別，而洛貝爾圖斯想找的卻是「質的」差別。這種差別在工業生產領域中的各部門之間也是存在的，不過在一般利潤率中被拉平了。為什麼在農業和工業之間的這個差別不會被拉平呢？為什麼農業不能像任何一個工業部門一樣，參與形成一般利潤率呢？當然，如果這樣提出問題，洛貝爾圖斯的地租論也就完了。

第四個錯誤的前提：洛貝爾圖斯把工具和機器的損耗這一不變資本歸入可變資本（見上述第六點後半部分），認為它同直接耗費的勞動一起決定租（即剩餘價值）的量。如同他不把原料加入農業不變資本一樣，這也是任意做出的一個錯誤假定，其目的在於得到一開始就希望得到的結果。工農業中的

---

① 馬克思的批判是針對洛貝爾圖斯在《社會問題書簡。第三封信》中的論述進行的。洛貝爾圖斯的地租論在其代表作《關於德國國家經濟狀況的認識》（1842 年）中已有較系統的論述。但馬克思沒有見過這本書。在《認識》中所闡述的地租論與馬克思的引述大致相同，特別在地租來自原料價值不加入農產品價值這一根本點上，洛貝爾圖斯是始終如一的。但也存在若干差別，其中之一，就是對價值和生產價格的看法. 洛貝爾圖斯在《認識》中明確指出：按勞動計算價值的論斷，「在現代狀況下，只是就總的方面和全局來說是正確的。在各個局部，即在每個部門和分工的每個階段，產品不能準確地按照其中所包臺的勞動量進行交換。」原因之一，「因為資本利潤至少具有在一切企業內平均化的趨勢。」他還指出，如各企業產品價值準確地按其中所包含的勞動量進行估算，則使用等量勞動的兩個企業的產品價值就應相等，但各企業所使用的「材料數字不同」——他沒有資本有機構成的概念——結果，等量資本便不能得到等量利潤，或者說，會有不同的資本利潤率。他接著說，實際上，這種情況是不存在的。在競爭壓力下，通過資本轉移，必然使利潤率平均化。這樣一來，「產品在每種情況下都是按其中所包古的勞動量相交換的（規律），在現代狀況下，必然要在另一個無疑更加切合實際的規律的影響下發生變化。」（《認識》，第 159~160 頁）可見，洛貝爾圖斯在 1842 年的著作《認識》中實際上區分了價值和生產價格。但它並沒有把這一點用在地租論上，至於為什麼他在後來的《社會問題書簡。第三封信》中又拋開了這一區分，則是一個有待說明的同題。

「租」由於直接耗費勞動和損耗而增加，農業資本由於不計入原料而比工業資本低，從而為地租的出現留下了餘地。把損耗塞進創造「租」的資本，是為了把「原料」從農業資本中推出去。

此外，洛貝爾圖斯把損耗列入可變資本的做法，同他所堅持的只有直接耗費的勞動決定價值的原理也是矛盾的。

第五，洛貝爾圖斯對工農業資本要素的認識是片面的。如果說，原料是從外部加入工業的，那麼，機器、工具等也是從外部加入農業的。也就是說，如果原料因其出自農業而不計入農業資本，那麼，機器、工具等也因其出自工業而不應計入工業資本。「既然工業中少了一個生產費用『項目』，就應當研究在工業中是怎樣計算的。」（第二分冊第 60 頁）但洛貝爾圖斯卻沒有進行這種研究，反而偏偏把原料從農業資本中排除出去，人為地使農業資本少了一個項目。我們已經看到，這完全是為了他既定的目的。

第六，洛貝爾圖斯不能真正理解剩餘價值同它的特殊形式的區別，也不理解資本主義生產方式對整個生產過程的影響。馬克思指出，利潤率總是取決於剩餘價值對預付資本之比，而不管預付資本是怎樣構成的。不能像洛貝爾圖斯那樣，用農業資本中缺少一個項目來說明工農業利潤率的差別。否則，怎樣說明這些部門利潤率的平均化呢？在這些部門，除了輔助材料之外，沒有原料加入生產，如採礦業、漁業、狩獵業、運輸業等。又如何說明相對而言只有原料而沒有機器加入生產的部門（例如手工裁縫業）的利潤率平均化呢？「洛貝爾圖斯先生模糊地猜到的，是剩餘價值同它的特殊形式，特別是同利潤的區別。但是他不得要領，因為在他那裡，問題一開始就只是要說明**一定的**現象（地租），而不是要揭示普遍規律。」（第二分冊第 61 頁）

馬克思又指出，農業、畜牧業等和其他生產部門所不同的，只在於它們的產品可以作為本身的生產資料加入生產過程，而這個生產過程的產物就是這些產品。雖然在工業方面也有這種情形（如機器生產機器），但在農業中，這種情形表現為由人引導的自然過程，在工業中卻直接表現為生產的作用。但是，如果洛貝爾圖斯因此便以為，農產品就不能作為商品加入再生產，那就完全走入歧途了。「他顯然是根據對過去的回憶，那時，農業還不是資本主義企業，只有超過生產者本身消費的農產品的餘額才變成商品，而這些產品，只要它們加入生產，對農業來說就不是商品。」（第二分冊第 62 頁）恩格斯曾指出，「這個人（洛貝爾圖斯）曾經接近於發現剩餘價值，但他在波美拉尼亞的領地妨礙他做到這一點。」① 看來，這同樣妨礙他正確地瞭解資本主義地租。

[（6）洛貝爾圖斯不理解工業和農業中平均價格和價值之間的關係。平均價格規律]

馬克思在這裡繼續批判洛貝爾圖斯不懂得價值和平均價格之間關係的錯誤，然後又具體闡述和論證了平均價格規律。

依照洛貝爾圖斯的想像，馬克思列成下列圖表（第二分冊第 63 頁）：

Ⅰ．農業

不變資本（機器）	可變資本	剩餘價值	利潤率
100	100	50	$\frac{50}{200}=\frac{1}{4}$

Ⅱ．工業

不變資本	可變資本	剩餘價值	利潤率
原料⋯x			
機器⋯100	100	50	$\frac{50}{200+x}$
共計 $x+100$			

在洛貝爾圖斯看來，在其他條件相同的條件下，由於原料加入工業而不加入農業的計算，所以，工業利潤率無論如何（在上例中）要小於 $\frac{1}{4}$。馬克思說，這種（工農業之間利潤率的）差別是想像出來的，對農業地租沒有任何意義；而且，由於不變資本量同可變資本量之間的不同比例所決定的這種利潤率上的差別，在任何兩個不同工業部門之間都可看到，但這種差別同地租毫無關係。

但是，在洛貝爾圖斯看來，如前所述，這種差別卻是說明地租的關鍵。據他說，由於加入原料而增大了工業資本，但不增大利潤，所以工業資本利潤率下降了，這個下降的利潤率也調節農業資本利潤率（參閱第二分冊第 57 頁引語），也就是說，使農業家只能滿足於這個較低的利潤率，所以，在農業的租

① 引自《恩格斯致愛德華・伯恩斯坦（1883 年 2 月 8 日）》，《馬克思恩格斯〈資本論〉書信集》第 407 頁。

部分中，必然剩下一個依照這種較低利潤率計算利潤時所吸收不了的部分（因為農產品是依照它本來可得高於工業利潤率的利潤率計算租部分的），這個吸收不了的部分就是地租。在洛貝爾圖斯看來，農產品依照它本來的利潤率出賣，也就是按其價值出賣了。由此可見，洛貝爾圖斯是用農產品本身的利潤率（從而價值）高於也調節著農業利潤率的工業利潤率（從而價格）來說明地租的。應當注意的是，因為洛貝爾圖斯把農業資本排除於一般利潤率的形成過程之外，即不讓它參與形成一般利潤率，但要它遵循由工業資本決定的利潤率；所以，他所說的價格並不是真正的平均價格（生產價格），地租也不是價值與生產價格的差額。

洛貝爾圖斯既然以為地租來源於農產品價格等於其價值（他的表述是「原產品的價值決定於所耗費的勞動」）時所帶來的農工業產品利潤率上的差額；所以，他很自然地以為，「只有在原產品的價值降到所耗費的勞動**以下**的時候（實指價格降到價值以下時），在農業中**歸原產品的整個租部分才有可能被按資本計算的盈利吸收**，……只有在這種情況下，在農業中才有可能除了資本盈利以外不再剩下任何地租。」（轉引自第二分冊第 64 頁）

馬克思對此舉例說明如下（單位：鎊）。

Ⅰ. 農業

不變資本（機器）	可變資本	剩餘價值	產品價值	產品價格	利潤
100	100	50	250	$233\frac{1}{3}$	$16\frac{2}{3}\%$

Ⅱ. 工業

不變資本	可變資本	剩餘價值	產品價值	產品價格	利潤
原料…100 機器…100	100	50	350	350	$16\frac{2}{3}\%$

在這裡，因為農產品的價格比它的價值低 $16\frac{2}{3}$ 鎊（用洛貝爾圖斯的話來說，是「原產品價值降到所耗費的勞動以下」）；所以，農業中和工業中的利潤率相等，也就沒有地租。馬克思說，「這個**對農業來說**是錯誤的例子即使是正確的，那麼，原產品的價值降到『所耗費的勞動以下』這種情況，也只是完全符合於**平均價格**規律而已。」（第二分冊第 65 頁）其實需要說明的倒是農

產品為什麼不同於其他商品，按它們的高於平均價格的價值出賣，而不是商品的平均價格降到它們的價值以下這個一般的現象。可見，「洛貝爾圖斯不知道什麼是（一般）利潤率和什麼是平均價格。」（第二分冊第 65 頁）

馬克思認為，說清楚平均價格規律，比分析洛貝爾圖斯的觀點重要得多。為此，他重申了前已提出的基本論點，並第一次列出圖表加以說明。馬克思的圖表及闡述的要點如下：

在各個不同生產領域（例如下表中的Ⅰ、Ⅱ、Ⅲ、Ⅳ、Ⅴ）中，如預付資本量相同（都是 1,000 鎊），剩餘價值率也相同（都是 50%），但資本有機構成不同。在這些條件下，商品按其價值進行交換，它們的利潤率必然各不相同。

部門	不變資本		可變資本（工資）	剩餘價值	剩餘價值率	利　潤	利潤率	產品價值
	機器	原料						
Ⅰ	100	700	200	100	50%	100	10%	1,100
Ⅱ	500	100	400	200	50%	200	20%	1,200
Ⅲ	50	350	600	300	50%	300	30%	1,300
Ⅳ	700	無	300	150	50%	150	15%	1,150
Ⅴ	無	500	500	250	50%	250	25%	1,250

要使等量資本（如上例所示）獲得等量利潤，或者一般地說，要使每一筆預付資本按其數量或按其在總資本額中的比重獲得相應的一份利潤，各部門的產品就不能按其各自的價值出售，而應按高於或低於價值的價格出售。換言之，「全部剩餘價值必須不是按**各個**生產領域生產多少剩餘價值的比例，而是按預付資本的**大小**的比例在它們之間進行分配。」（第二分冊第 66~67 頁）在上例中，五個部門的資本額相等，其各自的利潤量也應相等，或者說，其各自的利潤率應一致。這個一致的利潤率就是上述五個不同利潤率的平均數即 20%。按此利潤率重新分配剩餘價值的結果如下：

部門	產品價值（a）	剩餘價值（b）	平均價格（c）	c：a	利潤（d）	d：b
Ⅰ	1,100	100	1,200	c 超過 a 100	200	d 超過 b 100%
Ⅱ	1,200	200	1,200	c＝a	200	d＝b

部門	產品價值（a）	剩餘價值（b）	平均價格（c）	c：a	利潤（d）	d：b
Ⅲ	1, 300	300	1, 200	c 低於 a 100	200	d 低於 b $33\frac{1}{3}\%$
Ⅳ	1, 150	150	1, 200	c 超過 a 50	200	d 超過 b $33\frac{1}{3}\%$
Ⅴ	1, 250	250	1, 200	c 超過 a 50	200	d 低於 b 20%

其中只有第Ⅱ部門的平均價格與價值相等，因為它的剩餘價值等於利潤，其他部門的平均價格，不是低於就是高於各自的價值。

形成這種局面的原因是競爭。「競爭的作用是把利潤平均化，也就是使商品的**價值**轉化為**平均價格**。」（第二分冊第 68 頁）平均價格等於生產費用加平均利潤。

等量資本獲得等量利潤，或利潤率平均化這一現象，造成了一種假象，似乎資本是一種與勞動無關的收入源泉，否則，資本就不能按其大小取得相應利潤了。

農業資本家同工業資本家一樣，也要求得到一般利潤率（是按總資本計算的利潤率，不是洛貝爾圖斯所想像的那種僅由工業資本決定的利潤率），但是，他還要交付地租。如果要從經濟必然性上說明地租，而不借助於壟斷等非競爭的經濟因素，那就得承認，農產品須以高於生產價格然而不超過價值的價格出售。這樣，地租問題就歸結為，為什麼農產品會作為例外，不按生產價格，而按價值出售。洛貝爾圖斯不懂得價值和生產價格，當然也就不可能這樣正確地提出問題。

［（7）洛貝爾圖斯在決定利潤率和地租率的因素問題上的錯誤］

馬克思在這裡評述了洛貝爾圖斯關於「租」、利潤、地租和工資的數量及其相互關係問題的觀點。

馬克思稱為利潤率、利息率和地租率的，洛貝爾圖斯稱為資本盈利的高度、利息的高度和地租的高度。馬克思說：「『高度』一詞在這裡是荒謬的。』」洛貝爾圖斯正確地規定了利潤率和利息率的概念，但他把地租率確定為地租對一定土地面積之比是不合適的，馬克思說：「地租率首先應當按資本計算，因而應當作為**商品價格**超過**商品生產費用**和超過**價格**中構成**利潤**的部分的**餘額**來計算。」（第二分冊第 71 頁）洛貝爾圖斯把土地價格（他荒謬地稱之為「土地價值的高度」）視為「一定地段的地租的資本化」也是正確的。

在對這些概念評述之後，馬克思詳細分析批判了洛貝爾圖斯關於國民收入各部分的決定及其相互關係的幾個論題①。

[（a）洛貝爾圖斯的第一個論題]

馬克思評述的要點如下：

（1）洛貝爾圖斯認為，「就一定的產品價值……來說，一般租的高度（即剩餘價值率）和工資的高度（即工資率）成反比，和一般勞動生產率的高度成正比。工資越低，租就越高；一般勞動生產率越高，工資就越低，租就越高。」他還說，「租的高度」取決於從總產品中扣除了工資之後剩下來的部分的大小。這些觀點基本上重複了李嘉圖的理論。（轉引自第二分冊第 71~72 頁）

（2）洛貝爾圖斯的下述觀點是錯誤的：假定產品價值不變，「如果工資降低，……那麼另一部分租（即工業利潤）作為盈利計算時所依據的總資本也變小。……由此得出的盈利和地租的相對量就大，因此兩者合在一起，或者說一般租，就較高。」也就是說，可變資本減少，總資本必定減少，或者說，剩餘價值率提高，利潤率必然提高。其實不然。如果工資降低是由於勞動生產率提高了，那麼，由於勞動生產率提高，又會使勞動所使用的機器和原料的數量和價值增加，即，使不變資本增加，結果利潤率在工資減少的情況下也可能降低。「**利潤率**取決於剩餘價值量，而**剩餘價值量**不僅取決於剩餘價值率，而且取決於被雇傭的工人人數。」（第二分冊第 72 頁）

（3）洛貝爾圖斯正確地規定必要工資等於「工人的必要生活費的總額，即對於一定國家和一定時期來說大致相同的一定實際產品量」（轉引自第二分冊第 73 頁），但是，他把李嘉圖關於「利潤和工資成反比以及這個比例決定於勞動生產率的原理敘述得非常**混亂**，極其笨拙。」（第二分冊第 73 頁）這主

① 參見洛貝爾圖斯：《關於德國國家經濟狀況的認識》（1842 年），特別是其中第三部分，作者在這裡事先表述了他後來加以發揮的基本論點。

要是因為他愚蠢地用產品量作為尺度，而且荒唐地去區分「產品價值的高度」和「產品價值的大小」。

[(b) 洛貝爾圖斯的第二個論題]

馬克思評述的要點如下：

(1) 洛貝爾圖斯指出：「如果在產品價值既定的情況下一般租的高度既定，那麼，地租的高度和資本盈利的高度既互成反比，又分別與原產品生產和工業品生產中的勞動生產率成反比。」(轉引自第二分冊第 74 頁) 馬克思說，他以另一種方式發揮了（或者不如說，弄亂了）李嘉圖關於利潤和地租成反比這一規律。

(2) 無論如何，在洛貝爾圖斯關於地租的論述中包含的下述觀念是正確的：企業主收入是他從出賣產品中所得到的剩餘價值，而地租是這個剩餘價值超過平均利潤的餘額。(當然，在洛貝爾圖斯的論述中有許多謬誤，已如前述)

(3) 洛貝爾圖斯指出：「原產品生產的勞動生產率越高，地租就越低，資本盈利就越高，原產品生產的勞動生產率越低，地租越高，資本盈利就越低。」(轉引自第二分冊第 74 頁) 這裡也有合理的一面。馬克思說：「一點不錯，如果原產品的價值提高或降低，在使用原料的工業部門中，利潤率將同原產品價值成反比地降低或提高。」(第二分冊第 76 頁) 但是，馬克思指出：「這種情況在農業中也是存在的。」(第二分冊第 76 頁) 例如，棉花豐收或歉收，會影響租地農場主的支出，從而影響他們能得到的剩餘價值。洛貝爾圖斯忽視了這個情況。

(4) 剩餘價值分為利潤和地租，是由什麼決定的呢？在洛貝爾圖斯的第二個論題的有關敘述中，似乎沒有包含對這個問題的回答，但在前面說明地租的一般性質和來源時，他曾說：「我已經假定，租是按原產品和工業品的價值分配的，而這個價值是由耗費的勞動決定的。」(轉引自第二分冊第 54 頁，又見第 55 頁和 57 頁) 馬克思曾將這一觀點作為洛貝爾圖斯地租論的第一個錯誤前提予以批判；因為，如馬克思所說，在剩餘價值率不同時，各商品的剩餘價值之比不等於這些商品的價值之比。但是，洛貝爾圖斯的上述觀點，從分析剩餘價值如何分配為利潤和地租的角度來看，可能有其合理的一面。看來，正是針對著洛貝爾圖斯的上述觀點，馬克思說：「如果說，全部產品價值分為原產品價值和工業品價值的那種比例決定剩餘價值——按洛貝爾圖斯的說法是租——分為利潤和地租的比例這一點是正確的，那麼，這一點對於有原料和工業品以各種比例參加的各種生產領域的各種產品，也一定是正確的。」（第二分冊第 77 頁）

馬克思又指出，如果依照洛貝爾圖斯的假定，即地租按一定比例參與農產品剩餘價值分配，或者說，假定地租率不變，那麼，地租量就會隨同全部產品價值中歸農產品的價值部分的量一起增加，而地租在全部剩餘價值中所占比例部分也隨同地租量一起增加，因而，剩餘價值歸地租的部分同它歸利潤的部分比較起來也增加了。馬克思舉例說，假定全部產品價值是 900 鎊，1 鎊等於 1 工作日，又假定剩餘價值率已定，12 小時工作日中有 2 小時是剩餘勞動時間，又假定農產品的利潤率同工業品的一樣，但需另加農產品剩餘價值的十分之一作地租。則在這筆總產品價值以不同比例分配於工業和農業的情況下，地租量會發生變化，並隨農產品價值的增加而增加（參閱第二分冊第 77~81 頁）：

	工業品	農業品	地租	利潤	剩餘價值總額
第一種情況	600 鎊 （=600 工作日 =7, 200 小時） 其中剩餘價值 =1, 200 小時	300 鎊 （=300 工作日 =3, 600 小時） 其中剩餘價值 =600 小時	60 小時 占全部剩餘 價值 $\frac{1}{31}$	1, 800 小時	1, 860 小時
第二種情況	300 鎊	600 鎊	120 小時	1, 800 小時	1, 920 小時
	（3, 600 小時） 其中剩餘價值 =600 小時	（7, 200 小時） 其中剩餘價值 =1, 200 小時	占全部剩餘 價值 $\frac{1}{16}$		

（5）針對洛貝爾圖斯在其第二個論題中重述了關於在農業中不存在「材料價值」這一錯誤觀點，馬克思在這裡對此又做了進一步分析批判。馬克思在批判洛貝爾圖斯地租論的錯誤前提時，已經指出，如果要把「材料價值」單單算在工業中，那他應當把機器、工具等單單算到農業中，從而得出結論，在工業中，除了原料之外，只需要預付工資，從而不僅使預付資本量增加，而且使剩餘價值量和利潤增加；而在農業中，除了工資外，只要預付機器、工具等不變資本，它們增加農業資本但不會增加其剩餘價值。由此可進一步得出結論：工業中的利潤率有可能提高，而農業中的利潤率卻可能降低。這樣一來，洛貝爾圖斯的地租便無以出現了。

但洛貝爾圖斯的錯誤不限於此。馬克思認為，他「為了做出他的計算，把不變資本中由機器構成的部分理解錯了。」（第二分冊第 84 頁）問題在於，機器、工具等的損耗並不創造價值和剩餘價值，它只能作為已經生產出來的生產條件發揮作用，並經由人的具體勞動將其價值轉移到新產品中。在這方面，原料具有同樣的特點，並為洛貝爾圖斯所承認。但他不理解，「機器本身即其價值中所包含的機器或工具的損耗，雖然歸根到底也可以歸結為**勞動**，……可是，這個**過去勞動**既不再加入利潤，也不再加入工資，只要再生產所必需的勞動時間不變，它只能作為已經生產出來的生產條件發揮作用」（第二分冊第 81 頁）。事實上，洛貝爾圖斯認為，機器和工具的損耗是決定租的因素之一。

（6）馬克思指出，洛貝爾圖斯所說的構成收入的工農業產品，同構成全部年產品的工農業產品是兩回事。構成收入的產品，就使用價值來說，只是個人消費品，就價值來說，只是新加勞動（只歸結為工資和剩餘價值）。「問題在於，由農業勞動（產品）構成的一部分價值，將形成那些生產固定資本以補償農業中損耗的固定資本的工廠主的**收入**。因此，**形成收入的產品的價值組成部分**之間的比例即農業勞動和工業勞動之間的比例，決不表示形成收入的產品量的價值或這個產品量本身在工業家和租地農場主之間分配的**比例**，也不表示工業和農業參與總生產的**比例**。」（第二分冊第 86 頁）馬克思的這個論述是對上述第 4 點的一個重要補充，更明確地限定了第 4 點所述原理適用的範圍：它就全部年產品來說是正確的，但就構成收入的產品來說就大成問題了。

[（c）洛貝爾圖斯的第三個論題]

馬克思評述的要點如下：

（1）洛貝爾圖斯實際上認為，剩餘價值率僅僅決定於勞動生產率。這是錯誤的。因為在勞動生產率不變條件下，剩餘價值率會隨剩餘勞動時間的長短而變動。洛貝爾圖斯只知道有相對剩餘價值，不知道有絕對剩餘價值。

（2）因此，洛貝爾圖斯的下述觀點也是錯誤的：利潤率僅僅決定於剩餘價值率，從而僅僅決定於勞動生產率。利潤率等於剩餘價值量與包括不變資本和可變資本在內的全部預付資本的比例。假定剩餘價值率已定，剩餘價值量便取決於可變資本量。假定可變資本量也已知，利潤率就決定於不變資本的價值。總之，利潤率絕不僅僅取決於勞動生產率，它同資本量（在可變資本已定時，便同不變資本量）密切相關。馬克思還指出，如果要像洛貝爾圖斯那樣，斷言利潤量會同資本量以同一比例增長，因而使用的資本之大小對利潤率無所影響，無關緊要，正是因為假定利潤率不變，所以，不能無視資本量對利潤率的影響。馬克思說：「一般說來，雖然勞動**生產率不變**，利潤率還是可能提高，或者，雖然勞動生產率提高，並且每個領域都提高，利潤率還是可能**下降**。」（第二分冊第 89 頁）

（3）洛貝爾圖斯斷言，地租在每個國家都是按不變的土地面積計算的，所以，僅僅由於地租量的增加，就會使地租率提高。這是「笨拙的笑話」（第二分冊第 89 頁）。

（4）洛貝爾圖斯認為，即使地租消失，利潤率也不會達到百分之百。據說是因為利潤「僅僅是產品價值分配的結果。因此，它在任何時候都只能是這個單位的一個分數。」（轉引自第二分冊第 89 頁）

馬克思譏諷地說：「洛貝爾圖斯先生，這全看**您**是怎麼計算的。」（第二分冊第 90 頁）馬克思舉例指出，假如我們正確地（而且必要地）就全部產品價值中超過生產費用的餘額來考察，那麼，只要這個餘額等於生產費用，利潤率就達到百分之百，例如：

不變資本	可變資本	剩餘價值	價值	生產費用	和潤	利潤率
100	50	150	300	150	150	100%

當然，如果不是考察上述餘額（150），而是就全部價值（300）來說，它當然要在資本家和工人之間分配，那麼，資本家的份額當然只占總產品價值的一部分。但是，這種分配比例並不反應利潤率，利潤率是資本家的份額與全部墊支資本（150）的比例，而不是與全部產品價值（300）的比例。

（5）馬克思還評述了洛貝爾圖斯關於地租變動趨勢的觀點。這些觀點不過是對李嘉圖觀點的重複，即認為地租的提高等於利潤率的降低，而地租的提高源於農業生產率比工業生產率低。洛貝爾圖斯還認為地租隨著農產品的昂貴而提高。

［（8）洛貝爾圖斯所歪曲的規律的真實含義］

馬克思在這裡對前面的分析批判做了一個總結，一方面指出了洛貝爾圖斯地租論所包含的基本謬誤，另一方面概述了他自己地租論的基本點，因而可以說是本章的一個總綱。

馬克思把洛貝爾圖斯的謬論概括為六個方面。這六個方面同馬克思在前面指出的六個錯誤前提基本相同，但有兩點顯著差別：①前面所說的第六個錯誤前提中所包含的兩方面內容，在這裡分別列為第四和第五兩個謬論，即洛貝爾圖斯錯誤地斷言，一切工業部門皆有「材料價值」加入。其實，採掘和運輸業並不如此；洛貝爾圖斯不懂得，在許多加工工業部門，儘管有「原料」加入，但是不變資本的其他部分幾乎完全消失，或者數量極少（例如裁縫業）。②前面所說的第一個錯誤前提在這裡沒有再提。其原因也許就是我們已經指出的：馬克思在分析洛貝爾圖斯的第二個論題時，實際上認為，洛貝爾圖斯關於「租按原產品和工業品的價值分配」這一觀點，在一定條件下（即就全部產品價值而不是就構成收入的產品價值來說），是正確的。

馬克思說：「如果把這一切謬論拋開，那麼，作為隱藏在這些謬論後面的核心剩下來的，只是下面的論斷，當原產品按照它們的價值出賣的時候，它們的價值高於其他商品的平均價格，……因而提供一個超額利潤，這個超額利潤形成地租。這就是說，可變資本（假定剩餘價值率相等）對不變資本之比，在原產品生產中比工業各生產領域的平均數大……因此，農業中的剩餘價值，按它的生產費用計算，必然高於各工業生產領域的平均數。……由此可見，這只是把我從其一般形式上論述的規律（指平均價格規律）應用到一個特殊生產部門而已。」（第二分冊第95~96頁）這段話，集中表述了馬克思關於地租性質、實體及其來源的論點。

馬克思接著指出，農業就是這樣一個特殊生產部門。一方面，農業中手工勞動相對地說占優勢，而工業發展比農業快是資本主義生產方式所固有的趨勢（不過，這是歷史的差別），使農業資本有機構成比工業的低，這為農業產品價值高於平均價格，從而為超額利潤的存在創造了前提；另一方面，土地所有權壟斷使農產品價格保持在價值水準，並迫使農業資本家把平均價格與價值的差額即超額利潤交付給土地所有者，作為租佃土地的必要條件和代價。

這樣一來，馬克思就在分析批判洛貝爾圖斯地租理論的基礎上，正確地解釋了地租的存在，而李嘉圖只解釋了差別地租（級差地租）的存在，而且排除了李嘉圖地租論中那個不必要的前提，即所謂農業生產率遞減。馬克思證明，承認農業生產率增長，無礙於論證地租的存在，所需要的僅僅在於確認農業生產率相對地落後於工業，對後面這一點，李嘉圖是瞭解的，而且是他說明農業中超額利潤的一個條件，這是正確的。

[(9) 級差地租和絕對地租的關係。地租的歷史性。斯密和李嘉圖的研究方法問題]

這一小節的主要內容是，分析支付地租和不支付地租的各種可能性（條件），首次區分了絕對地租和級差地租這兩個概念。在分析過程中，馬克思強調了地租的歷史性質。最後，馬克思在一小段敘述中，概述並評價了斯密和李嘉圖的研究方法。

馬克思首先指出了造成地租的差別的幾個因素：①在土地面積相同、投資額相等的情況下，地租差別是由土地的自然肥力的差別（自然的差別）造成的。這種差別會引起地租量和地租率的差別。②在土地面積相同、肥力相等的情況下，地租的差別是由投資額不等（工業的差別）造成的。這種差別只會引起地租額的增加（與支出資本額成比例）。馬克思又說，「在同一地段上連續投資，也**可能**產生不同的結果。」（第二分冊第 98 頁）從而造成地租量的差別。

馬克思強調了地租的歷史性。他指出，農業和工業不同之處，不在於有超額利潤，而在於超額利潤（地租）在農業中固定化，在工業中轉瞬即逝。還在於，這種超額利潤的產生，在工業中總是生產率提高的結果，而且總是由最後出現的生產率最高的資本引起的；在農業中卻常常是較好土地的肥力相對增長的結果，這種增長是由比較不肥沃的土地投入耕種而引起的。「然而，使平均生產條件決定**市場價格**，從而把低於這種平均水準的產品價格提到高於該產品的**價格**，甚至高於它的**價值**的原因，絕不是土地，而是**競爭**，是**資本主義生產**；因此，這不是自然規律，而是社會規律。」（第二分冊第 99 頁）馬克思在前面已經闡明了這個社會規律。

在接著的十多頁（第二分冊第 99～111 頁）中，馬克思詳細分析了下述思想：「按照這個理論，最壞的土地無論支付**地租**，或者**不**支付**任何**地租，都不是必然的。同樣可能的是，在**不提供地租**、只提供普通利潤的地方，或者**甚至連普通利潤也沒有**的地方，仍然支付**租金**，也就是說，土地所有者得到**地租**，雖然**從經濟學觀點來看，這裡沒有任何地租存在**。」（第二分冊第 99 頁）

馬克思首先指出了不支付地租的兩種情況。我們已經看到，馬克思在前面已經闡明，支付地租（農產品價值與生產價格的差額）必須具備兩個條件：一是農產品價值高於生產價格，二是存在土地私有權。二者缺一不可。馬克思在這裡指出的第一種情況屬於兩個條件都不具備的情況：「一方面，比較大量可供自由使用的土地**還沒有變為私有**，另一方面，自然肥力相當大，雖然資本主義生產**不太發達**，因而，雖然可變資本對不變資本的比例很大，農產品的價值還是等於（有時甚至**低於**）它們的**平均價格**。」（第二分冊第 99 頁）例如當時美國西部就是這樣。在那裡，只有較好的（比較肥沃）土地支付租金，但它並不是「作為地租」的地租，亦即不是農產品價值與平均價格的差額，而是平均價格與較好土地的個別價值的差額。這種差額同工業中因為生產率高而獲得的超額利潤相似；也同工業中的超額利潤一樣，很少固定下來，一旦其他地段上的生產率普遍提高，價格下降，這部分超額利潤便會消失。在這種情況下，李嘉圖關於只有較好的土地才支付地租的規律是有效的。然而，應當注意的是，不支付地租的土地所以不支付地租，並不像李嘉圖所認為的那樣，因為它貧瘠，而是相反，因為它肥沃。只是同更肥沃的土地相比，它比較的不肥沃罷了。

馬克思接著指出的第二種情況，屬於缺少支付地租所必備的兩個條件之一：存在土地私有權；但是，比方說，穀物的價值很低，以致「最後進入耕種」的土地所提供的穀物價值僅僅等於平均價格，那麼，「最後進入耕種的土地」就不支付地租。在這裡，這種土地不支付地租，可能不是由於它肥沃（或者和更肥沃土地比較相對地不肥沃），而是由於它相對的貧瘠，以致投在這種土地上的單位資本的穀物收穫量較少，其售價只相當於平均價格。這裡所謂「最後進入耕種的土地」指的是「新投入的最壞土地」。

以上所說，是關於不支付地租的情形。關於最壞土地和新投入的劣等地支付地租的問題，馬克思做了如下分析：在這些分析中，馬克思首次明確提出了與級差地租相對照的另一個地租概念，「純地租」（第二分冊第 100 頁）或「非級差地租」（第二分冊第 101 頁）或「一般地租」（第二分冊第 102 頁）與「絕對的地租」（第二分冊第 105 頁）。在這些分析中，「最壞土地」，有時也被稱作「早先最壞耕地」或「早先提供地租的最後土地」或「提供最少地租的土地」。這同李嘉圖所理解的不支付地租的最後耕地是不同的。馬克思把比上述最壞土地還壞的土地稱為「新的最壞土地」（第二分冊第 102 頁）或「最後的耕地」（第二分冊第 103 頁）並且認為它在一定條件下不提供地租，在另一些情況下則提供。

馬克思明確指出，「提供**最少**地租的土地提供純地租，其他土地提供級差地租」（第二分冊第 100 頁）。馬克思的分析表明，在以下兩種情況下最壞土地會提供絕對地租。

第一，農產品價格等於（而且決定於）最壞土地產品價值，而這個價值又高於包含平均利潤的平均價格。馬克思舉例說，假定兩筆數額相等（100鎊）的資本分別投在兩塊等級不同的土地上。其中最壞的那塊耕地的產品價值120鎊，這120鎊同時也就決定了上述兩塊耕地的全部產品的價格；同時，假定平均利潤率為10%，則產品的平均價格僅為110鎊。在這種情況下，「最壞的耕地花費100鎊資本將提供10鎊地租，或者說，一誇特小麥提供$\frac{5}{9}$先令地租。」（第二分冊第101頁）後面這個數目是這樣計算出來的：這塊耕地的總產量為360誇特①，平均每誇特的價值為$\frac{1}{3}$鎊（120鎊/360誇特）即$6\frac{2}{3}$先令，而每誇特的平均價格卻為$6\frac{1}{9}$先令（110鎊/360誇特），兩者之差即為一誇特小麥中所包含的地租（$6\frac{2}{3}-6\frac{1}{9}=6\frac{6}{9}-6\frac{1}{9}=\frac{5}{9}$）。至於等級較好的土地，因為總產量多於360誇特，但仍按最壞土地價值即一誇特$6\frac{6}{9}$先令出售，所以，它將提供較高的地租（多於10鎊）。假定有一塊新地投入耕種，花費同樣的勞動，只提供330誇特，則平均每誇特價值是7先令3便士$1\frac{1}{3}$法尋。如果按此價值出賣，就會有地租；如果仍按前面所說的最壞土地產品價格（每誇特$6\frac{6}{9}$先令）出售，「那麼它就**低於**產品的價值而按照產品的**平均價格**，也就是按照最壞土地能提供10%普通利潤的那種價格出賣產品。」（第二分冊第101頁）換言之，只提供平均利潤，不提供地租。

第二，「如果一誇特小麥的**價值**高於$6\frac{6}{9}$先令」，即高於最壞土地產品的價值時，最壞土地也會提供絕對地租。不過，馬克思特別註明，價值的這種提高，不是指由於需求增長而引起的農產品價格上漲，以致超過最壞土地產品價值$6\frac{6}{9}$先令，而是說，價格沒有上漲，仍由$6\frac{6}{9}$先令決定，並且仍由這塊最壞土地即提供非級差地租的土地上生產的產品價值來決定。馬克思指的是，「如果早先最壞的耕地和其他一切土地，為了提供**同一**地租，相對地說比較不肥沃，以致它們的產品價值更加**高於**它們的平均價格和其他商品的平均價

① 誇特是英國重量單位，英國容積單位，美國重量單位。

格。」（第二分冊第 101～102 頁）在這種場合，價格仍由最壞耕地決定，從此等土地所得到的地租也不超出現有水準；同投入新資本的新等級土地相比，最壞耕地提供一般地租，即非級差地租。而新的最壞土地則不提供地租。

接著，馬克思分析了新加入的最壞土地（Ⅰ′等級）和最壞土地（即原先提供地租的Ⅰ等級）以及再往上的各等級較優土地（Ⅱ、Ⅲ、Ⅳ等）的地租的關係。他指出：「如果Ⅳ的肥力減低，從Ⅲ到Ⅰ的地租就會增多，Ⅳ的地租也會絕對增多。」（第二分冊第 102 頁）這就好比Ⅰ比較肥沃了，Ⅱ、Ⅲ、Ⅳ的地租就會減少一樣。Ⅰ對Ⅱ，Ⅱ對Ⅲ，Ⅲ對Ⅳ的關係也好比不提供地租的新加入耕作的土地Ⅰ′和原先提供地租的最壞土地Ⅰ的關係一樣：新地是否提供地租，決定於Ⅰ的肥力，如果Ⅰ比較肥沃了，則Ⅰ的穀物價值不高於新土地產品的平均價格，此時新土地沒有地租；反之，如果Ⅰ比較不肥沃了，Ⅰ的穀物價值就會高於新土地產品的平均價格，此時新土地也會提供地租。「因此，在這裡，**施托爾希的規律**是適用的：**最肥沃**的土地的地租決定最後的、一般提供地租的土地的地租，就是說，它也決定提供非級差地租的土地和完全不提供地租的土地之間的差額。」（第二分冊第 103 頁）在這裡，馬克思重申了以上所述第二點已闡明的觀點。新耕地Ⅰ′不提供地租，不是由於它本身貧瘠，而是由於其他地段相對肥沃，或者說，由於它同Ⅰ比較，相對的貧瘠。總之，新加入的最壞土地能否提供地租，取決於穀物價值是否高於該等土地產品的平均價格；高於它，有地租；低於或等於它，無地租；而這又同Ⅰ～Ⅳ的肥力有關。

馬克思在做了以上分析之後，再次闡述了區分價值和生產價格的意義（第二分冊第 104 頁），重申了關於土地私有權的作用的觀點，再次批判了洛貝爾圖斯以農業資本中無原料價值加入說明一般地租的荒謬觀點，還分析了李嘉圖級差地租原理在不存在土地私有權條件下的適用性（第二分冊第 108 頁）。關於最後一點，馬克思說：「如果土地所有權被廢除而資本主義生產保存下來，這種由肥力不同引起的超額利潤也不會消失。如果國家把土地所有權據為己有，而資本主義生產繼續存在，Ⅱ、Ⅲ、Ⅳ（指Ⅰ即最壞土地以外的各級土地——作者）的地租就會支付給國家，但地租本身（顯然是指級差地租——作者）還是存在。如果土地所有權歸人民所有，資本主義生產的整個基礎，使勞動條件變成一種獨立於工人之外並同工人相對立的力量的基礎，就不再存在了。」（第二分冊第 108 頁）

在結束本章之前，馬克思又強調了地租的歷史性質。他指出，洛貝爾圖斯認為地租存在於事物（至少是資本主義生產）的「永恆本性」中，但是，「在我們看來，地租是資本有機組成部分的比例的**歷史性差別**造成的，這種差別一部分會趨於平衡，甚至隨著農業的發展會完全消失。」（第二分冊第 111 頁）土地所有權的廢除，會使絕對地租消失。級差地租因為是同市場價格的調節作用聯繫在一起的，所以會隨著價格和資本主義生產一起消失。土地肥力差別還會存在，社會勞動耕作肥力不同的土地還會出現耗費勞動的差別，但決不會產生資本主義制度下的那種後果，即對較好的土地的產品也必須按最壞土地上的勞動耗費來支付。相反，還會把在較好土地上節省下來的勞動，用來改良較差土地，從而使各級土地生產率普遍提高，並縮小各級土地的差別，使農業上花費的總勞動量減少。

這樣，馬克思就完成了對洛貝爾圖斯地租理論的分析和批判，同時也講清了地租理論的實質。

※　※　※　※

馬克思在第一分冊曾經詳盡地分析了亞當・斯密的理論和方法，指出過斯密研究方法的二重性，特別指出了斯密將價值一方面歸結為生產商品所必要的勞動量，一方面又歸結為可以購買的商品的活勞動量。（參閱第一分冊第 47 頁等）。值得注意的是，馬克思在這裡重談斯密價值論的不同觀點時，沒有把斯密所謂耗費勞動和購買勞動這兩者對照起來，而是把斯密的耗費勞動和收入價值論加以對照。馬克思說，斯密起初對價值「發表過正確的觀點（這顯然是指斯密關於耗費勞動決定交換價值的觀點——作者。）後來走上了相反的道路，把工資價格、利潤價格、地租價格假定為某種既定的東西，試圖把它們規定為獨立的量，並把它們加起來得出**商品的價格**」。（第二分冊第 111 頁）這對我們正確把握斯密價值論的實際二重性是很有啓發性的①。

馬克思重申了斯密「這種向相反觀點的轉變」所包含的意義，即其研究方法上的兩重性。然後，在與斯密的比較中，馬克思說：「相反，李嘉圖有意識地把競爭形式，把競爭造成的表面現象**抽象化**，以便考察**規律本身**。」（第二分冊第 112 頁）這特別是指，在考察價值規律時，李嘉圖拋開了商品價值在不同階級之間的分割，區分了耗費勞動和購買勞動等。這是李嘉圖的功績。然而，應該指責李嘉圖的是：一方面，他的抽象還不完全，比如，當他考察商品

① 參見晏智杰. 評亞當・斯密的價值-價格論［J］. 北京大學學報（哲學社會科學版），1989（6）.

價值時，一開始就受到各種具體條件的限制；就是說，例如，他擺脫不了利潤和平均利潤範疇，也擺脫不了造成利潤率變動的種種因素。另一方面，他的抽象是形式的，本身是虛假的。「他把表現形式理解為普遍規律的**直接的**、**真正的**證實或表現，他根本沒有揭示這種形式的**發展**。」（第二分冊第 112 頁）這集中反應在李嘉圖把價值的轉化形式與價值本身相混同，把剩餘價值同利潤相混同，並企圖用價值規律直接解釋生產價格規律支配下的種種現象，結果引起了許多謬誤。這些是李嘉圖研究方法上的根本缺陷。

馬克思在這裡扼要表述的觀點，在往後的分析中得到了充分的發揮。

[（10）地租率和利潤率。不同歷史發展階段上農業生產率和工業生產率的關係]

馬克思首先指出，洛貝爾圖斯針對李嘉圖大談土地價值的增長和地租量的增加，這是無的放矢，因為這些論題對李嘉圖來說是不成問題的。對李嘉圖來說真正成問題的地租率變動問題，洛貝爾圖斯卻拋開了。

馬克思指出，在地租率變動問題上，李嘉圖看到了下述情況，由於農業生產率減低，工資提高或原料價值增加，導致利潤率下降，使地租率提高。這種利潤率的減低不是由工業生產率的增長引起的。

不過，這只是導致地租率增長的一種情況，對於除此以外的其他兩種情況，李嘉圖沒有「加以區別」（第二分冊第 115 頁）。這兩種情況是：

第一，利潤率由於用在比較肥沃土地上的資本有級差地租而相對下降，導致地租率提高。當耕作從劣等地推移到優等地時，就會出現這種情況。

第二，工業生產率提高而農業生產率未變，或者工業生產率提高得比農業快，都會導致利潤率下降，從而使地租率提高。

與上述問題相聯繫，馬克思指出了不同歷史發展階段上，農業生產率與工業生產率的關係。他指出：①在前資本主義生產方式下，農業生產率高於工業。自然力在工業中尚未應用時，它已在農業中參與了人的勞動。②在資本主義蓬勃發展時期，工業生產率的發展比農業快。③在一定時期，二者都增長，雖然速度不同。④「但是工業發展到一定階段，這種不平衡必定開始縮小，就是說，農業生產率必定比工業生產率相對地增長得快。」（第二分冊第 116 頁）馬克思還指出了出現這種現象的原因：農業大規模資本主義經營和當時（19 世紀中葉）的科學技術的進步和成就。

[第九章] 對所謂李嘉圖地租規律的發現史的評論

[對洛貝爾圖斯的補充評論](插入部分)

這一章是馬克思系統評述李嘉圖的理論之前的第二個插入部分。在第八章——第一個插入部分中，馬克思通過對洛貝爾圖斯的地租理論的批判，著重闡述了絕對地租理論。第九章——第二個插入部分主要是評述級差地租理論的發現史，或者說是評述李嘉圖級差地租理論的先驅者的歷史。第八章、第九章這兩個插入部分是為以後從第十章開始對李嘉圖地租理論的全面評述作準備的。

李嘉圖否認絕對地租，只論述級差地租。級差地租理論並不是李嘉圖發現的。在評述李嘉圖的地租理論之前，首先弄清它的思想來源是必要的。李嘉圖級差地租先驅者的歷史由於各種原因被歪曲了，馬克思在評述中對這段歷史做了澄清，揭示了級差地租發現史的真實面貌。

此外，在這一章中還對李嘉圖的地租理論的某些觀點做了初步評述；對洛貝爾圖斯反對李嘉圖地租理論的觀點做了補充評論；對馬爾薩斯的「人口論」做了批判。

[(1) 安德森發現級差地租規律。安德森理論的剽竊者馬爾薩斯為了土地所有者的利益而歪曲安德森的觀點]

一、安德森是級差地租理論的發現者

詹姆斯·安德森（1739—1808）是英國資產階級經濟學家，又是蘇格蘭的一個農場主。他在《穀物法本質的研究：關於為蘇格蘭提出的新穀物法案》（1777 年在愛丁堡出版）、《論農業和農村事務》（三卷集，1775—1796 年在愛丁堡出版）、《關於農業、博物學、技藝及其他許多問題的通俗講座》（1799—1802 年在倫敦出版）三本著作中都論述了級差地租。不過，安德森的地租理

論沒有引起人們注意。其原因：一方面，安德森的著作主要是論述當時爭論激烈的穀物法問題，只是順便講到地租理論；另一方面，當時最著名的經濟學家在學術界的高度威望和影響，也導致了公眾對他的著作的忽略。起初，詹姆斯·斯圖亞特是英國最有威望的經濟學家。1776 年《國富論》出版後，亞當·斯密成為英國經濟學界的權威。

1815 年英國出版了馬爾薩斯的《關於地租的本質和增長的研究》和威斯特[①]的《論資本用於土地》兩個著作。它們以論述地租理論的專門著作的形式出現，引起了重視，被認為是地租理論的發現者。李嘉圖也不知道安德森，他在《政治經濟學及賦稅原理》一書的序言中，把威斯特和馬爾薩斯稱作地租理論的創始人。

馬克思指出，1815 年出版的馬爾薩斯和威斯特的著作不過是安德森著作的「複製品」。從威斯特論述的獨特方式看，他可能不知道安德森。但將馬爾薩斯的著作與安德森的著作比較，就可以看出馬爾薩斯知道安德森，並且利用了他的著作，但他沒有說明這一點。可見，馬爾薩斯是安德森地租理論的剽竊者，安德森才是級差地租理論的真正發現者。

二、馬爾薩斯剽竊安德森的地租理論，並加以歪曲，為土地貴族的利益服務

馬克思將安德森和馬爾薩斯做了對比，以此揭露馬爾薩斯的反動立場和辯護觀點。

（1）安德森和馬爾薩斯在維護穀物法的出發點不同。安德森維護穀物法是認為它能「保證農業生產力的均衡發展」。（第二分冊第 122 頁）馬爾薩斯只是利用安德森維護穀物法的結論，「**從經濟學上**替土地貴族的地租、領干薪、揮霍、殘忍等等辯護。」（第二分冊第 122 頁）馬克思並深刻地揭露了馬爾薩斯的階級本質：「只有在工業資產階級的利益同土地所有權的利益，同貴族的利益一致時，馬爾薩斯才擁護工業資產階級的利益，即擁護他們反對人民群眾、**反對**無產階級；但是，凡是土地貴族同工業資產階級的利益發生分歧並且互相敵對時，馬爾薩斯就站在貴族一邊，反對資產階級。因此，他為『**非生產**勞動者』、消費過度等辯護。」（第二分冊第 122 頁）

---

① 愛·威斯特（1782—1828），英國經濟學家，資產階級古典政治經濟學的代表人物之一。主要著作：《論資本用於土地，並論對穀物進口嚴加限制的失策》（1815 年倫敦出版）、《穀物價格和工資》（1826 年倫敦出版）。

（2）馬爾薩斯歪曲安德森的地租理論，作為他的「人口論」的根據。安德森認為，由於土地肥沃程度存在差別，因而不同等級的同量土地投入同量資本，勞動生產率不同，較肥沃土地上的生產物多於較貧瘠的土地上的生產物，其差額部分形成級差地租。因此，他認為級差地租的存在是由於不同土地上農業勞動生產率存在差別，級差地租的產生與「農業的絕對生產率絕對沒有任何關係。」（第二分冊第 122 頁）相反，他認為各種等級土地的絕對肥力不但能夠提高，而且隨著人口的增長也必定會提高。這就是說，不存在土地肥力必然遞減的問題。安德森反對馬爾薩斯的「人口論」，批評其食物按算術級數增長，人口按幾何級數增長的觀點，認為農業生產力發展有廣闊的前途①。

馬爾薩斯剽竊安德森的地租理論並加以歪曲。他把級差地租存在的自然基礎是土地肥沃程度不同的差別，歪曲為是由於農業生產率絕對下降，即編造出所謂「土地收益遞減規律」，作為他食物增長慢於人口增長的理論根據，並用此證明他的反對無產階級和勞動人民的「人口論」。在此，馬克思尖銳地指出馬爾薩斯對待科學的卑鄙態度。他說：「馬爾薩斯的特點，是思想**極端卑鄙，……第一**，表現在他無恥的熟練的**剽竊**手藝上；**第二**，表現在他從科學的前提做出的那些**看人眼色**的而不是**毫無顧忌**的結論上。」（第二分冊第 124 頁）

三、李嘉圖對級差地租理論的貢獻

安德森和馬爾薩斯都不知道級差地租理論和政治經濟學體系的聯繫。只有李嘉圖才把級差地租理論同政治經濟學理論體系聯繫起來。李嘉圖「把這個地租學說當作整個政治經濟學體系最重要的環節之一，並且賦予它以嶄新的理論上的重要性」。（第二分冊第 121 頁）

李嘉圖把級差地租學說從理論上和實踐上大大推進了。「這就是：在理論上，做出商品的**價值**規定等等，並闡明土地所有權的性質；在實踐上，反對**資產階級生產基礎上**的土地私有權的必要性，並且更直接地反對國家促進這種土地所有權發展的一切措施，如穀物法。」（第二分冊第 123 頁）

---

① 本章第九節關於安德森對馬爾薩斯「人口論」的批評進一步做了評述。

［(2) 發展生產力的要求是李嘉圖評價經濟現象的基本原則。馬爾薩斯為統治階級最反動的分子辯護。達爾文實際上推翻了馬爾薩斯的人口論］

在這一節中，馬克思將李嘉圖和馬爾薩斯的觀點做了對比，肯定李嘉圖科學上的誠實態度，有歷史進步性；批評馬爾薩斯歪曲科學，為土地貴族和一切剝削階級辯護。並通過達爾文的觀點進一步批判馬爾薩斯的「人口論」。

一、發展生產力的要求是李嘉圖評價經濟現象的基本原則。

馬克思指出，李嘉圖站在資產階級立場上，「把資本主義生產方式看作最有利於生產，最有利於創造財富的生產方式」。(第二分冊第 124 頁) 這一觀點雖然從整個歷史發展來說是不正確的，但就李嘉圖所處的英國產業革命的時代來說，又是完全正確的；因為當時資本主義生產關係代表生產力發展的要求；李嘉圖以發展生產力為原則評價經濟現象，還表現在他毫無顧忌地主張「為生產而生產」的觀點上。馬克思說，在李嘉圖看來，「生產力的進一步發展究竟是毀滅土地所有權還是毀滅工人，這是無關緊要的。如果這種進步使工業資產階級的資本貶值，李嘉圖也是歡迎的。如果勞動生產力的發展使**現有的**固定資本貶值一半，那將怎樣呢？……要知道人類勞動生產率卻因此提高了一倍。這就是**科學上的誠實**。」並且「從他的立場來說也是**科學上的**必要。」(第二分冊第 125 頁)

西斯蒙第批評李嘉圖為生產而生產，忘記了生產的目的是為了人們的福利。其實是他自己不懂得社會生產力的發展同個人福利的關係。把個人的福利同生產力發展對立起來，也就是認為「為了保證個人的福利，全人類的發展應該受到**阻礙**。」(第二分冊第 124 頁) 馬克思從歷史唯物主義的觀點說明，人類社會生產力的發展，「在開始時要靠犧牲多數個人，甚至靠犧牲整個階級，但最終會克服這種對抗，而同每個個人的發展相一致；因此，個性的比較高度的發展，只有以犧牲個人的歷史過程為代價。」(第二分冊第 124~125 頁) 這就是說在資本主義制度下，發展生產力雖然以犧牲無產階級為代價，但生產力的發展又必然會創造出消滅資本主義制度下對抗性矛盾的條件，使社會過渡到與每個人利益相一致的更高級的社會——社會主義和共產主義社會。因此，人類社會發展要經歷資本主義生產方式，靠犧牲個人利益為代價發展生產力，是歷史的必由之路，是不可避免的。李嘉圖毫無顧忌地主張「為生產而生產」，正是反應了歷史發展的要求。

二、馬爾薩斯為統治階級最反動的分子辯護

馬克思指出，馬爾薩斯與李嘉圖不同，他不顧生產力的發展，極力維護現存制度和統治階級的利益。因此，他總是「從已經由科學得出的（而且總是他**剽竊來的**）前提，只做出對於貴族反對資產階級以及對於貴族和資產階級兩者反對無產階級來說，是『**合乎心意**』（有用的）的結論」。（第二分冊第125頁）他的第一部著作，即1798年出版的《人口原理》，就是歪曲地租理論為剝削者辯護的明顯例子。這部著作的實際目的，即是為反對法國革命和英國改革者服務的。他用「人口論」證明工人的貧困是自然規律造成的，是不能通過革命和改革改變的。1815年出版的《關於限制外國穀物進口政策的意見的理由》《關於地租本質和增長的研究》兩本書，其目的「是為了維護反動的土地所有權，反對『開明的』『自由的』和『進步的』資本」。（第二分冊第126頁）特別是要證明為了保護貴族利益反對工業資產階級的穀物法是正確的。最後1820年出版的《政治經濟學原理》是直接反對李嘉圖的。在這本書中他極力使政治經濟學的理論適應土地貴族的利益。

李嘉圖把無產者看成像機器、牲畜一樣的商品，客觀地反應了資本主義生產關係中，無產者實際上已經變成了商品。但是，「只要有可能不對他的科學**犯罪**，李嘉圖總是一個博愛主義者，而且他在**實際生活**中也確是一個博愛主義者。」（第二分冊第126頁）馬爾薩斯則不同，「他（也）為了生產把工人貶低到牲畜的地位，甚至使工人餓死和當光棍的境地。」（第二分冊第126頁）但是當為了生產要求減少地租時，在貴族的利益同資產階級的利益對立時，或者在資產階級中保守和停滯的階層的某種利益同進步的資產階級的利益對立時，在所有這些場合，馬爾薩斯都不是為了生產而犧牲特殊利益，而是竭盡全力企圖為了現有社會統治階級的特殊利益而犧牲生產的要求。正是為了這個目的，他不惜在科學領域內，歪曲理論，僞造自己的結論。馬克思指出，他的理論一方面「是看著統治階級特別是統治階級的反動分子的『**眼色**』捏造出來的。」（第二分冊第127頁）另一方面對被壓迫階級，則是毫無顧忌、殘酷無情的。這就是馬爾薩斯在科學上的卑鄙態度，正因為如此，英國工人階級憎恨馬爾薩斯。

三、達爾文實際上推翻了馬爾薩斯的「人口論」

英國博物學家、進化論的奠基人查理·達爾文，在他的著作《根據自然選擇即在**生存鬥爭**中適者保存的物種起源》（1860 年倫敦版）的緒論中說：「全世界整個生物界中的生存鬥爭，那是依照幾何級數高度繁殖的不可避免的結果。這是**馬爾薩斯**學說對整個動物界和整個植物界的應用。」（轉引第 128 頁）達爾文錯誤地認為馬爾薩斯「人口論」中人口按幾何級數數增長的原理也適用於動物界和植物界。但是動、植物界按幾何級數增殖的觀點正好推翻了馬爾薩斯的「人口論原理」。因為「人口論原理」正是建立在人口按幾何級數增長，而人類的食物（動物、植物）按算術級數增長的矛盾上。如果動、植物也按幾何級數增長，那所謂的人口規律也就不存在了。

[（3）羅雪爾歪曲地租觀點的歷史。李嘉圖在科學上公正的例子。投資於土地時的地租和利用其他自然要素時的地租。競爭的雙重作用]

一、羅雪爾歪曲地租觀點的歷史

馬克思首先對安德森著作的情況做了說明。1777 年出版的安德森的著作《穀物法本質的研究，關於蘇格蘭提出的新穀物法案》是一部參加當時穀物法論戰的著作。他維護農場主的利益（包括地主的利益），反對工業資本家的利益。這一著作的直接目的是，反對 1773 年在英格蘭通過的獎勵穀物進口的法律於 1777 年在蘇格蘭實施。獎勵穀物進口，必然會導致糧食價格下降，有利於工業資本家階級不利於農場主和地主。在這一著作中安德森只是順便提到地租理論。

馬克思在說明安德森著作的性質之後，便進一步，深刻地揭露了德國庸俗資產階級經濟學家、歷史學派的創始人之一威廉·格奧爾格·弗里德里希·羅雪爾①（1817—1894）對安德森地租觀點的歪曲。羅雪爾在他的《國民經濟學原理》（1858 年）一書中說：「值得驚奇的是，在 1777 年幾乎無人注意的學說，到 1815 年以後卻突然引起人們極大的關心，一些人擁護、另一些人反駁，因為這個學說涉及貨幣所有者和土地所有者之間在這個時期如此尖銳起來的對立。」（轉引自第二分冊第 130 頁）馬克思指出：「在這段話中，錯誤和字數一

① 馬克思在書中用古希臘著名歷史學家威廉·修昔的底斯·羅雪爾的名字稱呼威廉·格奧爾格·弗里德里希·羅雪爾，是諷刺的意思。

樣多。」(第二分冊第 130 頁) 第一，安德森在書中並沒有把地租理論當作「學說」提出來。第二，他的地租理論不是「幾乎」而是「完全」無人注意。第三，這本書只涉及當時工業資本家和地主之間利益的對立，還沒有把地租理論和一般政治經濟學原理聯繫起來。第四，1815 年以後，安德森的地租理論引起了人們的注意，但不是一些人擁護、另一些人反對。而是這個理論的擁護者中，一部分人如馬爾薩斯，利用這個理論維護土地所有權的利益、維護穀物法；另一部分人如李嘉圖，反對土地所有權的利益，反對穀物法。在擁護這個理論上馬爾薩斯和李嘉圖是一致的，只是由此得出的實際結論不同。第五，1815 年以後，在這一學說基礎上展開的辯論，也不像羅雪爾所講的是「貨幣所有者」和「土地所有者」之間的對立，而是工業家和地主之間的鬥爭。在英國工業資本家階級和「金融階級」或者稱貨幣貸放者，不僅是不同的階級，兩者的利益也是極不相同的。在 1815 年以後圍繞穀物法的鬥爭中，「貨幣所有者」和「土地所有者」是站在一起反對工業資本家的。馬克思指出：「可以使羅雪爾先生感到驚奇的至多是這件事：**同一個**『學說』，在 1777 年用來**維護**『土地所有者』，而在 1815 年卻成了反對『土地所有者』的武器，並且只是到**這時**才開始引起人們的注意。」(第二分冊第 131 頁)

馬克思進一步指出，羅雪爾《國民經濟學原理》一書中錯誤百出，表現了學術上的無知，不值得一一批判。並且進一步揭露他對待科學的態度也是粗暴的，不「公正」的。「在他看來，誰不『值得尊敬』，誰就在歷史上不存在。」(第二分冊第 132 頁) 馬克思還指出，羅雪爾著作中的錯誤，被其他學科領域的研究者所引用，造成了極為有害的影響。

二、李嘉圖在科學上公正的例子

馬克思關於李嘉圖對待理論上的科學態度的肯定，可以看作是第二節中有關問題的補充論述。李嘉圖對待理論的科學態度在於他維護生產力的發展和財富增長，不贊成為了維護任何一個階級的利益而使生產發展受到阻礙。馬克思通過列舉李嘉圖對待三個階級的態度，說明他在科學上的公正。

第一，在對待地主階級的態度上。李嘉圖反對穀物法，贊成穀物自由輸入。這種政策必然使糧食供應增加，價格下降，最劣等土地退出耕種，地租下降。因此，土地所者的一部分利益為發展生產而被犧牲。

第二，在對待資產階級的態度上，李嘉圖認為在穀物自由輸入的情況下，不可否認會有一定數量的資本損失掉，「如果能證明，**犧牲我們的資本的一部分，我們就可以增加**用於使我們享樂和幸福的那些物品的**年生產**，那我們就不應當為**我們的資本的一部分遭受損失**而發牢騷。」（轉引自第二分冊第 133 頁）

第三，在對待無產階級的態度上，他認為只要國家的財富數量不變，國家的人口多少；雇傭工人的人數多少，都是無關緊要的。這就是說，只要能增加生產，無產階級是否能找到工作是無關緊要的，在這裡，要求無產階級為生產的發展做出犧牲。

三、投資於土地時的地租和利用其他自然要素時的地租

馬克思在這裡區分了兩種不同的地租。

一種是在農業中，資本投在土地上，這裡的地租，是在土地上生產的產品的價值，超過這個產品平均價格的餘額。馬克思這裡講的平均價格，實際是生產價格，地租是指的絕對地租。

另一種是在工業中，自然要素（如瀑布的水力）加入生產過程，從而提高勞動生產率，使商品的個別價值低於平均價格，獲得超額利潤。因此，這裡的地租，是產品的市場平均價格超過個別平均價格的餘額。這種地租實際是級差地租。

四、競爭的雙重作用

與上述兩種地租相聯繫，馬克思進一步指出：「在競爭中，應當區分兩種平均化運動。」（第二分冊第 135 頁）一種是在同一生產領域內部的競爭，它把這個生產領域內部生產的商品的價格平均化為同一市場價格。這裡是說明以社會必要勞動時間為基礎的市場價值的形成。另一種是不同生產領域之間的競爭。這種競爭使資本在不同生產部門之間轉移，如果不受到土地所有權的阻礙，它將使市場價值平均化為平均價格。這裡講的是生產部門之間的競爭，使價值轉化為生產價格問題。

[（4）洛貝爾圖斯關於產品變貴時價值和剩餘價值的關係問題的錯誤]

這一節的內容，是馬克思在第八章對洛貝爾圖斯的批判的補充。批判的觀點是，洛貝爾圖斯認為如果一種商品比另一種商品貴，也就是說貴的商品包含的勞動時間多，又假定生產這兩種商品時剩餘價值率相等，貴的商品也就比較賤的商品包含更多的剩餘價值。或者更明確地說，如果兩種商品生產時剩餘價值率相同，價值大的商品必然包含較多的剩餘價值。馬克思指出：「這個觀點是完全錯誤的。」（第二分冊第 135 頁）

洛貝爾圖斯假定用同量的勞動時間，在貧瘠的土地上只生產一誇特小麥，在肥沃的土地上可生產三誇特小麥，那麼，這三誇特小麥和一誇特小麥包含的勞動時間一樣多，如果兩者剩餘價值率相等，那麼兩種商品中包含的剩餘價值量也是相等的。馬克思指出，「洛貝爾圖斯的計算是完全錯誤的」。（第二分冊第 136 頁）他錯誤地把投在工資上的可變資本與商品中包含的剩餘價值量的關係，當作商品的價值與剩餘價值量的關係。商品中包含的價值除了工資和剩餘價值部分外，還有不變資本或者說消耗的生產資料的價值部分。洛貝爾圖斯的計算只考慮到商品價值中工資和剩餘價值的比例，而沒有把商品中包含的生產資料的價值多少考慮在內。因此，馬克思指出，這裡必須把下述情況加以區別：首先，要區分同量工資和不變資本可以生產出不同數量的產品。例如歉收年少於豐收年，貧瘠土地少於肥沃土地上的產品。因而前者同量產品較貴，也就是前者包含的勞動量和剩餘勞動量較多。可是後者提供的產品數量較多，因而包含的不變資本部分也應當較多，就總產品包含的價值量與其中包含的剩餘價值量的比例來說，不會按相同的比例減少。其次，如果說兩類產品每一單位產品中所包含的有酬勞動和無酬勞動的比例，並不因產品貴賤發生變化，就必須假定兩資本有機構成的比例不發生變化。如果兩資本有機構成不同，同量產品中包含的價值量和無酬勞動量（剩餘價值量）之間的比例，就將會因商品價值量的變化而變化。

總之，洛貝爾圖斯認為，產品變貴即包含的勞動量增多，其中包含的剩餘價值量也必然增多。這個觀點是完全錯誤的。

[（5）李嘉圖否認絕對地租——他的價值理論中的錯誤的後果]

馬克思在這一節中，重點分析批判了李嘉圖價值理論中的錯誤如何導致了他否認絕對地租的存在。李嘉圖的價值理論中的一個主要錯誤觀點是：「**如果**

商品的價值決定於勞動時間，**商品的平均價格就必定等於商品的價值**。」（第二分冊第 138 頁）這裡講的平均價格是指生產商品時花費的全部資本和平均利潤，也就是生產價格。李嘉圖的錯誤是把價值和生產價格完全等同起來。根據這一觀點，他認為如果有絕對地租存在，就是和價值規律相矛盾的。假如資本投入農業中生產出的商品，它的價值不僅包括投入的資本和平均利潤，還有一個地租部分。也就是說，這個商品的價值高於生產價格，就超過了由耗費勞動決定的這個商品的社會價值，是和勞動決定價值的理論相矛盾的。並認為這種觀點必然導致否認唯有勞動創造價值，從而否定勞動價值論。因此，李嘉圖為了維護勞動價值論而否認絕對地租的存在。

李嘉圖只承認級差地租。他認為較好的土地提供地租（級差地租），是因為最劣等土地上生產的農產品的個別價值決定社會價值，較好的土地上的產品包含的價值低於社會價值，其產品按市場價值出賣，這個差額就構成了地租。這裡講的是級差地租。他強調不能僅僅因為資本是投在農業中，其勞動就創造較多的價值，從而提供地租。他認為農業中最壞的土地不提供地租，最初耕種的土地也不提供地租，因為這時土地還不存在土地的等級差別。如果承認這兩種土地提供地租就等於推翻勞動價值論。

馬克思下面又從另一個角度說明，如果李嘉圖在價值論中能夠把價值和生產價格區分開來，絕對地租存在和勞動價值論的矛盾就解決了。馬克思指出：「平均價格和價值並不是等同的，商品的平均價格可能等於商品價值，也可能大於或小於商品價值，那麼問題就不存在了」（第二分冊第 141 頁），或者說農產品的價值大於生產價格並不違背價值規律。剩下的問題只是說明為什麼農產品的價格總是大於生產價格，能提供地租了。

李嘉圖在講述商品的「相對價值」時，認為它隨著加入商品生產的固定資本和花在工資上的資本之間的比例的不同而變化。並且知道各部門之間的競爭形成一個平均利潤。但是他並沒有認識到由於平均利潤的形成，價值轉化為生產價格；而是認為平均價格和價值是同一的。因此，他也就不會想到為什麼農產品的價值不平均化為生產價格，其價值超過生產價格的部分形成絕對地租的問題了。

馬克思還批判了庸俗經濟學家羅雪爾和薩伊關於地租的錯誤觀點，指出他們和李嘉圖的地租理論根本不同。李嘉圖否認絕對地租，是因為在他看來和勞動價值論有矛盾。馬克思說：「羅雪爾根本不知道什麼是價值。」（第二分冊第

142 頁）也就是說他沒有勞動價值論。他認為自然因素本身就具有價值，因此，他把地租作為土地的價值加入商品的生產費用了。薩伊對這個問題講得更明白，商品的價值決定於生產費用，即資本、土地、勞動提供的服務。這些費用的量又取決於供求。這樣，土地提供的「生產性服務」就自然可以構成地租作為商品價格的一部分了。因為他們沒有勞動價值論，也就不存在勞動價值論和地租產生的矛盾。所以，羅雪爾之流完全沒有理由「擁護」李嘉圖的地租理論。

［（6）李嘉圖關於穀物價格不斷上漲的論點。1641—1859年穀物的年平均價格表］

在這一節中，馬克思分析了李嘉圖對穀物價格上漲原因的解釋。這是他說明級差地租的基礎。

馬克思指出，如果撇開絕對地租不談，在李嘉圖那裡還有一個問題，就是對農產品價格上漲原因的解釋。李嘉圖認為，農產品價格和工業品價格變動情況不同。如果某種工業品需求增加，價格就會上漲，但是隨著工業品供給的增加，價格將停止上漲，並降到原來的水準。農產品的情況則不同。如果隨著人口增加，對農產品的需求增加，必然引起農產品價格不斷上漲。因為在農業中，追加生產就不得不把資本投入越來越不肥沃的土地，為生產同樣的農產品需要花費越來越多的勞動。「在農業中，這種**追加產品**不是按原來的價格，也不是按更低的價格投入市場。**它的價值更大**，從而引起市場價格不斷上漲，同時引起地租提高。」（第二分冊第 143 頁）農產品價格的上漲不能用地租的絕對增加來解釋，因為不僅地租總額增加了，地租率也提高了。它也不能用貨幣貶值來解釋，貨幣貶值只能說明在工業勞動生產率提高的情況下，為什麼農產品價格比工業品價格相對上漲，而不能說明農產品價格為什麼絕對上漲。同樣也不能用利潤率下降來說明，因為，它只能說明商品價值分配比例的變動，不是說明價格變動的原因。

馬克思還進一步從英國歷史上穀物價格的實際升降情況，分析李嘉圖的穀物價格上漲原因的觀點。馬克思列出了從 1641—1859 年英國小麥價格變動情況的詳細統計資料。統計表清楚地表明了每十年作為一個時期小麥年平均價格的變動情況和以五十年作為一個時期小麥年平均價格的變動情況。馬克思還指出：「在比較不同時期小麥等等的價格時，必須同時把產品**生產量**和每誇特價格相對照。因為這樣才能看得出追加穀物的產量對價格的影響。」（第二分冊第 144 頁）但這裡只有小麥價格的變動資料，沒有年產品生產量的數字，也許由於當時資料不全，馬克思在這裡沒有做出結論。後邊第八節中對這一問題做了進一步的分析。

[（7）霍普金斯關於絕對地租和級差地租之間的區別的猜測：用土地私有權解釋地租]

托馬斯・霍普金斯是 19 世紀上半葉的英國資產階級經濟學家。馬克思在這一節對他的以下觀點進行了評論：

一、關於絕對地租和級差地租之間區別的猜測

霍普金斯在 1828 年出版的《論地租及其對生存資料和人口的影響》一書中談道：「競爭原則使同一國家不可能有兩種利潤率；但是這一點決定**相對地租**，而不決定**地租的總平均數**。」（轉引自第二分冊第 147 頁）在這裡，他區分了「相對地租」和「地租的總平均數」。所謂「相對地租」實際上是指由於競爭，農產品在市場上只能有統一的價格，因此較肥沃的土地可以得到級差地租。「地租的總平均數」則與級差地租不同。由此，馬克思指出，「**霍普金斯**正確地捉摸到了**絕對地租**和**級差地租**之間的區別」（第二分冊第 147 頁）。

二、關於生產勞動和非生產勞動的區別

霍普金斯在同一本書中區分了「首要生產者」和「次要生產者」。這實際上就是他對生產勞動和非生產勞動的劃分。他認為「首要生產者」，是指例如農夫、鞋匠、織工等。他們生產出的商品從價值看不僅可以轉化為貨幣，並且可以轉化為資本，或者說它包含著具有社會形式的物化勞動。從使用價值的性質看，它可以作為勞動的客觀條件（生產工具和材料）或者作為勞動的主觀條件（工人的生活資料），重新參加生產過程。「次要勞動者」是指例如鑽石工和歌唱家的勞動。從價值方面看，他們的勞動可以轉化為貨幣並轉化為資本，但從使用價值看，它們只用於消費，不能換化為新的生產要素。

三、人口和資本累積之間的關係

霍普金斯批評馬爾薩斯的「人口論」。霍普金斯指出，馬爾薩斯只看到對工人的需求受到工資基金的限制，看不到這些基金是事先由勞動創造出來的。他指出勞動者不僅生產出自己的工資，還提供地租、稅收等剩餘產品。他用英國、義大利和法國的資料說明勞動者為社會提供的純產品大大超過其工資的數量，這正是工資基金增加（資本累積）的來源。工人的貧困並不是由於人口數量太多引起的，而是因為他們的負擔太重，他們生產的東西被掠奪了。霍普金斯認為資本累積是來自工人的剩餘勞動。馬克思說：「這是關於**資本累積**的正確見解。」（第二分冊第 151 頁）但同時又指出其不足的地方是，霍普金斯只看到勞動者人數對提供純產品數量的影響，沒有指出勞動者人數不變時，提供的剩餘產品量也是可以增加的。

四、用土地所有權解釋地租

霍普金斯認為，土地、水、礦物等自然因素不調節商品的價值，但是它的所有者根據私有權要求地租。「**地租**，或者說，（土地）使用費，自然是從［土地］**所有權**產生的，或者說是從**財產權**的確立產生的。」（轉引自第二分冊第 151 頁）因此，他把地租看成是土地所有者對勞動產品的榨取。

霍普金斯還指出，土地肥力有兩種：一種是自然肥力，另一種是依靠投資、依靠耕種對土地改良形成的。因此，現在的土地所有者，不僅是自然肥力的佔有者，而且「可以被看作**幾百年來為使土地達到現有生產率狀態而耗費的全部累積勞動的所有者**。」（轉引自第二分冊第 152 頁）馬克思認為，指出「這一情況對於地租有非常重要的意義。」（第二分冊第 152 頁）這說明新投入耕種的土地的肥力可能等於甚至高於已耕地在投入耕種時的肥力，即不一定最後投入耕種的土地是最貧瘠的土地。馬克思又指出，如果有人因此推論說，與第二種肥力有關的地租可以看作投在土地上的固定資本的利息是不對的，因為這種肥力已經同土地的自然性質長在一起了，進行生產時不用再支付了。

［(8) 開墾費用。穀物價格上漲時期和穀物價格下降時期（1641—11859 年）］

這一節中，馬克思根據第六節中引用的英國 1641—1859 年穀物價格資料，進一步分析穀物價格變動的原因和這一時期穀物價格變動的趨勢。實際上是證明李嘉圖關於穀物價格上漲原因的觀點是不正確的。

一、新耕地開墾費對穀物價格的影響

馬克思指出，一定時期有多少新地投入耕種對穀物的價格變動有重要意義。這就是說，由於人口增長，對穀物需求增長，引起穀物價格上漲，由此會促使新地投入耕種。這時穀物價格上漲只證明新地投入耕種，有相當大一部分開墾費用加入了穀物的價格。不論新耕地的肥力高於、等於或低於已耕地，為了把新地改造成適於耕種的土地，必須支付變未耕地為耕地的費用。因此，如果在一段時間內，人口增加所需要的追加穀物有比較大的一部分是初耕地生產的，這時穀物價格上漲，不能證明國內的土地肥力已經下降，也不能證明新耕地土地比已耕地土地貧瘠，只是證明新耕地上的穀物價格要有一個開墾費用加入，而這個費用在已耕地上已經消失。

二、1641—1859 年英國某些年份穀物價格的變動情況

馬克思指出，把歉收、貨幣貶值等個別情況對穀物平均價格的影響除外，如果以每十年做一個時期來考察，1641—1649 年比 1860 年前的任何一個十年都高。這說明農產品價格並不是越來越高。如果把每 50 年作為一個來考察，1650—1699 年高於 1700—1749 年，而 1750—1799 年高於 1700—1749 年但低於 1800—1849 年。1810—1859 年，發生了有規律的價格下降，而 1750—1799 年卻是有規律的上升的運動。同 1641—1649 年相比，總體說來，每十年的平均價格不斷下降，這種下降直到 18 世紀上半葉最後兩個十年達到它的最低點。從 18 世紀中葉開始上漲，這次上漲以 1750—1759 年價格為出發點，這個上升運動在 1800—1809 年和 1810—1819 年兩個十年一直在繼續。在後一個十年達到它的最高點。從這時又開始了有規律的下降運動。如果把用於開墾的費用除去，那麼 1820—1859 年的穀物價格或許比過去所有時期的價格都低。

[(9) 安德森反對馬爾薩斯。安德森對地租的理解。安德森關於農業生產率提高和它對級差地租的影響的論點]

一、安德森反對馬爾薩斯的「人口論」

馬克思指出，安德森是馬爾薩斯「人口論」的死敵。馬爾薩斯的「人口

論」的基本觀點是人口按幾何級數增長，食物按算術級數增長，即食物增長趕不上人口增長，出現人口過剩，造成工人貧困。安德森作為農場主，他認為農業勞動生產率的增長是無限的。他說，「在合理的經營制度下，土地的生產率可以無限期地逐年提高，最後一直達到我們現在還難以設想的程度。」他還說：「可以有把握地說，現在的人口同這個島能夠供養的人口比較起來是很少的，遠沒有達到引起嚴重憂慮的程度。」（轉引自第二分冊第 158 頁）馬克思說：「安德森力求用歷史的例子證明，『農業生產率』隨著人口的增長而提高，隨著人口的減少而下降。」（第二分冊第 158 頁）因此，他證明馬爾薩斯的「人口論」是不正確的，是「最危險的偏見」。

二、安德森正確地認識到了地租不是來自土地，而是來自生產農產品的勞動

安德森認為，「不是地租決定土地產品的價格，而是土地產品的價格決定地租。」（轉引自第二分冊第 158 頁）土地產品的價格怎樣決定地租呢？他說，每一個國家有各種等級的土地，例如 A、B、C、D 等，A 等土地肥力最大，依次遞減。等量不同等級的土地投入相同的費用，產量不同，但不論來自哪一等級的土地，可以按照同一價格出賣，耕種最肥沃土地一定可以得到比耕種其他土地大得多的利潤，最後等級土地的產品的平均價格等於市場價格。安德森實際是認為較肥沃的土地上得到的超額利潤形成地租。這就是說，級差地租的形成，以不論來自哪一等級的土地產品按同一市場價格出售為前提。級差地租來自肥沃土地上生產的較高勞動生產率與決定市場價格的劣等土地勞動生產率之間的差額，歸根到底，級差地租是由勞動產生的。

三、安德森認為土地肥沃程度不同絕不僅僅是自然的產物

馬克思指出，在安德森看來，土地肥沃程度的區別，一部分是由於自然的肥力不同，另一部分是由於耕作、施肥等對土地改良不同而形成的肥力的差別。由此可見，耕種本身也使已耕地和未耕地肥力的差別擴大。「安德森明確地說，一塊土地，如果它的產品的平均價格同市場價格一致，就**不能**支付**任何**地租」。（轉引自第二分冊第 160 頁）他認為，如果農場主不是靠土地的耕種提高勞動生產率獲得地租，而是靠增加投資增加產量，他就不會把這部分作為地租支付給地主。如果這部分投資已經和土地結合在一起，儘管它是人工的肥

力，地主就要求地租。安德森在這裡看到了地主得到的級差地租中，有一部分是租地農場主人工賦予土地肥力的結果。

馬克思由此還進一步指出，生產資料對勞動生產率的影響在農業中和工業中是不同的。在工業中，如果今天建一個同十年前一樣規模的紡織廠，機器設備等比較先進，使用起來比原來的勞動生產率高，這些設備並不要求支付更高的代價，相反，其價格還比以前便宜。而在農業中情況不同，人工在土地上增加的肥力，因為已經和土地本身結合在一起了，從而與它結合導致的生產率的提高，這一部分利益要作為地租付給地主，也就是說農場主使用這一部分肥力要付代價。

[(10) 洛貝爾圖斯對李嘉圖地租理論的批判不能成立。洛貝爾圖斯不懂資本主義農業的特點]

在這一節中，馬克思繼續駁斥洛貝爾圖斯對李嘉圖地租理論的批評，指出他站在德國地主的立場上，不能理解李嘉圖對英國資本主義經濟關係的分析。

一、洛貝爾圖斯批評李嘉圖關於分配的觀點

他認為，李嘉圖的一個錯誤觀點是不把全部國民產品看作由工人、土地所有者和資本家參與分配的一個整體，而是認為農產品由三個階級分配，工業品由工人和資本家兩個階級分配。

馬克思所揭示的洛貝爾圖斯這種觀點的錯誤是：第一，洛貝爾圖斯接受了斯密教條，忘掉了產品價值中包含的不變資本部分。產品中包含的不變資本的價值「無論對國家或個人都不再分解為工資、利潤和地租了」。（第二分冊第165頁）它必須得到補償以維持再生產。這一點重農學派已通過「預付」指出來了。第二，洛貝爾圖斯的錯誤，還在於他把價值的分配和產品的分配等同起來。他標榜自己是接受了斯密的觀點，但他卻不懂得斯密對分配的解釋有雙重的含義。一種是勞動產品的分配，實際上看成是各階級分配到的使用價值的份額；另一種是表現資本主義生產方式特徵的商品價值的分配。即只有工人的勞動創造價值，利潤和地租來源於剩餘勞動。李嘉圖接受了斯密的觀點，但論述中有片面性，雖然他的書中有時也談到產品分配，但是由於強調價值決定於勞動的原理，而不注意闡明價值本質同它的表現之間的關係。洛貝爾圖斯把分配

只是看作勞動產品的分配。

資本主義生產是商品生產，無論工廠或農場都不是生產供自己消費的產品，因此資本主義分配，不是直接分配作為使用價值的產品，而是價值的分配。至於各階級取得在一國工農業總產品中的份額問題，從使用價值說不是直接分配，而是通過交換實現的問題。因此，洛貝爾圖斯把資本主義分配看成是全部國民產品的分配是錯誤的。

李嘉圖認為，工業品的價值，只要工廠主不付地租，就只有資本家和雇傭工人參加分配。農產品的價值在大多數情況下有三方面參加分配，這是符合資本主義現實的。洛貝爾圖斯也是承認的。至於他指責李嘉圖認為首先是資本家和雇傭工人兩者分配，後來才把地租所得者作為一種贅疣引進來。其實並不是李嘉圖的觀點錯誤，而是他自己不懂得資本主義經濟關係。資本主義生產正是建立在物化勞動與活勞動對立的基礎上，資本家和雇傭勞動之間的對立和分配關係正是反應了資本主義生產方式的本質關係。資本家不得不把他所侵占的剩餘價值再同不勞動的第三者分配是後來才出現的。馬克思說：「土地私有者絕不是資本主義生產方式所必要的生產當事人」(第二分冊第 167 頁)，即它不是從資本主義生產方式生長出來的，而是被這種生產方式繼承下來的對自然力的所有權關係。因此，這種表述「不是李嘉圖等人的錯誤，它倒是資本主義生產方式的恰當的理論表現，表現了這種生產方式的特點」。(第二分冊第 167 頁）洛貝爾圖斯作為一個老普魯士的「地主」理解不了這一點。

洛貝爾圖斯還批評李嘉圖這種觀點是把資本所有權看成是既定的，並且還早於土地所有權。馬克思指出，洛貝爾圖斯又表現出不懂資本主義生產關係。從資本主義生產的觀點看，資本主義所有權作為資本主義生產的基礎，是作為「最初的」所有權出現的。土地所有權在資本主義生產方式下是派生的。它實際上是封建的，但是由於資本對它的作用，發生了形態變化，因此，現代土地所有權，又「是資本主義生產方式的結果。」(第二分冊第 618 頁）李嘉圖的錯誤是把現代社會中的事實也看成是歷史上最初的東西。也就是說李嘉圖是講的資本主義生產方式下的土地所有權，但他認為適用於一切時代一切國家。洛貝爾圖斯則不懂得現代資本主義生產關係，用地主階級的觀點看待資本主義農業。

二、洛貝爾圖斯批評李嘉圖在論述「資本盈利均等」這條規律時，把產品價值決定於「所耗費的勞動」的規律取消了

馬克思指出，並不是平均利潤規律存在取消了勞動決定價值的規律，李嘉圖的錯誤是他不懂得價值規律和平均利潤規律的關係，把商品的價值和根據平均利潤形成的生產價格等同起來了。洛貝爾圖斯說，資本盈利均等規律必定壓低農產品價格，農產品價值降低到平均價格，地租就會消失。馬克思指出，與這種觀點相反，農產品價格的特點是由於土地所有權的存在，使它有這樣一個特權，即它的價值不降低到生產價格，價值與平均價格的差額形成地租。

三、洛貝爾圖斯認為，在勞動生產率不變、勞動量增加的條件下，全國總的資本盈利增多，但每一資本的利潤率不變

馬克思指出，這一觀點是錯誤的。在勞動生產率不變的情況下，增加工人的剩餘勞動時間，而預付資本量並不一定按同比例增加，因此隨著剩餘價值量的增加利潤率將提高。在農業中，由於自然條件的限制，這是辦不到的。再說，隨著投資的增加，一般要使生產率提高。在這種情況下，即使剩餘價值率不變，利潤率也會提高。

四、洛貝爾圖斯指責李嘉圖的地租理論同平均利潤規律是矛盾的

洛貝爾圖斯說：「李嘉圖把地租限於為使用土地**原有的、自然的和不可摧毀的力**而支付給土地所有者的數額。……把應歸於資本的一切從地租中扣除。」（轉引自第二分冊第 173 頁）而這一部分不能多於國內的普通利息。否則農業中的利潤率就將大於工業中的利潤率，平均利潤規律就將失效。馬克思說，洛貝爾圖斯又是從地主階級的觀點看問題。「地主貸進資本，是為了使自己的地產更加有利可圖，因此，他……想向貸出資本的人僅僅支付『國內普通利息』。」（第二分冊第 173 頁）租地農場主用於改良土地而支付的投資，和他投入生產過程的資本一樣，是要求「國內普通利潤」，而不是「國內普通利息」。洛貝爾圖斯在這裡是把地主貸入貨幣資本支付利息和農業資本家投資經營獲得利潤混同了。

五、洛貝爾圖斯批評李嘉圖認為隨著人口的增長，越來越向貧瘠土地發展的觀點

洛貝爾圖斯認為，要證明這一觀點，必須說明隨著農業的發展，一定要把越來越多的勞動力投在農業上，或者至少是一國人口中從事農業的人口占的比例越來越大。但是從歷史統計資料看，和李嘉圖的結論恰恰相反，一個國家人口越增長，從事農業的人口比例越小。馬克思指出，從事農業的人口減少可以有多種原因：一部分是因為有更多的耕地變為放牧牛羊的牧場；一部分是因為實行大農業，勞動生產率提高了。還有一個原因，是由於非農業人口中有相當大的一部分人從事為農業服務的勞動，例如生產肥料、種子和各種農業機器等。

在這一節的最後，馬克思繼續深入批判（第八章第四節中已做批判）洛貝爾圖斯認為農業中不把自己生產的耕畜飼料作為投入的資本計算的觀點。他認為資本不僅表現為進一步用於生產的產品，而且要表現為「支出」。在洛貝爾圖斯看來自己農場生產的飼料、種子等，雖然投入再生產，但不是「支出」，不必計入成本。這顯然是不正確的。這部分飼料、種子等雖然不進入市場，即不經過出賣，也不用「支出」購買，但這部分產品一開始就要作為一定的貨幣額來估價的。

［第十章］李嘉圖和亞當・斯密的費用價格理論（批駁部分）

馬克思在這一章中，考察李嘉圖和斯密的費用價格理論，主要考察李嘉圖，順及斯密。

在《剩餘價值理論》這部著作中，費用價格這一概念，有三種含義：有時指生產價格，有時指商品的內在費用即價值，有時指資本家預付的費用即成本。本章，馬克思是在生產價格的含義上使用這一概念的。在《資本論》中，馬克思拋棄了費用價格這一概念，它的三種含義分別由生產價格、價值和成本價格所代替。這裡所考察的費用價格，就是《資本論》中的生產價格，有時馬克思還把它稱為平均價格。為更明確起見，下文中除直接引用原文和標題外，我們就一律稱之為生產價格。

應當指出，在李嘉圖和斯密的著作中，並沒有關於生產價格的專門理論。他們關於這一問題的見解，散見於他們關於價值、價格和競爭，以及工資、利潤和地租的論述之中，把這些論述歸納起來，才可以看到他們關於生產價格的見解。

李嘉圖在勞動價值論的基礎上，發揮了自己的全部理論見解，但由於他把一般基礎直接與它的具體形式相對立，這就在他的著作中產生了一系列矛盾和錯誤。生產價格與價值的混淆，就是他的主要錯誤之一。這個錯誤對他的其他理論打上了烙印。因而，考察李嘉圖的生產價格學說，對進一步研究他的其他理論觀點，有著非常重要的意義。

由於李嘉圖的錯誤直接來源於斯密，所以本章第二部分，也考察了斯密的生產價格學說。

李嘉圖與斯密在混同價值與生產價格這一點上是相同的，但二者又有互異之處。李嘉圖的生產價格理論與他一貫堅持的勞動決定價值的正確觀點相衝突，而斯密的生產價格論，則與他的收入決定價值的錯誤觀點相聯繫。因而這一矛盾在他們的著作中有不同的表現和後果。古典經濟學的這一矛盾，是最後導致它破產的原因之一。

在剖析古典派關於生產價格的見解，批判他們的錯誤的過程中，馬克思闡明了自己的生產價格理論。這一理論成為馬克思主義政治經濟學的重要組成部分之一。

本章共分兩部分：第一部分考察李嘉圖的生產價格理論；第二部分考察斯密的生產價格理論。

在第一部分中，第一節是承前啓後的一節，它對重農學派以後地租學說的發展，做了簡要評述，最後指出，絕對地租的存在，只有在區分價值和生產價格的基礎上才有可能。這就為下文進入對生產價格的考察做了鋪墊。

第二節開始對李嘉圖的《政治經濟學及賦稅原理》做剖析，概括地指出，李嘉圖的理論分析的基本論點是價值決定於勞動時間，闡明李嘉圖研究方法的特點及其缺陷，指明《政治經濟學及賦稅原理》一書由於方法上的缺陷而產生的結構上的謬誤，為以下的分析提供導線。

第三節是分析李嘉圖的絕對價值與相對價值概念上的混亂，這一混亂為他混淆價值與生產價格提供了方便。

第四節是評述李嘉圖關於在資本的構成與流通時間不同的情況下，影響「相對價值」變動的因素，從中歸納出李嘉圖關於生產價格的見解，批判了李嘉圖對生產價格與價值的混淆，揭示出由於這一混淆而產生的矛盾，並闡明了馬克思自己關於價值與生產價格相互關係的學說。

第五節主要是闡述馬克思自己的生產價格學說，論述市場價值到生產價格的轉化，以及競爭在這一轉化中的作用，批判李嘉圖對兩種競爭及其作用的混淆。

第一部分的最後兩節，是這一部分的主體。

第二部分主要分析斯密。第一節指出斯密的生產價格理論的錯誤前提是收入決定價值，以及他在這一前提下對價值與生產價格的混淆，並指出斯密對生產價格的構成因素和形成過程的分析無不與它的錯誤前提相聯繫。

第二節專門分析斯密的生產價格的構成因素——工資、利潤和地租的「自然率」如何確定，指出他在確定工資、利潤和地租的「自然率」，並用它來「構成」商品的「自然價格」時所遇到的矛盾。

由李嘉圖上及斯密，窮原竟委，馬克思把古典派在生產價格問題上的混亂及其所造成的矛盾，做了批判性的分析，並闡明了馬克思主義的生產價格學說。

[A. 李嘉圖的費用價格理論]

[(1) 重農學派理論的破產和地租觀點的進一步發展]

這一節馬克思對重農學派以後地租理論的發展，做了簡要的小結。

如前所述，重農學派實際上把地租或「純產品」看成剩餘價值，但由於他們把價值與使用價值混為一談，所以又把這種「純產品」看成用於土地上的特種勞動的產物，是這種勞動的特殊生產率的結果，從而是土地肥力的結果，是「自然的賜予」。他把地租歸結為剩餘價值是正確的，但認為地租是「自然的賜予」就完全錯了。

這一錯誤論點被安德森推翻了。馬克思指出：「安德森關於『不是地租決定土地產品的**價格**，而是土地產品的**價格**決定地租』的論點，完全推翻了重農學派的學說。」(第二分冊第 177 頁) 因為根據安德森的觀點，地租的源泉就是農產品的價格，而不是農產品本身，更不是土地。因此，馬克思說，「認為地租是農業的特殊生產率的產物，而這種生產率又是土地特殊肥力的產物的觀點也就站不住腳了」。(第二分冊第 177 頁) 因為，如果同量勞動用在特別肥沃的土地上，因而生產率特別高，其結果只能是生產更多的使用價值，因而單位產品的價格就較低而不是相反，所以，用農業勞動的特殊生產率來解釋農產品的價格，除了工資和利潤外，還能提供地租的觀點，是完全錯誤的。

順便指出，斯密在考察這一問題時，起先把地租看作剩餘勞動的一部分，從而否定了重農學派的錯誤觀點，但後來他又部分地回到了這種觀點。李嘉圖則排除了這種錯誤觀點，批判重農學派，就劃清了斯密和李嘉圖在這一問題上的界線。

馬克思指出，重農學派的觀點被拋棄了，但被拋棄的只是其地租是「自然的賜予」的觀點，但它的觀點有合理的一面，即地租是剩餘價值。在重農學派的觀點被拋棄以後，可用來解釋地租的，就剩下以下幾種觀點；

第一種觀點，以布坎南為代表，「認為**地租**來自農產品的**壟斷價格**，而壟斷價格又來自土地所有者對土地的**壟斷**。按照這一觀點，農產品的**價格**總是高於其**價值**。」（第二分冊第 178 頁）從而形成一個價值餘額，這個餘額就形成地租。但這樣一來，價值規律實際就被土地私有權破壞，地租的形成，就只能在否定價值規律的基礎上來說明。

農產品為什麼會有壟斷價格，從而能支付地租呢？他們用農產品的供給總是低於對它的需求來解釋。為什麼唯獨農產品不能達到供求的平衡呢？為解釋這點，馬爾薩斯出面杜撰了這樣一種理論，一方面，說什麼農產品直接為自己創造了消費者，另一方面又求助於安德森的農業生產率遞減規律，說什麼農產品追加的供給耗費更多的勞動，所以土地收益遞減，產品供不應求。

第二種，是李嘉圖的理論，他只承認級差地租，否認絕對地租。他認為級差地租的產生，是因為提供這種地租的農產品的價格超過其個別價值。不過，李嘉圖的級差地租學說與他的勞動價值論並不矛盾。因為，商品的價格不決定於商品的個別價值，而決定於一般生產條件下形成的市場價值或社會價值。級差地租之產生，是因為投在較好土地上的勞動的產品，其個別價值低於市場價值，因而形成一個價值餘額。這個餘額就形成地租。

第三種觀點，是把地租看成投入土地的資本的利息。這種觀點以凱里等人為代表。這一觀點與李嘉圖的觀點的共同之處，就是否認絕對地租，只承認級差地租，但他對級差地租的解釋與前者不同，認為不同地段上投入的等量資本所以有不同收益，是由於以前投入土地的資本利息的存在。但這種觀點無法解釋沒有投入任何資本的土地的地租，以及瀑布、礦山等的地租。這種把地租看作投入土地的資本利息的觀點，實際是用資本的外衣為地租的合法性做辯護，實際上是把土地所有權或地租看成是「**資本價值的合法反應**」（第二分冊第 26 頁），從而「以**利息**為名，把地租從李嘉圖的抨擊下拯救出來的一種嘗試。」（第二分冊第 180 頁）

第四種觀點，李嘉圖否認絕對地租的錯誤前提，是把農產品的生產價格和價值等同起來。如果拋棄這一錯誤前提，那麼，絕對地租就是可能的。絕對地租之產生，是由於農產品的價值大於其生產價格，因而其剩餘價值超過平均利潤，而土地所有權的存在，又阻礙了超過額的平均化，從而使它轉化為地租。馬克思說：「所以，這種觀點同壟斷論一起承認土地所有權本身和地租有直接的關係，它同李嘉圖一起承認有級差地租；最後，它認為絕對地租的存在絕不違反價值規律。」（第二分冊第 180 頁）

所以，要正確地理解地租問題，關鍵在於弄清地租同平均價格即生產價格的關係，這個問題前兩章已幾次提到，但並未進一步展開。因此，要真正弄清地租理論，就必須首先闡明生產價格與價值的關係。從下一節起，就轉入本章的主題——對生產價格的考察。

［（2）價值決定於勞動時間是李嘉圖理論的基本論點。作為經濟科學發展的必然階段的李嘉圖研究方法及其缺點。李嘉圖著作的錯誤結構］

一、李嘉圖的基本理論出發點

馬克思指出，李嘉圖的研究，「是從商品的相對價值（或交換價值）決定於『**勞動量**』」（第二分冊第 180 頁）為基本出發點的，他堅決否定了斯密時或把購買的勞動即「勞動的價值」當作價值的尺度的錯誤觀點，為政治經濟學的研究確定了一個正確的基礎。

但是，「決定價值的這種『**勞動**』的性質，李嘉圖並沒有進一步研究。」（第二分冊第 180 頁）他一開始就只著意於價值量，但是，如果兩種商品能夠在量上互相比較，它們就必須在質上是同一的，它們必須包含著共同的實體，這種實體就是勞動。馬克思說：「它們的實體是勞動，所以它們是『價值』。」（第二分冊第 181 頁）兩種商品就是根據它們各自所包含的勞動的多少，互相進行交換。「而這種勞動的形式——作為創造交換價值或表現為交換價值的勞動的特殊規定，——這種勞動的**性質，李嘉圖並沒有研究**。」（第二分冊第 181 頁）他不瞭解，創造價值的勞動只有借助於自己的抽象一般性質，借助於自己的物化形式，才表現為社會勞動，因此，它才表現為價值，並表現為貨幣。由於他不瞭解勞動的這種特殊社會性質，所以他不瞭解創造價值的勞動同貨幣的關係，不瞭解這種勞動必然表現為貨幣。更不瞭解商品價值決定於勞動時間和商品必然要發展到貨幣形式這兩者之間的聯繫。他的錯誤的貨幣論正是由此而來的。

總之，李嘉圖不瞭解價值的實體，價值的實質和價值的形式。他一開始就只著重價值量，只談商品的價值量之比等於生產這些商品的勞動量之比。他從這一論點出發，開始了他的研究。

二、李嘉圖研究方法的特點及其缺陷。

馬克思指出，李嘉圖的研究方法是這樣的：他「從商品的價值量決定於勞動時間這個規定出發，然後**研究**其他經濟關係（其他經濟範疇）是否同這個價值規定**相矛盾**，或者說，它們在多大的程度上改變著這個價值規定。」（第二分冊第 181 頁）這種研究方法，有其歷史上的合理性和政治經濟學史上的科學必然性，但它在科學上的不完備性也是明顯的。

首先，這種研究方法從歷史上看是合理的和必然的。李嘉圖是直接從斯密那裡出發的。在亞當・斯密那裡，政治經濟學已大體上發展為某種體系，它所包括的範圍在一定程度上已經形成。但斯密的著作在政治經濟學的幾乎每一個重大問題上，除了正確的、科學的見解之外，往往也包含著不少錯誤的、庸俗的觀點。這是和斯密的方法分不開的。因為斯密的研究方法實際上是二重的。一方面，他探索各種經濟範疇的內在聯繫，另一方面，他又描繪在競爭中表現出來的各種經濟現象。馬克思說：「這是兩種理解方法，一種是深入研究資產階級制度的內在聯繫，可以說是深入研究資產階級制度的生理學，另一種則只是把生活過程中外部表現出來的東西，按照它表現出來的樣子加以描寫、分類、敘述並歸入簡單概括的概念規定之中。這兩種理解方法在斯密的著作中不僅安然並存，而且相互交錯，不斷自相矛盾。」（第二分冊第 182 頁）斯密的這種雙重性的方法是有理由的，因為他的任務實際上也是雙重的。一方面，他要探討資產階級社會的內部聯繫，另一方面，他又要描繪這個社會的外部表現形式。這兩個任務各自獨立進行，互不干擾，因此也就出現了完全矛盾的表述方法。

斯密的貢獻是巨大的，但他的局限也是明顯的。他的互相矛盾的論述，使他的經濟學成為一個充滿矛盾的體系。李嘉圖的重大貢獻和他在經濟學史上的重大意義就在於，他斷然拋棄了斯密的那種二元論的研究方法，而把價值決定於勞動時間這一規定，作為理解資本主義制度的內在有機聯繫或生活過程的基礎或出發點；然後進而考察其他經濟範疇是否同這一規定相矛盾，或者說它們同這一規定適合或矛盾到什麼程度。此外，同這個功績密切相聯繫，李嘉圖揭示並說明了資本主義社會階級之間的經濟對立。這樣一來，在政治經濟學中，歷史鬥爭和歷史發展過程的根源就被抓住並揭示出來了。

可見，李嘉圖的研究方法，一方面具有科學的合理性和巨大的歷史價值；但另一方面，它在科學上的缺陷也是明顯的。它的缺陷就在於，「這種方法跳過必要的仲介環節，企圖**直接**證明各種經濟範疇相互一致。」（第二分冊第 181 頁）從簡單抽象範疇到複雜具體範疇，要有一系列中間環節和一系列轉化過程。科學的任務正是要說明這些環節和過程，而不能跳過它，直接把簡單範疇和複雜範疇加以對比。

馬克思指出：「科學的任務正是在於，闡明價值規律是如何實現的。所以，如果想一開頭就『說明』一切表面上和規律矛盾的現象，那就必須在科學**之前**把科學提供出來。李嘉圖的錯誤恰好是，他在論價值的第一章裡就把尚待闡明的所有一切範疇都預定為**已知**的，以便證明它們和價值規律的一致性。」① 這段話深刻地揭示了李嘉圖的方法的缺陷正在於它跳過必要的仲介環節，直接把價值一般範疇和最發達的經濟範疇如利潤、利息和地租加以對比。

三、李嘉圖著作的錯誤結構

李嘉圖的代表作《政治經濟學及賦稅原理》一書中奇特的、必然謬誤的結構，正是由他的研究方法的特點決定的。這部著作的第三版共三十一章，在前六章中已經論及了政治經濟學的幾乎所有主要範疇，包含了李嘉圖的全部基本理論觀點，在以後的各章中，除論述貨幣問題的第二十七章完全是孤立的以外，其餘各章只是前六章的解釋、補充和運用，它們完全是雜亂無章地放在那裡的，因此根本不需要什麼結構。因此，這裡所說的錯誤結構就是指前六章的結構。

第一章《論價值》，它分為七節。第一節是在勞動決定價值的基礎上，論證勞動報酬的高低並不與價值決定的原理相矛盾。第二節研究簡單勞動與複雜勞動的區別，也不改變價值決定於勞動時間的原理。第三節是要證明不變資本的價值加入商品，同樣不影響價值決定於勞動時間的規定。第四節實際研究的是，資本以不同比例分為固定資本與流動資本，在多大程度上改變著價值決定於勞動時間的原理。第五節研究的是，在資本耐久程度不同、週轉時間不同等情況下，工資的提高或降低，能在多大程度上改變價值決定於勞動時間的原理。第六、七兩節，談的是價值尺度問題。由此可見，在論述價值的第一章裡，就不僅假定了商品的存在，而且假定了工資、資本、利潤甚至一般利潤率以及由流通產生的各種資本形式，等等。

第二章《論地租》，是研究土地所有權和地租的存在，是否同價值決定於勞動時間的規定相矛盾。第三章實際只是第二章的補充。李嘉圖為了進行這種研究，不僅順便把「市場價格」和「實際價格」的關係引了進來，而且把整

① 參見馬克思，恩格斯.《資本論》書信集［M］. 北京：人民出版社，1976：282.

個資本主義生產以及他對工資和利潤之間的關係的全部見解作為前提。

因此，第四章《論自然價格和市場價格》、第五章《論工資》和第六章《論利潤》中所談的東西，不僅在頭兩章中已經做了假定，而且有了充分發揮。這三章只不過是對前面的進一步補充。

馬克思說：「可見，李嘉圖的全部著作已經包括在它頭兩章裡了。在這兩章中，把發展了的資產階級生產關係，因而也把被闡明的政治經濟學範疇，同它們的原則即價值規定對質，查清它們同這個原則直接適合到什麼程度，或者說，查清它們給商品的價值關係造成的表面偏差究竟是什麼情況。李嘉圖著作的這兩章，包含著他對以往政治經濟學的全部批判，他在這裡同亞當・斯密的貫串其全部著作的內在觀察法和外在觀察法之間的矛盾斷然決裂，而且通過這種批判得出了一些嶄新的驚人結果。」(第二分冊第 186 頁)

然而，這部著作的結構的謬誤性質也在這裡表現出來了。這就是在論述價值的第一章，他就把資本主義的各種更為發展的關係和更為具體的範疇拉扯進來了。而這個謬誤，正是由於他跳過必要的中間環節，直接把簡單範疇與複雜範疇對比的方法而產生的。因此，正是李嘉圖的研究方法，決定了他的著作的非常奇特的、謬誤的結構。

[(3) 李嘉圖在絕對價值和相對價值問題上的混亂。他不懂價值形式]

一、李嘉圖在絕對價值和相對價值概念上的混亂

馬克思指出，李嘉圖把各種不同的價值概念混淆起來了。起先他把價值稱為「交換價值」，並把它定義為「購買其他貨物的能力」。但是，接著他又談到真正的價值規定，說各種商品的「相對價值，決定於勞動所生產的各種商品的相對量」。(轉引自第二分冊第 187 頁) 這裡他所說的「相對價值」，已經是由勞動時間決定的價值。但是他的「相對價值」還有另一種含義，即用另一種商品的使用價值來表現的一種商品的交換價值。比如說，用咖啡的使用價值來表現糖的交換價值。這種交換價值稍後又被他稱為「比較價值」。李嘉圖賦予「相對價值」以不同含義，他的混亂正是由此產生的。

但是，他的第一種意義上的「相對價值」，顯然不同於第二種意義上的「相對價值」。在第一種意義上，商品的「相對價值」只取決於生產商品的勞

動的數量，而在第二種意義上，商品的「相對價值」則表示兩種商品的交換比例。這樣，縱使兩種商品生產上的勞動時間都有了變動，但如果這種變動不改變它們之間的交換比例，商品的第二種意義上的「相對價值」就不會變動，只有當兩種商品生產上所需要的勞動是按不同方向或雖按同一方向但按不同程度發生變動的時候，才會改變兩種商品的交換比例，從而才會使第二種意義上的「相對價值」發生變化。所以，應該把第一種意義上的「相對價值」變化，與第二種意義上的「相對價值」變化區分開。第一種意義上的「相對價值」只取決於生產上的必要勞動時間，它表現為「絕對價值」，因此，在李嘉圖的著作中有時就把它稱為「絕對價值」「實際價值」或直接稱為「價值」。

總之，李嘉圖的「相對價值」概念的含義是雙重的。有時他在第一種含義上使用這一概念，把它稱為「絕對價值」「實際價值」或「價值」，有時在第二種含義上使用這一概念，把它稱為「交換價值」或「比較價值」。同一概念具有不同含義，這說明李嘉圖還沒有把價值與交換價值分開，沒有把價值從交換價值中抽象出來，沒有從價值的表現形式中看到價值的獨立存在。

李嘉圖學說的這一缺陷，被庸俗經濟學利用並攻擊他的價值理論。例如，貝利對李嘉圖的攻擊，就是圍繞李嘉圖的價值概念的這些不同方面的。不過，其中貝利只看到矛盾，而且他的矛頭只指向「絕對價值」或「實際價值」。貝利否認由勞動時間決定的價值，否認價值的客觀存在，只把價值看成兩種物之間的比例，從庸俗經濟學的立場攻擊勞動價值論。

二、李嘉圖不懂作為價值實體的勞動的特殊社會形式

貝利攻擊李嘉圖時也利用了李嘉圖說明問題的缺陷。因為李嘉圖不是從形式方面，即「從勞動作為價值實體採取的一定形式方面來研究價值」(第二分冊第 190 頁)，他不懂價值必須採取一定價值形式，價值形式只是一定的價值實體的表現，他「只是研究價值量，……研究造成商品**價值量**差別的這種抽象一般的、並在這種形式上是社會勞動的量。」(同上頁）這就造成一種印象，好像價值只是一種數量比例。如果李嘉圖闡明了價值實體，闡明了價值實體所必然採取的價值形式，那麼，貝利就無法因為交換價值只是社會勞動時間的相對表現，從而就否認價值的現實性。價值的現實性在於它是一種客觀存在，而不僅是一種比例，它不僅是商品彼此間的交換比例，而且是商品和作為它們的價值實體的勞動之間的關係。它們的內在實體和尺度是勞動。

在對李嘉圖的批評上，不同派別採取不同態度。貝利攻擊他的「絕對價值」或「實際價值」，而馬克思則說，「應該責備李嘉圖的，倒是他經常忘記了這種『實際價值』，或者說『絕對價值』，而只是念念不忘『相對價值』或者說『比較價值』。」（第二分冊第 190 頁）

[（4） 李嘉圖對利潤、利潤率和平均價格等的解釋]

本節是考察李嘉圖關於生產價格的見解，其中第一目通過李嘉圖關於影響「相對價值」變動的因素的論述，剖析他的生產價格學說；第二目分析他由於混淆價值與生產價格而造成的矛盾，在批判過程中，闡明了馬克思自己的生產價格學說。

[（a） 李嘉圖把不變資本同固定資本、可變資本同流動資本混淆起來。關於「相對價值」的變動及其因素問題的錯誤提法]

順便指出，李嘉圖並沒有不變資本與可變資本的概念，因此不能說他把這一對範疇同固定資本與流動資本的範疇混淆起來。只是由於他丟掉了原材料，把流動資本只看作投到勞動上的資本，因此，才可以說他實際上把流動資本與可變資本混為一談。

一、李嘉圖對問題的錯誤提法

李嘉圖在他的《政治經濟學及賦稅原理》的第一章第一節中，闡明了商品價值取決於生產上必需的勞動量，而不取決於付給這種勞動的報酬的多少，即「勞動價值」的高低。在第二節中闡明了勞動決定價值的原理，也不因勞動的複雜程度的不同而改變。第三節中又闡明了決定價值的勞動時間，既包括直接花在這種商品生產上的勞動時間，也包括花費在為生產這種商品所必需的工具和建築物上的勞動時間（這裡李嘉圖漏掉了原料）。在以上三節中，他認為，決定價值的唯一因素就是勞動時間。但是在第四、五兩節中，李嘉圖對上述原理提出一些修正。在第四節中，李嘉圖考察如果固定資本和流動資本以不同比例加入生產過程，會在多大程度上改變價值單純由勞動時間決定的原理。

他對這個問題的提法，包含兩方面的錯誤。首先，李嘉圖不去研究不同生產部門中不變資本和可變資本的有機構成這種極為重要的、影響剩餘價值生產的差別，卻專門去研究固定資本與流動資本這種由流通中產生的差別、固定程度大小的差別以及週轉速度的差別等，但是「由固定資本和流動資本組成的資本構成的比率，就它本身來說，是根本不會影響利潤率的」①。這樣，他就不能正確分析造成不同生產部門利潤率差別的主要原因，以及這種利潤率的平均化怎樣造成不同於價值的生產價格，因此，他就不能正確區分價值與生產價格。其次，他研究問題的方法也是錯誤的，他先假定了一般利潤率。但是，「在這裡，真正困難的問題是：利潤到一般利潤率的這種平均化是怎樣進行的，因為這種平均化顯然是結果，而不可能是起點。」② 因此，他不應該先假定一般利潤率，相反，他首先應該研究一般利潤率是怎樣形成的，它的存在與價值由勞動時間決定這一規定是否符合。如果這樣，他就會發現一般利利潤率的存在與這一規定是不能直接符合的，而且乍看起來是矛盾的，因此一般利潤率的存在還必須通過一系列中間環節來闡明。如果這樣，他就會得出一個關於利潤本質的完全不同的概念，而不會把它與剩餘價值直接等同起來。

馬克思指出，李嘉圖在假定了一般利潤率之後，接著就給自己提出一個問題：如果在不同生產領域中「固定資本和流動資本以不同的比例加入生產，工資的提高或降低，對『相對價值』會產生什麼影響？」（第二分冊第 192 頁）在形式上，他是這樣提出問題的。但實際上他的問題只是：當資本的固定部分與流動部分的構成比例不同，流通時間也不同時，「工資的提高或降低對這些資本**各自的利潤**將產生什麼影響？」（第二分冊第 193 頁）這裡，他發現，根據固定資本和流動資本的構成比例不同，從而由可變資本構成的部分大小不同（因為他把流動資本理解為維持勞動的資本），工資的提高或降低會對資本的利潤產生不同的影響。因此，為了使各不同生產領域都得到平均利潤，商品的價格就必須按另外的方式來決定，而不單純取決於生產商品的勞動時間。因此他說，在工資變動時，這些差別就會影響商品的「相對價值」。這樣，他就得出了修正價值決定原理的錯誤結論。

實際上，這些差別並不影響價值，它只影響不同生產領域的利潤，因此它會造成不同於價值的平均價格即生產價格。這種生產價格不直接決定於商品的價值，而決定於預付在這些商品上的資本加平均利潤。因此，生產價格不同於

① 馬克思. 資本論：第 3 卷［M］// 馬克思恩格斯全集：第 25 卷. 北京：人民出版社，1973：169.

② 馬克思. 資本論：第 3 卷［M］// 馬克思恩格斯全集：第 25 卷. 北京：人民出版社，1973：195.

價值。但李嘉圖沒有看到這點，他還是把生產價格和價值等同起來，「並且帶著這個錯誤的前提去考察地租。」（第二分冊第 193 頁）這自然會造成他對地租問題的錯誤觀點。

李嘉圖認為，只是由於他研究的幾種情況（這些情況有四種，詳見下文），才會產生與勞動時間無關的「勞動價值」的變動對「相對價值」的影響，也就是說，才會產生不同於價值的生產價格。這種看法也是錯誤的。因為他已經事先假定了一般利潤率，所以他就已經假定了這種差別，而這與工資的變動無關。

可見，在李嘉圖那裡，首是先假定一般利潤率，從而先假定不同於價值的生產價格；然後研究這種生產價格又怎樣由於資本構成的不同和工資的變動而在相互間發生不同的變化。在這裡，「一般利潤率的形成，平均利潤的形成，從而價值到生產價格的轉化，都假定為既定的事實。問題只是，工資的一般提高或降低怎樣影響被假設為既定的商品生產價格。」這同生產價格的形成來比，是一個「很次要的問題」①。其實如果把問題鑽的更深一些，他就會發現，在資本構成和週轉時間不同的情況下，即使工資不變，「單單**一般利潤率**的存在，就已經決定了有一種不同於**價值**的**費用價格**。換句話說，李嘉圖就會發現，單單**一般利潤率**的存在，就決定了有一個同工資的提高或降低**完全無關的**差別和新的形式規定。」（第二分冊第 194 頁）這個新的形式規定，同工資的變化引起的生產價格變動相比，具有更重要的決定性的意義。

總之，李嘉圖沒有看到在資本有機構成和週轉時間不同的條件下，由於一般利潤率的存在而引起的生產價格與價值的差別，而只是在工資所引起的生產價格變動方面才看到了這種差別。所以，他只看到生產價格與價值的差別的「特例」，而沒有看到「通例」。之所以如此，是由於李嘉圖不懂資本的有機構成，不懂利潤率的平均化，不懂價值轉化為生產價格的過程，而只是簡單地把平均利潤直接與價值原理相對質，從而混淆了不同層次的概念和範疇。因此，他雖然看到了生產價格與價值差別的特例，卻只滿足於此，而不能進一步去說明它。

李嘉圖之所以滿足於這個結論，是和他的考察目的有關的。因為他的目的只是要證明，由工資的變動引起的「相對價值」（生產價格）的變動是極次要

---

① 馬克思. 資本論：第 3 卷［M］// 馬克思恩格斯全集：第 25 卷. 北京：人民出版社，1973：227.

的，它並不取消價值由勞動時間決定的原理，因為商品價值的一切持久的變動，都只能用生產這些商品的勞動時間的變動來說明。

二、李嘉圖關於資本構成和流通時間上的各種差別的論述

馬克思指出：「李嘉圖把固定資本和流動資本的差別與不同的資本週轉時間相對比，並從……**資本的流通時間**或**再生產時間**引出這一切差別，卻應該看成是一個重大的功績。」(第二分冊第 194 頁)

馬克思詳細摘引了李嘉圖《政治經濟學及賦稅原理》一書中關於這一問題的論述，並把它們歸納為：①固定資本和流動資本的構成比例的差別；②生產過程繼續進行時由於勞動過程中斷而引起的流動資本週轉上的差別；③固定資本耐久程度的差別；④商品在進入本來意義上的流通過程以前所經歷的時間的差別等。

雖然李嘉圖由於用固定資本與流動資本的形式構成，代替了不變資本與可變資本的有機構成，因此不能正確解釋剩餘價值的生產過程，而且也不能正確理解生產價格與價值的差別，但他所指出的上述這些差別，對說明生產價格的變動也還是有一定意義的。

三、李嘉圖關於「相對價值」變動因素的說明和馬克思的評述

以上所提到的各種差別，究竟怎樣引起商品「相對價值」的變動呢？

李嘉圖認為，固定資本耐久程度的差別，和固定資本與流動資本結合比例的這種多樣性，在生產商品所必需的勞動量的增減之外，又給商品「相對價值」的變動提供了另一個原因，這就是「勞動價值」的提高或降低。如果在不同行業中使用等量資本，但一筆資本主要由固定資本組成，只有一小部分由「維持勞動的資本」組成，而另一筆資本則恰恰相反。在這種情況下，工資的提高或降低，對後者的影響顯然要比對前者的影響大得多。所以，只有在完全相同的條件下生產出來的商品，其價值才只隨生產上所必需的勞動量的增減而變動，而對不同條件下生產出來的商品來說，即使生產上所必需的勞動量不變，其價值也會由於「勞動價值」的變動而變動。

下面我們就剖析一下他舉出的例子，這一部分由於原文比較冗長散亂，因此我們把它重新組織並加以簡化如下。

例一，假定有一個工廠主雇傭 100 個工人在一年裡生產一臺機器，另有一

個農場主同樣雇傭100個工人在一年內生產穀物。年終，每臺機器的價值將和穀物的價值相等，因為它們都是100個工人一年勞動的產物。在下一年，假定工廠主雇傭100個工人用這臺機器織造棉布，而農場主則仍雇傭100個工人生產穀物，第二年他們都使用同量活勞動。但工廠主的機器和他的棉布加在一起是200個工人一年勞動的產物，而農場主的穀物則只是100個工人年勞動的結果。所以，如果穀物的價值是500鎊，則工廠主的機器和棉布的價值就應是1,000鎊，即是穀物價值的兩倍，但它們的價值將不只是穀物價值的兩倍，而是更多一些，因為它們的價值還要加上資本在第一年的利潤。因此，由於他們的資本的耐久程度的不同，或者說，由於商品在進入市場以前所必須經歷的時間不同，這些商品的價值同花費在它們上面的勞動將不是恰成比例，它們的價值比例將不是2∶1，而是更大一些。

馬克思對這個例子剖析如下：機器和穀物的價值都是500鎊，假定其中無酬勞動為有酬勞動的25%，則穀物和機器的價值就都包含400鎊有酬勞動，100鎊無酬勞動。第二年末，馬克思假定機器全部消耗掉，則棉布的價值為1,000鎊（500鎊為機器轉移的價值，500鎊為勞動新加入的價值），穀物的價值仍為500鎊。到此為止，這個例子還沒有和勞動價值原理相矛盾的地方。但接下去問題就發生了。農場主在第一年預付400鎊，賺100鎊，第二年仍預付400鎊，賺100鎊，兩年共預付800鎊，從中賺了200鎊，利潤率是25%。工廠主第一年預付400鎊，賺100鎊，第二年共預付900鎊，也是賺100鎊（因為預付在機器上的資本不提供剩餘價值），這樣，他兩年從預付的1,300鎊中共賺得200鎊，利潤率只有$15\frac{5}{13}\%$。兩個資本家將處於極不平等的地位，因此利潤率必須平均化，形成$\frac{200+200}{800+1,300}\cdot 100\% = 19\frac{1}{21}\%$的利潤率（數字根據書後註解校正）。這樣，農場主和工廠主的商品將都按預付資本加$19\frac{1}{21}\%$的利潤出售。因此，農場主的商品將按低於500鎊的價格出售，工廠主的商品將按高於1,000鎊的價格出售。所以，為了能使兩者都能重新獲得平均利潤，一個人的商品就必須低於價值出賣，另一個人的商品就必須高於價值出賣。「因為競爭力求把價值平均化為費用價格，所以，實際上發生的也就是這種情況。」（第二分冊第207頁）。總之，正是由於一般利潤率的存在，就造成了不同於價值的生產價格。

例二，李嘉圖假定為購買 100 個工人的勞動要預付 5,000 鎊，如果利潤率為 10%，那麼，第一年末，每臺機器和穀物的價值將都是 5,500 鎊。第二年農場主和工廠主各自再花 5,000 鎊來購買勞動，因此年末他們的產品都將賣 5,500 鎊（實際上這裡假定機器不把任何價值轉移到產品中去）。但是，如果工廠主和農場主都按 5,500 鎊出售他們的產品，則農場主獲得的利潤將是 10%，而工廠主獲得的利潤還不到 5%。因此，如果二者都獲得 10%的利潤，使用機器的工廠主的產品就不能只賣 5,500 鎊，而且還要為他投在機器上的 5,500 鎊資本取得 550 鎊的利潤，因此，他的商品就必須賣 6,050 鎊。因此，由於他們各自使用的資本量不同，他們生產出來的商品的「相對價值」就不同。

但是，馬克思在分析時指出，工廠主從哪裡去獲得這 550 鎊呢？那只有兩種可能；或是工廠主在他的商品上附加了 5%的利潤，這樣二者商品的價格總和將大於其價值總和，這是不合理的，或是農場主的利潤原來高於 10%，工廠主的利潤低於 10%，二者平均後兩人均得 10%。在這種情況下，農產品的價格將低於價值，工業產品的價格將高於其價值，但二者的價格總和將與其價值總和相等。所以，在這種情況下，利潤的平均化將產生不同於價值的生產價格。這正是李嘉圖的例子中包含的真正意思，但他沒有把它說出來。

同樣，在這個例子中，由於已經假定了一般利潤率，所以兩種商品雖然花費了同量的勞動，但因農場主沒有使用固定資本，而工廠主使用了固定資本，因此他們的產品就有不同價格。「這只能說明，商品的費用價格只要決定於商品所包含的預付的價值加上同一個年利潤率，它就**不同於**商品的價值，而這個差別的產生是由於商品按照給預付資本提供同一**利潤率**的價格出賣，簡單地說，**費用價格**和**價值**之間的這個差別，**同一般利潤率**是一回事。」（第二分冊第 201 頁）

此外，李嘉圖還舉出過第三個例子。但這個例子與第一個例子完全相同，沒有任何新鮮內容。

馬克思在剖析了上述例子後指出，所有李嘉圖的例子，都是十分笨拙的。笨拙之處在於：第一個例子按假定應把固定資本耐久程度的差別包括進去，但結果完全不是這樣，這是因為他不讓固定資本價值的任何部分加入商品之中，所以他就無法反應固定資本耐久程度的差別。他所表明的只是勞動過程較長的部門，比勞動過程較短的部門要使用更多的資本。第三個例子，應該說明與此不同的情況，但實際說明的是一回事。第二個例子按假定應說明由於所使用的固定資本量的不同而造成的差別，但它卻不是這樣，而是僅僅表明資本大小不等，但花在工資上的部分相等時會造成什麼樣的差別。最後，在開頭李嘉圖為自己提出的任務是論證「勞動價值」的變動，會對價值產生什麼影響，但這一點在他的第一、三兩個例子中並未反應出來，只是在第二個例子中才順便論到（下目分析）。

「這些例子的笨拙，表明李嘉圖正在攻一個難關，這個難關，他自己不清楚，更說不上把它攻破了。」（第二分冊第 209 頁）他遇到的是生產價格與價值的區別，他只是通過兩三個特例觸及了這個區別，但沒有正確地理解它，並把它表達出來。這個問題，任何資產階級經濟學家都未能解決。價值與生產價格之間的內在聯繫，是馬克思第一個揭示的。

[(b) 李嘉圖把費用價格同價值混淆起來，由此產生了他的價值理論中的矛盾。他不懂利潤率平均化和價值轉化為費用價格的過程]

一、由於混淆價值與生產價格而產生的矛盾

李嘉圖從他的實際例證中，得出如下結論：「在這兩種情況下，價值的差額都是由於**利潤**作為資本累積起來而造成的，這個差額只不過是**對利潤被扣留的那段時間的一種公正的補償**。」（轉引自第二分冊第 209 頁）

撇開「公正的補償」這種道義上的錯誤提法不談，實際上這無非是說，等量資本儘管它由於流通時間不等和有機構成不等，從而提供不等量的剩餘價值，但在一定的時間內它們總是提供相等的利潤。

對此，馬克思指出，李嘉圖本應從自己的例證中得出如下結論：

第一，等量資本生產的商品價值不等，從而提供的剩餘價值或利潤也不等，這是因為價值決定於勞動時間，而資本所推動的勞動時間量，不取決於它的絕對量，而只取決於它的可變部分量，但不變資本與可變資本的構成比例在各部門是不等的；第二，即使資本的構成比例相等，等量資本所生產的價值量，從而所提供的剩餘價值量或利潤量也會由於資本的流通時間的不同而不同。

因此，如果利潤的百分率相等，從而等量資本在同一時間內提供等量利潤，那麼，商品的價格必定不同於商品的價值。但是，這和價值規定並不矛

盾。因為,「一切商品的這些**費用價格**加在一起,其總和**將等手這一切商品的價值**。同樣,總利潤將等於這些資本加在一起比如說在一年內提供的總剩餘價值。如果我們不以價值規定為基礎,那麼,**平均利潤**,從而費用價格,就都成了純粹想像的、沒有依據的東西。各個不同生產部門的剩餘價值的平均化絲毫不改變這個總剩餘價值的絕對量,它所改變的只是剩餘價值在不同生產部門中的**分配**。但是,這個**剩餘價值**本身的**規定**,只有來自價值決定於勞動時間這一規定。沒有這一規定,平均利潤就是**無中生有**的平均,就是純粹的幻想。」(第二分冊第 210 頁)

這是馬克思根據李嘉圖的例證推出的結論,它正確說明了生產價格與價值的區別,並在價值規律的基礎上說明了平均利潤和生產價格。

但李嘉圖並沒有得出這樣的結論。他的例證只有一個用處,就是幫助他在《論價值》的第一章就偷偷地把一般利潤率作為前提引進來。至於怎樣從單純的價值規定中直接得出剩餘價值、利潤,甚至一般利潤率,這一切對李嘉圖仍是一個秘密。他不懂利潤率的平均化和價值轉化為生產價格的過程。他的例證唯一證明的是東西:商品的價格只要取決於一般利潤率,它就根本不同於商品的價值。而他之所以能看到這點,是因為他事先就把一般利潤率當作前提來假定。

因為李嘉圖不是從價值規定本身出發來闡述生產價格和價值的差別,而是把它們混淆起來,於是他就得出了修正價值規定的錯誤結論,認為資本以不同比例劃分為固定資本與流動資本,在相當大的程度上改變了單純由勞動來決定商品價值的一般規律。由於他承認那些與勞動無關的因素決定「價值」本身,並且有時使價值規律失效,所以他的反對者如馬爾薩斯之流就抓住他這一點來攻擊他的全部價值理論。馬爾薩斯指出,不同部門中的資本構成和週轉時間的差別是隨著生產的進步而發展的,由此必然得出斯密的觀點,即價值決定於勞動時間這一規定不再適用於文明時代。同時,李嘉圖的門徒為了使現象直接符合原則,就求助於繁瑣哲學的臆造。結果也同樣歪曲和取消了價值原理。(見本書第三卷)

在《資本論》中,馬克思在闡述價值規律同生產價格規律的矛盾時指出,「這一規律同一切以表面現象為根據的經驗顯然是矛盾的。……要解決這個表面上的矛盾,還需要許多中項,……古典經濟學企圖用強制的抽象法把這個規律從現象的矛盾中拯救出來。以後我們會看到,李嘉圖學派是怎樣被這塊攔路石絆倒的。」而「庸俗經濟學，在這裡也像在其他各處一樣，抓住了現象的外表來反對現象的規律。」[1] 由於仲介環節的缺乏，價值與生產價格的等同，導致古典經濟學破產，而使庸俗經濟學得以趁機泛濫起來了。

二、生產價格與價值區別的產生，是由於一般利潤率的存在，工資的變動不影響價值，而只影響生產價格

李嘉圖不去研究從他的例證中應得出的實際結論，即完全不管工資的變動，既然假定了一般利潤率，就有了不同於價值的生產價格，卻轉而去考察工資的變動對生產價格所產生的影響。

李嘉圖在第四節一開始就提出要分析「勞動價值」的變動對「相對價值」的影響問題，實際上他在第一、三兩個例證中絲毫沒有涉及「勞動價值」的變動問題，只是在第二個例子中才做了這種分析。如前所述，農場主預付在勞動上 5,000 鎊，利潤率 10%，商品的價格為 5,500 鎊。如果由於工資提高而使利潤率從 10%下降到 9%，而農場主仍將按 5,500 鎊出賣自己的商品，那麼，在這 5,500 鎊中，利潤已不是 550 鎊，而是 $454\frac{14}{109}$ 鎊。[2] 工廠主的資本包括用於機器的 5,500 鎊（假定不磨損）和用於勞動的 5,000 鎊，產品按 6,050 鎊的價格出賣。現在由於工資的提高，他在勞動上花費的已不再是 5,000 鎊，而是 $5,045\frac{95}{109}$ 鎊，按 9%的利潤率計算，他從這筆資本中也得到 $454\frac{14}{109}$ 鎊的利潤。而且花在機器上的 5,500 鎊的固定資本，也不能再按 10%，而只能按 9%來計算利潤。這樣他從這筆資本中就只賺得 459 鎊的利潤。因此，他的商品不是賣 6,050 鎊，而是賣 5,995 鎊。這樣一來，由於工資提高的結果，農場主的商品的價格不變，而工廠主的商品的貨幣價格卻下跌了。

李嘉圖這個例子只是證明：利潤的一般提高或降低，如何根據固定資本和流動資本所占比例不同，而影響商品的生產價格。這個問題同價值轉化為生產

---

① 馬克思．資本論：第 3 卷［M］// 馬克思恩格斯全集：第 23 卷．北京：人民出版社，1973：340-341.

② 這個數字可以這樣推算：

設工資上漲數為 x，則：

$(5,000+x)\cdot(1+9\%)=5,500x=45\frac{95}{109}$（鎊）

利潤 $=5,500-(5,000+45\frac{95}{109})=454\frac{14}{109}$（鎊）

價格這一根本問題毫無關係。但李嘉圖的這個例子還是有一定意義的，因為它證明了，在資本構成相同的情況下，工資的提高只會引起利潤的降低，而不會引起商品價值的變化；在資本構成不同的情況下，它只會引起某些商品價格的下降，而不會引起一切商品價格上升。

李嘉圖證明其論點的方法：一是假定有一種由一般利潤率調節的生產價格；二是指出「勞動的價值」提高，利潤就不能不降低。

李嘉圖從他的上述例子中得出的一般結論是：由「勞動的價值」提高引起的商品的「相對價值」變動的幅度，將取決於固定資本在全部資本中所占的比例。一切用較大量的固定資本生產的商品，或在進入市場以前必須經歷較長時間的商品的「相對價值」將會降低，而一切主要由勞動生產的，或能迅速進入市場的商品的「相對價值」將會提高。

但李嘉圖接著指出，由「勞動的價值」的變動所引起的商品的「相對價值」的這些變動，同由生產商品的勞動量的變動引起的變動相比是微不足道的。前者必須經過多年才能引起利潤率從而引起商品的「相對價值」的變動，而後者引起的變動卻在經常發生。因此，商品價值的一切巨大變動，都是由於生產上所必需的勞動量的變動引起的。這就是說，價值規律仍然是有效的。

李嘉圖的考察表明，他觸及了價值與生產價格的差別，但把這種差別歸結為價值規律的例外。這種例外，不影響價值規律的有效性。他滿足於這個結論，因此不能進一步認識生產價格與價值的內在聯繫。

《政治經濟學及賦稅原理》第一章的第四節全部非常混亂。雖然他在一開頭就宣布要研究在資本構成不同的條件下，工資的變動對商品「相對價值」的影響，但他只是順便舉例證明了這點，而且僅限於第二例。相反，第四節的大部分卻表明，完全不管工資的提高或降低，而且甚至不管固定資本與流動資本的構成比例的不同，既然假定了一般利潤率，就必然得出不同於價值的生產價格。

實際上，通過他的例證，使我們首先可以看出，只有一般利潤率才使不同構成的資本生產的商品的生產價格不同於它們的價值，因此，這些變動的原因，正是一般利潤率，而不是「勞動的價格」。其次他才證明了，由於一般利潤率的存在而由價值轉化成的生產價格，在工資變動的條件下會受到怎樣的影響。儘管如此，在這一節的結尾他還是重複他一開頭就說過的話，說他已證明了，在勞動量沒有任何變動的情況下，單是「勞動價值」的提高，就會使那些在生產時使用大量固定資本的商品的交換價值降低。

三、李嘉圖拋開生產價格與價值的差別，專門研究工資的變動對生產價格的影響

他在《政治經濟學及賦稅原理》第一章第五節裡，完全拋開了生產價格與價值的差別，只去研究不同生產部門的等量資本，由於固定資本的耐久程度和資本的流通速度不同，在工資提高或降低的條件下，商品的生產價格會發生什麼變動。如果說，在第四節中，關於生產價格與價值的差別，還有一些正確的猜想，那麼在這裡卻完全看不到了。這裡考察的只是關於生產價格本身的次要問題。因此，這一節除了偶然談到資本流通形式的差別以外，沒有什麼新鮮內容。

關於資本的形式差別，李嘉圖指出：固定資本的耐久程度越低，他就越是接近於流動資本，它將在較短時間內被消費掉，因此它的價值將在較短時間內被再生產出來。

可見，李嘉圖把固定資本與流動資本的差別歸結為再生產時間的差別。這無疑是一個極重要的規定，但絕不是唯一的規定。馬克思指出，固定資本與流動資本的最主要差別在於：①固定資本全部加入勞動過程，但只是部分地加入價值形成過程；②固定資本只是以其價值加入流通過程，而它的使用價值則在勞動過程中消費掉，從不離開勞動過程。流通形式的這兩種差別同流通時間有關，但不能同它們等同起來。

那麼，在資本耐久程度不同、流通時間也不同的情況下，工資的變動怎樣影響商品的生產價格呢？李嘉圖指出：耐久程度較低的資本，將在較短的時間內被消費掉，因此為保持其有效狀態，就需要有較多的經常勞動。工資的提高對用損耗快的機器生產的商品和用損耗慢的機器生產的商品，影響是不同的。在生產前一種商品時，有大量的勞動會不斷轉移到商品中去，而在生產後一種商品時，這樣轉移的勞動卻很少。因此，只要工資有所提高，或者說只要利潤有所降低，那麼用耐久程度較高的資本生產的商品的「相對價值」就會降低，而那些用耐久程度較低的資本生產的商品的「相對價值」則會提高。工資下降的作用則恰恰相反。

然後，李嘉圖舉例說明了這點。但他的例子和前面一樣不切題，它不是表明資本耐久程度的不同，而是把一筆投在機器上的資本，同一筆投在勞動上的

資本相比，然後說明工資的變動對這兩種資本生產的商品的價格，會有不同的影響。因此，這個例子同前面的例子一樣，沒有什麼新東西。

值得注意的是，在第五節結尾，李嘉圖已接近於對事物的正確的理解，並幾乎找到了有關字句，但接著他又離開了正確道路，回到支配著他的混亂觀念上去了。

在這裡，他在指出了由於資本構成不同，因而「**使用等量資本生產的商品就會具有極不相等的價值**」（轉引自第二分冊第 219 頁）之後，接著又指出，因為所用的資本量相等，所以生產這兩種商品所賺的利潤也相等。他說「如果**商品的價格**不是隨著**利潤率**的提高或降低而變動，這些**利潤就會不相等**。」（轉引自第二分冊第 219 頁）

這實際上就是說，如果等量資本的有機構成相同，它們生產的商品的價值就會相等，相反，如果等量資本的有機構成不同，它們生產的商品的價值就會不相等。這是因為：第一，固定資本價值的一部分會加入商品價值中去，因此，根據使用的固定資本的多少，價值量已經大不相同。第二，等量資本中如果固定資本多，投在勞動上的資本就會少，因而，這些等量資本就會生產不等量的價值，在剝削程度相同的前提下就會產生不等量的剩餘價值或利潤。但是，如果這些資本由於相等而必須提供等量的利潤，那麼，商品的價格就必然不同於商品的價值。馬克思說。「由此得出的結論不是價值改變了它的本性，而是**費用價格**不同於**價值**。」（第二分冊第 219～220 頁）但是，李嘉圖卻沒有得出這個結論，這是令人奇怪的，特別是因為他看到了，在存在生產價格的前提下，工資和利潤的變動，一定會引起商品價格的變動，這樣才能使各部門的利潤率保持相等。

馬克思又說：「李嘉圖對於商品的費用和價值之間、商品的費用價格和價值之間的差別雖然沒有闡述，沒有理解，但是無論如何，他自己實際上已經確認了這種差別。」（第二分冊第 220 頁）雖然如此，他在和馬爾薩斯論辯時仍然把生產價格同價值等同起來。由此可見，李嘉圖雖然通過自己的分析實際上觸及了生產價格同價值的區別，但他仍然把它們等同起來。這種混淆，必然對他的進一步研究產生影響。

順便指出，第一章第四、五節關於「勞動價值」的變動對「相對價值」的影響的考察儘管有很大缺陷，但李嘉圖卻由此得出了十分重要的結論，推翻了自亞當・斯密以來一直流傳下來的錯誤之一，即認為工資的上漲不是使利潤下降，而是使商品價格上漲。實際上，斯密關於工資的提高必然引起商品價格上漲的錯誤論點，是由他的第二種價值規定出發的，按照這個規定，商品的價值取決於工資、利潤和地租的自然率之和。李嘉圖通過自己的分析得出這樣的結論：當工資提高時，與用來計算價格的仲介物相比，只有使用固定資本較少的那些商品的價格才會上漲，而一切使用固定資本較多的商品的價格將會下跌；反之，則會相反。

李嘉圖的結論實際可歸結為：當工資提高時，具有中等構成和週轉速度的資本生產的商品的價格不變；低於中等構成和週轉速度的資本生產的商品價格上升，而一切高於中等構成和週轉速度的資本生產的商品的價格則會下跌。實際上，這也就是馬克思在《資本論》中論述工資變動對商品生產價格的影響時所得出的結論。

四、關於價值尺度及其價值變動的影響

這裡論述的兩個問題，完全是附及的問題。

馬克思指出，第一章第六節《論不變的價值尺度》論述的是「價值尺度」問題，但其中沒有什麼重要的東西。他和斯密一樣對價值，價值的內在尺度（勞動時間）和價值的外在尺度的必要性之間的關係，根本不瞭解甚至沒有當作問題提出來。這一節只是為尋找不變的價值尺度而困惑。

李嘉圖一開始就這樣膚淺地提出問題：當商品的「相對價值」（指交換價值）發生變動時，「**最好**有一個方法能確定，哪種商品的實際價值降低了，哪種商品的實際價值提高了。要做到這一點，只有把它們逐一同某種不變的……標準尺度相比較。」（轉引自第二分冊第 224 頁）但是，沒有一種商品本身不發生價值的變動，沒有一種商品生產上所需要的勞動時間能夠不發生變化。即使有這樣一種商品，工資的提高或降低的影響，以及固定資本和流動資本的不同結合，固定資本的不同耐久程度，以及商品在進入市場以前所必須經歷的時間不同等的影響，也會部分地妨礙它成為準確地測量其他一切商品價值變動的一種完美的尺度。李嘉圖不僅把價值的內在尺度和外在尺度混淆起來，把價值的變動與價格的變動混淆起來，而且他尋找不變價值尺度的做法也是錯誤的。正如馬克思後來所說的：「為了衡量商品的**價值**——為了確定**外在的**價值尺度——不一定要使衡量其他商品的商品的價值不變。……例如，貨幣的價值變了，那它的變動對其他所有商品來說都是相同的。因此，其他商品的相對價值就像貨幣保持不變一樣正確地表現在貨幣上。」

第七節是討論貨幣的價值變動或商品的價值變動的不同影響。在這一節中，除了關於相對工資、利潤和地租的重要學說之外，「只包含這樣一個論點：在貨幣價值降低或提高時，工資、利潤和地租的相應的提高或降低，決不會改變它們之間的比例，而只會改變它們的貨幣表現。」（第二分冊第 224 頁）因為貨幣價值的變動，會同樣影響到一切商品，也同樣影響到工資、利潤和地租，所以，工資、利潤和地租之間的比例會保持不變。

[(5) 平均價格或費用價格和市場價格]

這一節的中心，是批判李嘉圖對同一生產領域市場價值的形成過程和不同生產領域生產價格形成過程的混淆，以及他對兩種競爭的不同作用的混淆。馬克思在批判李嘉圖的過程中，建立了自己的關於兩種競爭及市場價值和生產價格形成的理論。

[(a) 引言：個別價值和市場價值，市場價值和市場價格]

一、個別價值與市場價值

李嘉圖在他的《政治經濟學及賦稅原理》第二章《論地租》中提出了以下論點：一切商品，不論是工業品、礦產品還是土地產品，其交換價值都不決定於在最有利條件下生產時所花費的較小量勞動，而決定於在最不利條件下繼續進行生產時必須花費的較大量勞動。

李嘉圖這個論述，用於農產品是對的，但把它推廣到一切商品就不對了。因為凡是一切可以自由生產的商品的價值，並不取決於最不利條件下花費的勞動量，而是取決於中等條件下花費的勞動量，或生產這類商品平均花費的勞動量。

結合對李嘉圖的批判，馬克思進一步論證了市場價值的決定方法。馬克思指出，「商品（它是某個特殊生產領域的產品）的價值，決定於為生產這個生產領域的**全部**商品**量**即商品**總額**所需要的勞動，而不決定於這個生產領域內部單個資本家和企業主所需要的特殊勞動時間。」（第二分冊第 226 頁）所以，它不取決於該部門的特殊生產條件和特殊生產率，而是取決於該部門的一般生產條件和一般生產率，也就是該部門的平均生產條件和平均生產率。每個生產部門中各個資本家進行生產的條件是各不相同的。它們可以分為三類：第一類是在中等條件下進行生產的，他們的生產條件與這個部門的平均生產條件相一致，勞動生產率處於平均水準，因此他們的商品的個別價值就與這些商品的一般價值或平均價值相一致。第二類是在優於平均生產條件的條件下進行生產的，他們的商品的個別價值，就會低於同類商品的一般價值。如果他們按一般價值出賣商品，他們就會高於自己商品的個別價值出賣。第三類是在低於平均生產條件的條件下進行生產的，因此，他們的商品的個別價值就會高於一般價值。如果他們按照一般價值出賣商品，他們就是低於自己的商品的個別價值出賣。

「這幾類中究竟由哪一類最後確定平均價值，正是取決於這幾類的數量或數量的比例關係。」（第二分冊第 227 頁）如果中等的一類在數量上占很大優勢，那就由它確定商品的平均價值；如果優於平均條件的一類占優勢，那就由這一類確定該領域商品的平均價值，如果低於平均條件的一類占優勢，則該領域中商品的平均價值就會由它確定。因此，所謂平均生產條件或平均勞動生產率，並不是指簡單的平均，而是指大多數企業擁有的生產條件或勞動生產率，由於它們生產了該領域商品的大部分，所以它們的勞動消耗就代表著社會為生產同類商品所付出的平均必要的社會勞動。

馬克思以上的論述，涉及了兩種意義上的社會必要勞動時間決定價值的問題，對此，可參考《資本論》第三卷第十章、第三十七章等對照學習。在那裡馬克思特別指出：「不僅在每個商品上只使用必要的勞動時間，而且在社會總勞動時間中，也只把必要的比例量使用在不同類的商品上。」① 「這個商品總量包含著為生產它所必需的社會勞動。」②

李嘉圖由於把只適用於農業的價值決定的特殊方法推廣到一切部門，所以他認為一切商品的平均價值，都是由最不利條件下付出的勞動量決定的；柯貝特與他相反，他斷言在工業中商品的平均價值由最有利條件下花費的勞動量決定。他們都是片面的。馬克思關於商品價值的調節方法的論述，糾正了他們的片面性，確立了價值決定的正確觀點。

---

① 馬克思. 資本論：第 3 卷［M］// 馬克思恩格斯全集：第 25 卷. 北京：人民出版社，1973：716.

② 馬克思. 資本論：第 3 卷［M］// 馬克思恩格斯全集：第 25 卷. 北京：人民出版社，1973：203.

二、市場價值和市場價格

上面所說的一般價值或平均價值，也就是市場價值。「這種**一般**價值，就是這些商品的**市場價值**，就是它們進入市場時具有的價值。」（第二分冊第 227 頁）市場價值在《資本論》中還被稱為社會價值。「這種市場價值用貨幣表現出來就是**市場價格**，正如價值用貨幣表現出來就是價格一樣。」（第二分冊第 227 頁）實際的市場價格有時高於市場價值，有時低於市場價值，只是偶然地同市場價值相一致。但是從一個時期看，價格圍繞價值的這種上下波動就會互相抵消，因此可以說，實際市場價格的平均數，就是表現市場價值的市場價格。市場價格與市場價值有一個共同的質的規定，即種類相同、質量相同的商品具有同一價格，或者說，它們實際上代表該類商品的一般價值。

三、部門內部的競爭與市場價值的形成。超額利潤

在市場上同一商品不能有兩種市場價格，或者說同一商品只能有同一價格，如果拋開價格變動的偶然性不說，也可以說同一商品只能有同一市場價值。這個結果是通過部門內部的競爭達到的。

部門內部的競爭包括資本家之間的競爭、買者同資本家的競爭以及買者之間的競爭。這種競爭不僅使同一商品在同一市場上只能有同一價格，而且從長期看又會使上下波動的價格還原為同一市場價值。

「於是，競爭……在這裡就導致這樣的結果：某一特殊生產領域的每一個別商品的價值決定於**這一特殊社會生產領域的商品總量**所需要的**社會勞動時間總量**，而不決定於**個別商品的個別價值**，換句話說，不決定於個別商品的**特殊**生產者和賣者為這一個別商品花費的勞動時間。」（第二分冊第 228 頁）

既然同一商品只能有同一市場價值和市場價格，所以生產條件比平均條件好的資本家，就會得到一個超額利潤，因為他的商品的個別價值和個別價格，會低於市場價值和市場價格，因而他的利潤率也會高於本部門的一般利潤率。「因此，競爭並不是通過把一個生產領域**內部的各種利潤平均化**的辦法來確立**市場價值**或**市場價格**。……相反，競爭在這裡正是通過容許有**個別利潤之間的差別**，即各個資本家的利潤之間的差別，通過容許有個別利潤對該領域**平均利潤率的偏離**，把**不同的個別價值**平均化為同一的、**相等的、沒有差別的市場價值**。」（第二分冊第 228 頁）競爭既然確立了同一的市場價值，它就為在不同條件下生產的，因而代表不同生產率水準的商品，造成這種偏離，從而使生產

條件較好的資本家獲得一種超額利潤。

[(b) 李嘉圖把同一生產領域內的市場價值形成過程同不同生產領域的費用價格形成過程混淆起來]

一、兩種競爭及其不同作用

李嘉圖為建立他的地租理論，需要兩個論點，這兩個論點涉及的是兩種不同的競爭。

第一個論點是，同一生產領域的產品按同一市場價值出賣，因而競爭以強制的方式造成不同的利潤率，即造成對一般利潤率的偏離。第二個論點是，對一切部門的投資來說，利潤率都必須是相同的，或者說，競爭會造成一般利潤率。李嘉圖借助於第一個論點說明形成級差地租的超額利潤的來源；借助於第二個論點說明資本家何以只得到一般利潤率，而把超額利潤作為地租轉交給土地所有者。

這兩個論點，涉及的是兩種競爭及其不同作用。第一種競爭是同一生產領域內部各個資本家之間的競爭。這種競爭的作用是為同一生產領域的商品造成同一的市場價值，雖然這同一市場價值必然要產生不同的利潤率。第二種競爭是各個生產領域之間的各個資本家之間的競爭。這種競爭是通過資本在各個生產領域之間自由轉移實現的。這種競爭的作用是造成不同於價值的生產價格，並為不同生產領域造成同一利潤率。

既然李嘉圖為了建立他的地租理論需要這兩個論點，那麼非常令人奇怪的是，他竟沒有覺察到這兩種競爭及其作用的差別。甚至在他專門論述市場價格和市場價值的第四章，也沒有論述過市場價格和市場價值的形成過程。相反，在第四章中他只是說明不同生產領域的價格還原為生產價格或平均價格的過程。因此，討論的只是第二種競爭，而不是第一種競爭。儘管如此，他在本節一開始引用的論述級差地租的那段言論中，還是把市場價值作為基礎，來說明形成地租的超額利潤。

因此，必須區分競爭的兩種作用。馬克思說：「競爭在**同一**生產領域所起的作用是，使**這一領域生產的商品的價值**決定於這個領域中平均需要的勞動時間，從而確立**市場價值**。競爭在**不同**生產領域之間所起的作用是，把不同的市場價值平均化為代表不同於實際市場價值的**費用價格**的市場價格,[①] 從而在**不同領域確立同一的一般利潤率**。」(第二分冊第 230 頁)

二、李嘉圖對兩種競爭及其不同作用的混淆

李嘉圖在第四章考察的，實際上只是上述第二種競爭，即部門之間的競爭。但他把它看成商品價格通過競爭還原為商品價值的運動，看成「市場價格」還原為「自然價格」的運動。這就把第二種競爭誤認為是第一種競爭了。「其實，這個謬誤，是由在第一章（《**論價值**》）已經犯下的把費用價格和價值等同起來的錯誤造成的，而後面這個錯誤的產生，又是因為李嘉圖在他只需要闡明『價值』的地方，就是說，在他面前還只有『商品』的地方，就把**一般利潤率**以及由比較發達的資本主義生產關係產生的一切前提全都拉扯上了。」(第二分冊第 231 頁) 所以，錯誤的根源，在於他的形而上學的方法。

不僅如此，李嘉圖不僅把市場價值的形成過程同市場價值轉化為生產價格的過程混淆起來，而且由於他把一般利潤率假定為前提，所以他又把生產價格的形成過程同生產價格的恢復或還原過程混淆起來。正因為如此，所以第四章的思路也是極其膚淺的。他的出發點是由供求關係的變動引起的市場價格的偶然的暫時的波動。他說，隨著價格的上升或下降，利潤就提高到它的一般水準之上或降到它的一般水準之下，於是資本或者被鼓勵轉入那個發生這種變動的投資部門，或者被警告要退出這一部門。由此可見，他這裡已經把不同生產領域的「利潤的一般水準」假定為前提。「然而首先應該考察的是，同一投資部門中**價格的一般水準**和不同投資部門之間**利潤的一般水準**是如何確立的。這樣，李嘉圖就會看到，後一種活動已經以資本的不斷來回交叉遊動為前提，或者說，以由競爭決定的、**全部社會資本在不同投資領域之間的分配**為前提。」(第二分冊第 231 頁) 既然已經假定了一般利潤率和生產價格，那麼，某些生產部門中發生的市場價格對生產價格的偶然的暫時的偏離，就會引起社會資本的新的轉移和新的分配。這種新的轉移與原來的轉移意義是不同的。「第一種轉移的發生是為了確立不同於**價值**的**費用價格**；第二種轉移是為了在市場價格高於或低於費用價格的時候使**實際市場價格**同費用價格趨於一致。第一種轉移是價值轉化為費用價格。第二種轉移是不同領域中實際的偶然的市場價格圍繞

---

① 這句話譯文較費解，似應譯為：把不同的市場價值轉化為不同於實際市場價值的代表費用價格的市場價格。

費用價格旋轉，費用價格現在表現為『**自然價格**』，雖然它不同於價值，它只是社會活動的結果。」（第二分冊第 232 頁）

李嘉圖考察的正是後面這種表面的運動，但他有時不自覺地把這種運動同第一種運動混淆起來。而這兩種運動，又是由同一原則引起的，這個原則就是資本追求更高利潤的不息的願望，這種願望產生一種強烈的趨勢，使大家的利潤率平均化。「這種趨勢促使社會勞動時間總量按社會需要**在不同生產領域之間**進行分配。同時，不同領域的價值由此轉化為費用價格，另一方面，各特殊領域的實際價格對費用價格的偏離也被拉平了。」（第二分冊第 232 頁）

由馬克思以上所述可見，不僅要區分兩種不同的競爭，而且在第二種競爭中還要區分資本的兩種轉移。只有掌握了這些，才能正確理解價值轉化為生產價格，以及價格還原為生產價格的運動。

三、李嘉圖對斯密的承襲和他的功績

李嘉圖關於競爭及其作用的見解，是承襲斯密的。翻開李嘉圖的《政治經濟學及賦稅原理》第四章和斯密的《國富論》第一篇第七章，就會發現他們的論述的眾多相同之處。

馬克思指出，李嘉圖的錯誤，是由於他不加批判地對待斯密而產生的。所以，他也和斯密一樣把兩種競爭混淆起來，並且用第二種競爭代替第一種競爭；而李嘉圖的功績則在於他更確切地說明了資本從一個領域到另一個領域的轉移，更確切地說明了這種轉移的方式本身。他指出了，在發達的信用制度下，這種轉移並不是通過企業主改變自己的行業，而是通過增加或減少從銀行的借款而實現的。李嘉圖說，在一切富裕的資本主義國家中，在貨幣所有者和銀行業者手中集中了大量貨幣資本，企業主再不會把自己的營業限制在自有資金的範圍內。當對一種行業的商品需求增加而對另一種行業的商品需求減少時，前一種行業就會增加從銀行的借款，而後一種行業則會減少或停止從銀行的借款。這樣，資本就會由一種行業轉移到了另一種行業。正是這種情況，使市場上的商品能根據需要得到有規則的供應。

「由此可見，正是**信用**促使每個生產領域不是按照這個領域的資本家自有資本的數額，而是按照他們生產的需要，去支配整個資本家階級的資本。……這種信用既是資本主義生產的結果，又是資本主義生產的條件；這樣就從**資本的競爭巧妙地過渡到作為信用的資本**。」（第二分冊第 234 頁）

李嘉圖所以能更確切地論述資本轉移的方式，是因為他生長在信用比較發達的資本主義時代。

［(c) 李嘉圖著作中關於「自然價格」的兩種不同的規定。費用價格隨著勞動生產率的變動而變動］

一、李嘉圖關於「自然價格」的兩種不同規定

李嘉圖對「自然價格」有兩種不同規定：一種是指價值，一種是指生產價格。

李嘉圖在他的《政治經濟學及賦稅原理》一書中第四章開頭所說的「自然價格」，是指商品的價值，也就是指由商品的相對勞動時間決定的價格，而他所說的「市場價格」，則是指對這種等於價值的「自然價格」的偶然的、暫時的偏離。但是，在這一章以後的全部行文中，他所說的「自然價格」是指完全不同的東西，是指不同於價值的生產價格。由於把「自然價格」的雙重規定混同起來，因此，他不去說明競爭怎樣使價值轉化為生產價格，而是像斯密那樣，去說明競爭怎樣使不同行業的市場價格還原為生產價格。

例如，在第四章開頭，他把勞動作為商品價值的基礎，把生產商品所需要的相對勞動量作為商品彼此交換的尺度，並且指出這並不否認商品的實際價格或市場價格對原始「自然價格」的偶然偏離。

可見，在這裡「自然價格」等同於價值，而市場價格無非是和價值相偏離的實際價格。

但在以後的論述中，「自然價格」已經是指不同於價值的生產價格了。

如他說：「我們假設一切商品都按其『自然價格』出賣，因而資本的利潤率在一切行業相同……」

既然在一切行業中，資本的利潤率都相同，也就是所有行業的資本都提供平均利潤，所以，這種「自然價格」已經是指生產價格了。

由此可見，「自然價格」的雙重含義，使他混淆了價值與生產價格。

與此相聯繫，李嘉圖所說的競爭的平均化作用，也不過是指實際價格或者說市場價格圍繞生產價格而波動，是指不同領域的市場價格平均化為生產價格的運動。

李嘉圖下面的論述也證明了這一點。

他指出，正是每一個資本家都追求較高利潤的這種願望，「使商品的**市場**

價格不致長期大大高於或大大低於商品的**自然價格**。正是這種競爭會這樣調節商品的**交換價值**，以致在支付生產商品所必需的勞動的工資和其他一切為維持所使用的資本的原有效率所需要的費用之後**剩下來的價值即價值餘額，在每個行業中**都同使用的**資本的價值**成比例。」（轉引自第二分冊第 235 頁）

由此可見，按照李嘉圖的論述，競爭會這樣調節不同行業的價格，以致不同行業的利潤都同所使用的資本成比例。這正是第二種競爭，即部門之間的競爭。這種競爭「迫使不同行業的市場價格不是圍繞商品的價值旋轉，而是圍繞商品的費用價格，也就是圍繞商品中包含的費用加一般利潤率旋轉」。（第二分冊第 235~236 頁）

所以，與「自然價格」的雙重含義相聯繫，李嘉圖完全混淆了兩種競爭，也混淆了價值和生產價格。他的這種錯誤，完全來自斯密。由於不加批判地對待斯密，他在這裡走上了歧途。

李嘉圖對價值與生產價格的差別的忽略，在第四章結尾也表現出來了。如他在結束這一章時說，在以後的研究中他將「完全不考慮」市場價格對生產價格的偶然偏離，但是他忽略了市場價格在同生產價格一致時，生產價格對價值的經常偏離，並且用生產價格代替了價值。

二、生產價格隨勞動生產率的變動而變動

李嘉圖在《政治經濟學及賦稅原理》的第三十章《論需求和供給對價格的影響》中，駁斥價格完全取決於供求比例的觀點。他指出：最後決定商品價格的是生產費用，而不是像人們常說的那樣，是供給和需求的比例。在商品的供給未按需求的增減以前，供求的比例固然可以影響商品的價格，但這種影響只是暫時的。如果帽子的生產費用降低，即令需求二倍、三倍或四倍於前，其價格最後總會降落到新的「自然價格」上去。

前已闡明，李嘉圖把生產費用理解為包括所費資本和利潤在內的費用，實際上也就是生產價格。所以，李嘉圖這裡實際上維護這樣一種觀點：「持久的價格決定於**費用價格**，而不決定於**需求和供給**」；但是，「由於商品價值決定費用價格，持久的價格才決定於商品價值」。（第二分冊第 236 頁）假定平均利潤率已經確定，那麼，價格的任何持久的變動都將取決於商品價值的變動，取決於生產商品的勞動時間的變動。當然，這並不取消生產價格和價值之間的差額，它取消的只是超過這一差額的東西。因為從長時間看，實際價格與價值

之間的差額，不應大於一般利潤率造成的生產價格與價值之間的差額。「隨著商品的價值的變動，商品的費用價格也發生變動。於是便形成『**新的自然價格**』」。（第二分冊第 236 頁）所以，價格的變動，歸根到底取決於價值的變動。

接著，馬克思以李嘉圖所舉的帽子的生產為例，說明了這個道理（分析從略）。

生產價格可能發生雙重變動：第一，由於勞動生產率的變動，為生產一定量商品所必需的勞動量（有酬勞動和無酬勞動的總和）增加了或減少了，因而為生產這一定量商品所必須支付的工資額增加了或減少了。第二，或者由於勞動生產率的變動，改變了剩餘價值和商品價值的比例，或者說，改變了剩餘價值和新加勞動所創造的價值的比例，因而引起利潤率的提高或降低。

這兩種變動的區別在於：生產價格的變動，在第一種場合主要是由於生產商品所必需的勞動量的增加或減少；在第二種場合主要是由於必要勞動和剩餘勞動的比例的變化，引起了利潤率的變化。

如果一般利潤率是既定的，那麼，生產價格就會隨著商品價值的變動而變動。如果勞動生產率提高，為生產一定量商品所必需的勞動時間減少，因而商品價值降低，商品的生產價格必然會隨之降低；如果勞動生產率降低，為生產一定量商品所必需的勞動量增加，從而商品的價值提高，商品的生產價格必然包會隨之提高。所以，「如果利潤率是既定的，……那麼，費用價格的相對提高或降低，就取決於商品實際價值的提高或降低，取決於商品實際價值的變動。」（第二分冊第 238~239 頁）李嘉圖所說的「新的自然價格」的下降，歸根到底是由這種原因造成的。但李嘉圖由於把價值與生產價格相混淆，對這一點自然就不能做出明確的說明。

前面我們曾指出，李嘉圖實際上把價值同生產價格混淆起來了，而在這第三十章裡，他把「自然價值」與「生產費用」等量齊觀，而按他的理解，生產費用又是指包括利潤的費用即生產價格。可見，在這裡他把價值與生產價格在名稱上也等同起來了。

李嘉圖的這種混亂以及由此而來的他對地租和利潤率規律的錯誤論述，都是由於他沒有區分剩餘價值和利潤而造成的。

由於李嘉圖的錯誤來源於斯密，所以下面順便考察一下斯密。

[B. 斯密的費用價格理論]

[(1) 斯密的費用價格理論的錯誤前提。李嘉圖由於保留了斯密把價值和費用價格等同起來的觀點而表現出前後矛盾]

這一節涉及的問題較多，但中心是討論斯密關於生產價格的見解，指出他的生產價格論的錯誤前提是收入決定價值，分析斯密在這一前提下對價值與生產價格的混淆，以及他如何以競爭的表面現象為依據來確定生產價格。其他問題在本節中是附帶提及的。

一、斯密的生產價格論以錯誤的價值論為前提

前已闡明，斯密的價值論是二元的。起先，他把交換價值歸結為一定量的勞動，用勞動來決定商品的價值，闡明商品中包含的價值，在扣除了原料等費用之後，分解為付酬勞動與不付酬勞動，而後者又分解為利潤和地租（利潤又可分解為利潤和利息）。但是，在此以後，他又突然來了個大轉彎，不是把交換價值分解為工資、利潤和地租，而是相反，把工資、利潤和地租說成是構成交換價值的三個因素，認為商品價值是由獨立決定的工資價值、利潤價值和地租的價值構成的。從價值分解為收入，到價值由收入構成，是斯密由正確的價值論轉到錯誤的價值論的癥結。這樣，價值就不是收入的源泉，而收入倒成了價值的源泉。

斯密說。「**工資**、**利潤**和**地租**，是一切收入的**三個原始源泉**，也是**一切交換價值的三個原始源泉**。」（轉引自第二分冊第 241 頁）

這樣，由價值分解成的三種收入，被顛倒地說成是價值的三個源泉，這就完全錯了。

斯密的前一個價值規定，闡明了事物的內在聯繫；而後一種價值規定，則只說明了競爭的表面現象，在競爭中，一切都顛倒地表現出來。

馬克思說：「斯密正是從這個顛倒了的出發點來闡明商品的**自然價格**同商品的**市場價格**之間的區別的。」（第二分冊第 241 頁）但是，斯密從這個顛倒的出發點來闡述的「自然價格」，實際上只是生產價格。所以，斯密的生產價格論，實際上是以他的錯誤的價值論為前提的。

二、生產價格同價值的混同在斯密那裡與錯誤的價值論相並存，在李嘉圖那裡與正確的價值論相矛盾

李嘉圖完全接受了斯密在「自然價格」下把價值與生產價格等同起來的觀點，但是他忘記了，斯密的「自然價格」，只不過是由競爭產生的生產價格。而在斯密的著作中，只有當他忘記了自己的正確的價值觀點，而保持從競爭中得出的、認為交換價值是由獨立決定的工資價值、利潤價值和地租價值相加而成的錯誤觀點時，商品的生產價格才與其價值相等同。李嘉圖到處都反對斯密的錯誤價值規定，但他又接受了斯密在這一基礎上產生的、把價值同生產價格等同起來的錯誤觀點，這就產生了矛盾。這種混淆在斯密那裡還可以理解，因為他的「自然價格」是以他的錯誤的第二種價值規定為基礎的；而在李嘉圖那裡就毫無道理了。因為他在任何地方也沒有接受斯密的這一錯誤價值觀點，相反，他對它還進行了專門駁斥。這樣，李嘉圖的生產價格學說，就與他的正確的價值學說發生了矛盾，他只好把生產價格對價值的偏離，宣布為價值決定原理的「修正」。

三、斯密的「自然價格」是由工資、利潤和地租的「自然率」構成的生產價格

斯密在這裡所說的「自然價格」，實際上就是提供工資、利潤和地租的生產價格。他是從競爭的表象出發來確立這個價格的。他在自己著作的第一篇第七章中指出：在任何社會和任何地方、工資、利潤和地租都有一種「普通率」或「自然率」。如果一個商品的價格恰好足以按「自然率」支付工資、利潤和地租，這種商品就是按照它的「自然價格」出賣的。

斯密在這裡把資本主義經濟中通行的利潤率和正常的工資和地租水準，宣布為它們的「自然率」，這完全是從經濟的表面現象出發。他在這裡所說的「自然價格」，就是除了正常的工資和地租之外，還能提供平均利潤的價格，因此就是生產價格，而生產價格在這裡又被他同價值等同起來了，因為按照他的第二種價值規定，商品的價值是由工資、利潤和地租的價值決定的。

斯密不但把價值與生產價格混為一談，而且完全從競爭的表象出發，從資本主義生產的當事人的立場出發，來確定工資、利潤和地租的「自然率」。斯密的「自然價格」完全是從競爭得出的。根據這裡的論述，它是由工資、利潤和地租的「自然率」決定的。因此，它就是除了支付正常的工資和地租之

外，還能提供平均利潤的價格，即生產價格。而工資、利潤和地租的「自然率」，根據資本主義生產的事實，又被宣布為事先既定的。的確，對於生產價格的形成來說，它們確實是既定的。「它們是費用價格的**前提**。因此，它們對單個資本家來說也表現為既定的。」（第二分冊第 242～243 頁）至於這種「自然率」是怎樣產生的，在什麼地方產生和為什麼產生，資本家是不關心的。作為資本主義生產當事人的資本家，總是從現成的利潤率出發來計算商品的價格。工資花多少，一般利潤率是多少，地租花多少，這就是他確定生產價格的程序，從而也是他確定價值的程序。由於斯密置身於資本主義競爭的中心，所以在這裡他也按照受資本主義競爭局限的資本家所特有的邏輯來發表議論。因此，他在論述這一問題時，就完全站在了資本主義生產當事人的立場，陷入了競爭的表面現象之中。

此外，當斯密站在資本主義競爭的立場，並假定一般利潤率為前提時，他倒是正確闡明了生產價格，即不同於實際市場價格的那種平均價格。他指出：商品的「自然價格」是使商品進入市場時所必須支付的工資、利潤和地租的全部價值，而市場價格則取決於供給和需求。如果進入市場的商品恰好與需求相適應，市場價格就與「自然價格」一致，所以，「自然價格」是一個中心點，一切商品的價格都不斷趨向於這一個中心點。

由此可見，撇開生產價格與價值的混淆這一點不說，斯密倒是正確闡明了生產價格及其與市場價格的關係。

四、實際價值變動對生產價格的影響

在第七章中斯密只是偶然地談到實際價值變動對「自然價格」即生產價格的影響，而且論述也不正確。

他指出：在農業中同量勞動在不同年份會提供極不相同的商品量，而在其他行業中同量勞動在不同年份總是提供相同或差不多相同的商品。因此，在其他行業中商品能準確地適應需求。通過這個例子，他看到了同量勞動的生產率的變化，從而商品實際價值的變化，會使商品的生產價格變化。可是，接著他又把這個問題歸結為供求關係，因此就把問題庸俗化了。而且，他對問題本身的論述也是不正確的。因為，如果農業中由於氣候不同，同量勞動總是提供不同的產品量，那麼工業中由於分工和機器的使用，同量勞動也會提供不同的產品量。可見，農業與其他行業的區別並不在這裡。這種區別在於，在其他行業

中生產力是在事先決定了的程度上使用，而在農業中生產辦卻決定於自然的偶然性。「但結果仍然是：**商品的價值**，或者說，根據勞動生產率必須花費在某種商品上的勞動量，會使商品的費用價格發生變動。」（第二分冊第 245～246 頁）這就是說，無論是在農業中還是在其他行業中，都是商品的實際價值變化調節著生產價格。

五、斯密對資本轉移的看法

在第七章中，斯密還論述了資本轉移對生產價格的影響。他指出，不論「自然價格」的那一部分低於其「自然率」支付時，那些利益受到損失的人，立刻就會感觸到這一點，並立即把若干土地、勞動或資本從這個行業中抽出，從而使這種商品進入市場的數量很快就只能滿足實際的需求。因此，這種商品的市場價格很快就會提高到它的「自然價格」的水準。

斯密的論述包含了這樣的思想。資本從一個行業到另一個行業的轉移，會確立不同行業的生產價格。根據斯密的論述，如果商品的價格降到它的「自然價格」以下，那麼，這是由於「自然價格」的構成要素之一降低到了它的「自然率」以下造成的。因此，要消除這種下降，就不是單靠把資本抽出或轉移，而是靠把資本、勞動或土地從一個部門轉移到另一個部門才能做到。馬克思說：「在這裡，斯密的觀點比李嘉圖的觀點徹底，不過這種觀點是錯誤的。」（第二分冊第 246 頁）因為斯密和李嘉圖對價格同「自然價格」趨於一致這一點，存在著根本分歧。斯密的理解是以他的錯誤的收入決定價值的理論為前提的；而李嘉圖的理解是以正確的價值論為基礎的，即在工資既定的前提下，只有平均利潤率才能確立生產價格。

[（2）斯密關於工資、利潤和地租的「自然率」的理論]

斯密既然以工資、利潤和地租的「自然率」來構成商品的「自然價格」，所以他指出，商品的「自然價格」本身，又隨著它的每一個構成部分即工資、利潤和地租的「自然率」的變動而變動。在《國民財富的性質和原因的研究》的第八、九、十、十一等章中，斯密試圖確立這些「自然率」及其變動。

一、關於工資的「自然率」及其變動問題

在第八章《論工資》中，斯密開頭試圖確立工資的「自然率」，但他旋即

離開了這一主題，去對工資量的變動的次要問題進行考察。

馬克思指出：「在考察工資的時候，斯密有一個確立工資的『自然率』的牢固的出發點，即勞動能力本身的價值：**必要工資**。」（第二分冊第 247 頁）

斯密在考察工資時，也像在考察商品的市場價格和自然價格的關係時那樣，認為工人得到的工資，會隨著勞動的供求關係和勞資雙方的契約而變動，但勞動工資客觀上有一定標準，即使最低級勞動的工資，也不能長期降到這一標準以下。他指出，需要靠自己的勞動來養活的人，他的工資至少能夠維持他的生存。在大多數情況下，他的工資甚至還應略高於這個水準，否則工人就不能養活他全家並傳宗接代了。

所以，斯密認為，工資應歸結為維持工人及其全家的必要生活資料的價值。

以必要生活資料的費用來確定工人的工資，是古典政治經濟學的傳統，斯密仍然堅持這一觀點。不過，在斯密的著作中，這一正確思想並沒有得到進一步發展；而且，在論述維持勞動者必要生活資料的價值又由什麼決定時，斯密走入了歧途。他離開了他的基本觀點，說工資的價格由必要生活資料的價格決定，而生活資料的價格又部分地由工資決定，這就陷入了循環論證，使他一開始提出的正確觀點失去任何意義。

馬克思指出，「事實上，整個這一章除了**最低限度的工資**，換句話說，勞動能力的價值這一規定以外，有關的問題一點也沒有談到。」（第二分冊第 248 頁）（最低限度工資，並不等於勞動力的價值，但這一點在這裡撇開不談。）在這裡，斯密起初本能地談到他比較深刻的觀點，但接著又把它拋開，以致上述關於工資的正確規定在他那裡並沒有產生任何結果。實際上，必要生活資料的價值由什麼決定呢？根據他的第二種價值論，部分地由勞動的「自然價格」決定，而勞動的「自然價格」由什麼決定呢？由生活資料的價值決定。這就陷入了沒有出路的循環論證之中。此外，沒有一個字談到本題，沒有一個字談到勞動的「自然價格」本身。他只是花了大量篇幅對工資量的變動做了無關緊要的考察。馬克思大量引證和評述了他的這些議論。這裡包括工資如何隨資本累積而變動，工資與人口的關係，工資與各種社會狀況的關係，貨幣工資與商品價格的關係等等。

最後，在對工資量的變動做了反覆曲折的大量論證之後，斯密又回到了他原來比較深刻的觀點，用商品價值由勞動決定的觀點，來同工資是商品價值的源泉這一錯誤觀點相對立。

他指出：工資的提高，由於使商品價格中分解為工資的部分增大，必然會使商品價格提高。但是，引起工資提高的原因，即資本的增長，又有提高勞動生產率的趨勢，使較小量的勞動能生產較大量的商品。分工，使用機器、發明等一切改良，使許多商品能用比以前少得多的勞動生產出來，結果，勞動價格的這種提高，會由於勞動量的減少得到補償而有餘。

在這裡，斯密的論述是前後矛盾的。他先說工資的提高使商品價格中分解為工資的部分增大，從而提高商品的價格。這是從他的第二種價值規定出發的；但是他接著又說，勞動者得到較好的報酬，但單位商品中包含的勞動量少了，也就是說，必須支付報酬的勞動量減少了。馬克思說：「這樣，斯密就拋棄了他的錯誤理論，或者更確切地說，斯密在這裡用他的正確理論抵銷了、補救了錯誤的理論；按照他的錯誤理論，工資作為構成價值的一個要素，決定商品的價值，而按照他的正確理論，商品的價值是由商品中包含的勞動量決定的。」（第二分冊第 251~252 頁）

通過以上敘述可以看出，斯密在第八章中給自己提出的任務是確定工資的「自然率」，但他除了把工資規定為再生產勞動能力的價值之外，對這一問題並未做進一步的考察，相反，他的大部分論述涉及的只是工資如何由於各種原因圍繞這個「自然率」而上下波動。

二、關於利潤的「自然率」及其變動問題

第九章《論資本利潤》本應考察利潤的「自然率」，但考察進程完全離開了本題。

在試圖確定利潤的「自然率」時，斯密陷入了極其困難的境地。由於不懂利潤是剩餘價值的轉化形式，只限於從競爭的表面現象觀察問題，他自然不能確定利潤的「自然率」。所以他說，確定工資的「自然率」已不容易，所能確定的不過是普通的工資水準。但就利潤來說，就連普通的利潤水準也很難確定。利潤不僅要受企業經營的成功或失敗的影響，而且要受商品價格的變動、競爭以及許多意外事故的影響。所以利潤率不僅年年變動，日日變動，甚至時時刻刻都在變動。「要確定一個大的王國內所有行業的平均利潤，必然更加困難。」（轉引自第二分冊第 252 頁）

然而，斯密的任務正是要通過作為構成要素之一的利潤的「自然率」來

確定商品的「自然價格」。這樣，他只好通過迂迴的途徑，來求出利潤的「自然率」。

他認為，關於資本的平均利潤，可以根據資本利息的高低得出一個概念。因為凡是在投資獲得較大利潤的地方，通常為使用貨幣付出的報酬也較多，而在投資獲得利潤較少的地方，通常為使用貨幣付出的報酬也較少。因此，他指出，一國內資本的一般利潤，必定隨著市場上一般利息率的變動而變動。利息率下落，利潤率必隨著下落，利息率上升，利潤率必隨之上升。所以，利息率變動的情況，可使我們略知利潤率變動的情況。

斯密當然不是說，利息率決定利潤率。而是說，利息率是個徵兆，根據它可以大體判斷利潤率的狀況。「但任務不是去比較既有的各種利潤率，而是要確定『**利潤的自然率**』。斯密避開這個任務而去對不同時期的利息率的水準進行無關緊要的研究，這和他所提出的問題毫不相干。」（第二分冊第 253 頁）

在本章其餘大部分篇幅裡，斯密更是遠離本題，去探討英格蘭不同時期的利息率的變化以及蘇格蘭、法國、荷蘭以及北美的利息率狀況，並由此推斷這些國家利潤率的高低。

其次，斯密還談到了最高和最低的利潤率。他把最高利潤率解釋為侵吞了商品價格中應歸入地租的部分，使留下的部分僅夠按最低工資率支付勞動報酬的那種利潤率，他把最低利潤率解釋為除了補償投資可能遇到的風險外，還略有剩餘的那種利潤率。但是，既然利潤的「自然率」無法確定，那麼，談論利潤率的最高或最底還有什麼意義呢？

在做了相當冗長而離題的考察之後，斯密又回到「利潤的自然率」問題上來了。

他說，通常市場利息率對普通利潤率的比率，必然隨著利潤率的升降而升降。在英國，人們認為正當的、適度的、合理的利潤，就是雙倍的利息；這些說法的意思無非就是通常的、普通的利潤。

在這裡，斯密按照資本主義生產當事人的觀點，把通常的、普通的利潤，稱為利潤的「自然率」「不過他根本沒有告訴我們，這是什麼樣的東西，或者說，這種利潤率是怎樣確定的」（第二分冊第 254 頁）。總之，他迴避了對利潤的「自然率」的考察，以資本主義生產當事人的老生常談來搪塞了事。

最後，既然利潤的「自然率」無法確定，但斯密還是要用這種未知的「利潤自然率」作為要素之一，來構成商品的價格。這是一個無法解決的問題。

斯密認為:「在財富迅速增加的國家裡,在許多商品的價格中,高工資可以用低利潤率來彌補,這樣,這些國家就能夠像它的繁榮程度較低、工資也低的鄰國那樣便宜地出賣自己的商品。」(轉引自 254 頁)

在這裡,低利潤和高工資不是作為剩餘價值中互相影響的部分互相對立;相反,斯密根據其錯誤的理論,即利潤和工資都加入價格、構成價格。因此,如果一個高而另一個低,價格就保持不變。所以,在這裡,他並未說明怎樣根據工資和利潤的「自然率」來構成「自然價格」,而只是說明了,如果工資和利潤的變化互相抵銷,「自然價格」就可以保持不變。

在這一章結尾,斯密把利潤看成價格的純粹附加額。他認為,高利潤比高工資更能促進商品價格的提高。在工資提高時,商品價格中分解為工資的部分只按算術級數增加,而在利潤率提高時,商品價格中分解為利潤的部分,便會按利潤率增加的幾何級數增加。這一切,都是以他的三收入構成價值的錯誤理論為基礎的。

第十章《論勞動和資本的不同使用部門的工資和利潤》,涉及的只是細節問題,是論述競爭的一章。在這一章中,斯密論述了勞動工資和資本利潤在不同生產部門中,會由於哪些原因而出現差別,這些差別怎樣得到平衡,以及這種平衡會受到什麼阻礙,怎樣克服,等等。因此,這裡仍然遠離工資和利潤的「自然率」的本題,探討的只是它們在競爭中發生的變動。

馬克思從本章中摘評了他感興趣的若干段落。對此,無須加以解釋,只著重指出,當斯密談到中世紀城市資本的累積時,他又回到了正確的價值論,用付出的勞動量來規定商品的價值。

三、關於地租的「自然率」

在第十一章《論地租》中,斯密還試圖確定「自然價格」的第三個「構成要素」即「地租的自然率」。對此,馬克思在後面專門加以考察,這裡只需指出,斯密的地租論是多元的、矛盾百出的。當他離開了正確的價值規定,不是把地租看成剩餘價值的一部分,而是把地租作為構成要素之一去確定商品的「自然價格」時,他自然無法闡明地租的「自然率」。

最後,馬克思對全章做了小結,他說:「由上所述,很清楚:亞當·斯密把**商品的『自然價格』**,或者說,**費用價格**和商品的**價值**等同起來,是由於他事先抛棄了他對**價值**的正確的觀點，而代之以由競爭現象所引起的、來源於競爭現象的觀點。在競爭中，並不是**價值**，而是**費用價格**作為**市場價格**的調節者，可以說，作為**內在價格**——商品的價值出現。而這種費用價格本身在競爭中又作為由工資、利潤和地租的既定平均率決定的某種既定的東西出現。因此，斯密也就試圖離開商品的**價值**而獨立地確定工資、利潤和地租，更確切地說，把它們作為『自然價格』的要素來考察。李嘉圖的主要任務是推翻斯密的這種謬誤說法，可是他也接受了這種說法的**必然的**後果，而如果他前後一貫的話，對他說來是**不可能有的**後果——**把價值和費用價格等同起來**。」（第二分冊第 261 頁）

可見，斯密由於一開始就採取了錯誤的前提——收入決定價值的庸俗觀點，並且把價值與生產價格等同起來，所以他就不能正確理解生產價格。而且，在進一步的考察中，他無法確定工資、利潤和地租的「自然率」，更無法用它們來構成商品的「自然價格」，所以他就陷入了困難的境地；李嘉圖到處反對斯密的錯誤前提，但他又接受了斯密把價值與生產價格等同起來的錯誤提法，這就使他陷入前後矛盾的境地。因此，古典政治經濟學終究未能解決生產價格問題。生產價格與價值的內在聯繫和區別，是由馬克思第一次揭示出來的。這個理論構成了馬克思主義政治經濟學的重要組成部分之一。

[第十一章] 李嘉圖的地租理論

馬克思在第八章和第九章中，對洛貝爾圖斯和安德森的地租理論進行評述時，已說明了李嘉圖地租理論的基本要點，在第十一章中，則對李嘉圖的地租理論繼續深入進行考察，並做了重要的補充。首先，分析了李嘉圖的地租理論產生的歷史條件；其次，指出李嘉圖用農業生產率的絕對降低來說明級差地租，並否認絕對地租的存在，是同他的價值理論中的錯誤觀點相聯繫的；最後，說明李嘉圖的地租定義中的錯誤觀點。

[(1) 安德森和李嘉圖發展地租理論的歷史條件]

一、李嘉圖的地租理論產生的歷史條件

李嘉圖考察地租理論的時期是 18 世紀末 19 世紀初，這是英國小麥價格不斷上漲的時期。安德森所考察的時期是 18 世紀。18 世紀上半葉，小麥價格下降；18 世紀下半葉，小麥價格上漲。因此，安德森認為，地租規律同農業生產率的降低或產品的漲價毫無聯繫。而李嘉圖則認為，地租規律同農業生產率的絕對降低肯定是有聯繫的。

安德森把穀物法（當時是獎勵糧食出口）的廢除看作是引起 18 世紀下半葉小麥價格上漲的原因。安德森贊成穀物法，認為實行穀物法可以保證農業均衡地向前發展，促使資本投入農業，必然引起農業生產率的提高，從而導致農產品平均價格的下降。李嘉圖則認為，1815 年的穀物法的實行，必然會在一定程度上制止價格下降。而地租規律必定會促使比較不肥沃的土地投入耕種，由於勞動生產率降低，從而使農產品價格上漲，地租隨之而上漲，土地所有者則靠損害工業資本家和廣大農民的利益而獲取高額地租。馬克思說：「李嘉圖

在這裡無論從實際方面或歷史方面來說都是對的。」（第二分冊第 262 頁）

二、李嘉圖的地租理論的前提，是發達的資本主義生產在農業中已占統治地位

馬克思指出，李嘉圖和安德森的地租理論都是從一種非常奇怪的觀點出發的，這就是：①根本不存在妨礙對土地進行任意投資的土地所有權；②土地經營者總是從較好的土地向較壞的土地推移；③始終都是有足夠的資本用於經營農業。這些觀點是和英國農業中資本主義關係的演變和發展情況相聯繫，他們所論述的前提也只有在英國才能產生。

英國通過「公有地圈圍法」無情地清掃了歷史上遺留下來的一切不適用於資本主義農業生產的條件，按照最有利於農業資本投資的要求，由資本逐漸創造出適合於資本主義農業發展的土地關係的形式。「因此，就這一點來說，**不存在土地所有權**；土地所有權讓資本—租地農場主—自由經營，因為土地所有權關心的只是貨幣收入。」（第二分冊第 264 頁）這就是說，在英國，封建的土地所有權和一切傳統的農業都受資本和資本主義生產方式的影響而轉化成資本主義的土地所有權，農業中的資本主義生產關係和交換關係又促使資本主義土地所有權得以發展，所以，對於農業資本家來說，沒有妨礙他可以對土地進行任意投資的封建土地所有權。而資本主義土地所有權對於土地所有者來說，只代表一定的貨幣收入，憑藉土地所有權從租地農場主那裡徵收資本主義地租，在經濟上實現價值的增值。洛貝爾圖斯等人，從保存封建土地所有權的關係出發，按照資本主義生產方式還不存在的情況，來評論已經發展了的資本主義農業關係，當然不可能得出正確的結論。

關於土地的耕種，總是從較好的土地向較壞的土地推移這個前提，也只有在英國這樣的國家才會產生。因為，在英國，資本主義生產方式已經統治農業生產，資本在農業中像在工業中一樣，可以自由地發展，不存在舊傳統的障礙。馬克思又指出，李嘉圖把土地耕種按下降序列推移看作是絕對的前提。這種觀點，是從英國殖民者在殖民地用資本主義生產方式統治農業生產的現象中得出來的。因為，殖民地相對地說，尚擁有處於自然狀態中的大量肥沃土地，而且這些土地還沒有被人佔有，土地的利用也沒有受土地所有權的限制。李嘉圖把這種從殖民地得來的觀點，移到了世界歷史的整個進程中來，因而把資本主義生產方式看作農業生產的先決條件了。

最後，李嘉圖關於在農業中資本能夠不斷從一個生產部門流入另一個生產部門這個前提，無非就是發達的資本主義生產已占統治地位這樣一個前提。在英國用於農業的資本家在所有部門中一樣，始終都是綽綽有餘的，不存在資本缺乏的問題，對於農業資本家來說，只是感到供現有資本投放的場所不足，土地同資本相比顯得缺乏。當然，在資本主義生產的統治還沒有建立的地方，上述前提也就不存在了。

[（2）李嘉圖的地租理論同他對費用價格的解釋的聯繫]

這一節的中心問題是論證絕對地租的存在是一個歷史事實。為了更好地理解絕對地租，馬克思首先針對李嘉圖的級差地租理論做了必要的說明；然後，撇開級差地租，進一步分析絕對地租存在的問題。

一、農業生產率的絕對降低，不是級差地租的前提

李嘉圖只承認存在級差地租，否認絕對地租。並以農業生產率的絕對降低來說明級差地租。馬克思說，級差地租是指由於不同等級土地的肥力不同而產生的地租量的差別。這種級差地租完全相當於超額利潤，就是在每個工業生產部門中，生產條件比平均條件好的那個資本家所賺得的超額利潤。所不同的是，工業中的超額利潤歸資本家所有，而農業中的超額利潤則落入土地所有者的腰包。同時，工業中的超額利潤是流動的、不穩定的，而在農業中，由於有土地差別這種穩定的自然基礎，超額利潤可以固定下來。

馬克思指出，這種級差地租，「不論是從較好的土地向較壞的土地推移，還是從較壞的土地向較好的土地推移，級差地租同樣是可能的。在兩種情況下只假定，為了滿足追加需求，新耕地是必要的」。因此，「級差地租並不以**農業的不斷惡化**為前提，它也可以從農業的**不斷改良中**產生」，（第二分冊第 268 頁）即使在級差地租是以向壞地推移為前提的地方。第一，這種下降序列的推移，可能是由於農業生產力的提高，因為，在需求所容許的價格下，只有較高的生產力才能耕種較壞的土地。第二，較壞的土地是可以改良的，儘管差別仍會存在，但結果是農業的絕對生產率提高了。

馬克思還指出，這裡考察的是真正的農業地租，就是提供主要植物性食物小麥的土地的地租。提供其他產品的土地的地租，由真正的農業地租決定，屬

於派生的地租，它們由地租規律決定，而不是決定地租規律。

二、李嘉圖從商品價值和商品平均價格等同這個錯誤前提出發，從而否定絕對地租的存在

馬克思說：「很清楚，李嘉圖既然從**商品價值**和**商品平均價格等同**這個**錯誤**前提出發，他理所當然地要對這個問題**作否定**的答覆。」（第二分冊第 269 頁）

在李嘉圖看來，如果農產品的價格除了提供平均利潤以外，還能提供絕對地租，那麼，農產品的價格就會高於費用價格（即生產價格，等於預付加平均利潤）。李嘉圖由於混淆了生產價格和價值，因此，認為農產品的價格也就會高於它們的價值。這就要承認農產品經常高於它們的價值出賣，其他一切產品都低於它們的價值出賣。這種情況只能是同量勞動在農業中生產的價值比在工業中生產的價值高。但是這樣一來，商品的價值就不是由商品中包含的勞動量來決定了。政治經濟學的整個基礎就被推翻了。因此，李嘉圖理所當然地得出結論：不存在絕對地租。

李嘉圖否定絕對地租的論證，是從生產價格等於價值這個前提出發的。事實上，商品的生產價格不同於商品的價值。農產品屬於那種價值高於生產價格的商品，從而能夠提供一個餘額，並轉化為絕對地租。問題在於，為什麼農產品不同於那些價值同樣高於生產價格的工業品，它們的價值不會降低到生產價格的水準。這是因為，資本主義生產是在土地私有權存在的前提下開始的，土地私有權的壟斷要求佔有一部分農產品，否則資本就不能投入土地。所以，在土地私有權存在的條件下，農業資本家不得不把價值超過生產價格的餘額以絕對地租的形式轉讓給土地所有者。農產品的價值高於它的生產價格，這是由於農業資本的有機構成低於社會平均資本的構成，它使用了更多的活勞動，在對勞動的剝削程度相等時，將會比社會平均資本的同樣部分，生產出更多的利潤。這表明農業部門的社會勞動生產力低於平均水準，所以，馬克思說：「這個差別是**歷史性的**，因此是會消失的。正是那個證明**絕對地租**可能存在的論據也證明，絕對地租的現實性，絕對地租的存在僅僅是一個歷史事實，是農業的**一定**發展階段所特有的、到了更高階段就會消失的歷史事實。」（第二分冊第 271 頁）

馬克思在概括了李嘉圖上述地租理論的錯誤，最後指出，李嘉圖用農業生產率的絕對降低來說明，較壞土地的產品的生產價格同**價值**等同，而較好土地

的產品的生產價格同價值之間有差額並形成級差地租。但是，事實上，農業生產率的降低完全不是級差地租的前提。李嘉圖否定絕對地租，這是因為他以農業和工業的資本有機構成相同為前提，把農業和工業的勞動生產率看成絕對相等。總之，全部錯誤的產生都是由於混淆了生產價格和價值。

[(3) 李嘉圖的地租定義不能令人滿意]

李嘉圖論證了地租的產生同價值決定於勞動時間這一規定不相矛盾。馬克思說：「李嘉圖把地租理論同價值規定直接地、有意識地聯繫起來，這是他的理論貢獻。」(第二分冊第 272 頁）但是，關於地租的論述存在許多值得懷疑的東西。

馬克思指出，就真正的農業地租來說，地租是為了獲得許可在土地這個生產要素上投資，以進行資本主義生產而支付的東西。瀑布和建築地段的地租，則是為了使用生產上不可缺少的條件而支付的報酬。至於說到礦山、煤礦等的地租，那是因為土地是可以通過生產活動從其中取得使用價值的儲藏庫，為了取得這類土地的使用權必須支付地租。

李嘉圖給地租下的定義是：「**地租**是為使用土地原有的和不可摧毀的力而付給土地所有者的那一部分土地產品。」(轉引自第二分冊第 273 頁）馬克思說：「這是不能令人滿意的。第一，土地並沒有『不可摧毀的力』。第二，土地也不具有『原有的』力，因為土地根本就不是什麼『原有的』東西，而是自然歷史過程的產物。」(第二分冊第 273 頁）然後，他提出：「地租是為『**使用**』自然物而支付的，完全不管這裡所說的是使用土地的『原有的力』，還是瀑布落差的能量，或者是建築地段，或者是水中或地下蘊藏的有待於利用的寶藏。」(第二分冊第 273 頁)

接著，馬克思指出了李嘉圖以下幾方面關於地租定義的錯誤。

第一，李嘉圖雖然說不應該把資本的利息和利潤同地租混淆，但在論述中卻把地租同為改良土地而進行投資的利潤和利息說成是一回事。李嘉圖說，為了取得採伐木材的權利以及開採石料和煤的權利，而支付給自然森林所有者和採石場以及煤礦所有者的報酬不是地租，因為這種報酬不是為使用土地原有的和不可摧毀的力而支付。李嘉圖則把這種報酬偷換成資本的利潤和利息。馬克思反駁說，自然森林所有者和採石場以及煤礦所有者並沒有向森林、採石場和煤礦投過任何資本，他們所得到的報酬，也不可能是資本的利潤和利息，「因此，『它是地租』，而不是別的，儘管它不是李嘉圖的**地租**定義所指的那種地租。」（第二分冊第 274 頁）李嘉圖認為，支付給森林等自然物所有者的報酬不是地租的觀點，不過表明在他的地租定義中排除了這樣一些形式，就是為了使用單純自然物而支付給自然物所有者的報酬，不是別的，正是地租。

第二，李嘉圖說，支付給原始森林所有者報酬，「是為了當時**已經長在地上的有價值的商品**，而且通過出賣木材實際上**已收回自己所付的錢並獲得利潤**」。（轉引自第二分冊第 275 頁）在這裡，首先李嘉圖把原始森林的樹木稱為「有價值的商品」，這是不對的。因為原始森林中的樹並不是商品，它要成為商品，就必須同時是交換價值，必須是耗費在它上面的一定量勞動的體現。其次，李嘉圖關於支付地租的基金來源的說法是錯誤的。馬克思指出，所有地租最初表現的形式是，「**地租**是為了取得使用自然力或者（通過使用勞動）佔有單純自然產品的權利而**付給這些自然力或單純自然產品的所有者的價格**」。（第二分冊第 275 頁）用什麼基金來支付這個價格呢？李嘉圖說，通過出賣木材，即用木材的價格既可以收回自己所付的錢並能獲得利潤。問題在於，木材的價格至少必須等於代表生產木材上所必需的勞動量的貨幣額，那麼資本家所獲得的利潤是不是價值的附加額呢？如果這樣說的話，那就退到關於利潤來源的粗俗觀念上去了。實際情況是，資本家所獲得的利潤是他在木材生產上使用的勞動中沒有付酬的部分。

第三，李嘉圖錯誤地把為煤礦或採石場支付的報酬，說成是為了煤或石料的價值而支付的。這豈不是說煤或石料在它們的原始狀態就有了價值嗎？如果這樣，那麼地租就是付給沒有花費任何勞動的自然力的報酬。李嘉圖也就把他的整個價值學說推翻了。

馬克思指出，關於絕對地租問題的解決完全沒有困難。在「生產」（不是再生產）木材、煤和石料的生產領域中，資本中用於工資的部分大於用於不變資本的部分，直接勞動大於「過去」勞動，「因此，如果商品在這裡按照它的價值出賣，這個價值就高於它的**費用價格**，就是說高於工具的磨損、工資和平均利潤。所以，**餘額可以**作為地租付給森林、採石場或煤礦的所有者」。（第二分冊第 277～278 頁）

最後，馬克思指出，李嘉圖地租定義中的錯誤產生的原因在於，他想把真正的農業地租區分出來，強調它的特點，並指出，土地原有的力達到不同的發展程度時，才能獲得級差地租。借此為他的級差地租理論奠定基礎。

[第十二章] 級差地租表及其說明

在這一章裡，馬克思繼續對李嘉圖的地租理論進行了評述，在評述李嘉圖的地租理論的過程中，馬克思闡發了自己的地租理論。

馬克思在第八章至第十一章中，對級差地租和絕對地租的經濟本質進行了分析，在第十二章中，則從數量方面對級差地租和絕對地租變動的條件進行了考察。為了說明地租變動的規律，必須瞭解地租量和地租率變動的條件，因此，馬克思在第十二章中，首先分析地租量和地租率的變動；然後，通過對A、B、C、D、E各表及總表的分析，說明資本總量、市場價值和個別價值的變動，對級差地租、絕對地租和總地租額的影響；最後，對李嘉圖把地租理論同農業生產率遞減相聯繫的片面觀點作了剖析，並指出級差地租在實際上可以有多種組合，針對李嘉圖混淆了價值和生產價格，從而否定絕對地租存在的觀點，馬克思論述了絕對地租存在的前提條件。

全章可分為三個大問題來理解。

[(1) 地租量和地租率的變動]

馬克思在這一節裡考察了地租量和地租率變動的條件。

假定發現了比較富饒的或位置較好的煤礦或採石場，勞動生產率提高，可是，生產的方式以及使用的資本的有機構成沒有變化。這時，同量資本可以提供更多數量的產品，單位產品中包含的勞動減少，但是全部產品仍然包含同樣多的勞動。這種改變了的條件，對絕對地租量和地租率的影響，有以下三種情況：

第一，如果需求不變，那麼，為了生產同以前一樣多的商品量，在新的比較富饒的煤礦或採石場中使用的資本量，就要比在老礦、場中使用的少，商品總量的總價值下降，總剩餘價值量則按減少的資本量而減少，從而地租量會減少。但是，由於資本的構成因而生產的方式不變，只是改變了使用的資本量，所以地租和利潤之間的比例不會改變。

第二，如果有追加需求，而追加需求等於新礦、場和老礦、場之間富饒程度的差額。那就使用和以前同樣的資本量。隨著每一噸產品中包含的價值的減少，利潤量和地租量也減少。但是，「因為**資本**的量以及它的產品的總價值沒有變，資本構成中也沒有發生**有機的**變動，所以**地租和利潤的絕對量**不變。」(第二分冊第 280 頁)

第三，如果追加需求超過了新老礦場富饒程度的差額，那就必須使用追加資本，於是總產品的價值增加，儘管每一噸產品包含的價值減少，其中轉化為地租和利潤的部分也減少，但是地租和利潤的量還是會隨著資本量的增加而增加。

在以上三種情況下，地租率都沒有發生任何變動，這是因為使用的資本有機構成沒有變動。雖然單位商品中的價值下降，但是，由於單位商品中耗費的勞動也減少了，單位商品的費用價格同樣下降，因而商品價值和費用價格之同的差額不變，地租率也不會變動。

總之，在資本有機構成沒有變動的假定下，地租量的變動取決於使用的資本量是減少、不變還是增加，地租率不一定下降。地租率則隨資本有機構成的變動而變動，或者說，價值和費用之間的比例的變動，決定了地租率的變動。

[(2) 級差地租和絕對地租的各種組合。A、B、C、D、E 表]

馬克思在這一節把級差地租和絕對地租結合在一起進行分析，通過對各表的考察，說明絕對地租和級差地租以及總地租是隨著各種不同條件的變動而變動。

第一，絕對地租隨著投在各級土地或煤礦的資本總量的變動而增加或減少，絕對地租的大小取決於使用資本的有機構成的高低。當投資相同、資本有機構成不變時，絕對地租不變。

絕對地租的數量，不是由土地或煤礦的自然富饒程度的差別決定的。

在A表中，假定開採的煤礦有Ⅰ、Ⅱ、Ⅲ三個等級，對Ⅰ、Ⅱ、Ⅲ投入的是等量資本，都是100鎊，分別生產產品60噸、65噸和75噸，產品的總價值，在Ⅰ、Ⅱ、Ⅲ上都是120鎊，如果平均利潤率是10%，總產品的費用價格（在這裡，費用價格的含義是指生產價格）就都等於110鎊。不論總產品的量大小如何，總產品的價值超過生產價格的餘額總是等於10鎊。這個餘額構成絕對地租。絕對地租同自然要素的不同富饒程度引起的不同勞動生產率完全無關，因為勞動生產率的不同，並不影響總產品的價值和生產價格以及二者的差額。所以在A表中，絕對地租總是同一的。這又是由於在農業中資本的競爭不同於其他生產領域，土地私有權的存在不能使產品的價值轉化為生產價格。但是，絕對地租是否總是全部或部分得到支付，將在表的進一步分析中得到說明。

第二，級差地租隨同市場價值和個別價值之間差額的變動而變動。

在B表中，開採了比Ⅰ、Ⅱ、Ⅲ更富饒的Ⅳ，假定Ⅳ使用同Ⅰ一樣的資本，能夠提供Ⅰ的全部產量和Ⅱ的一半產量，如果需求不變，Ⅰ將停閉，對Ⅱ只投入原來資本的一半。現在，在Ⅱ、Ⅲ、Ⅳ的煤全部生產上資本減少。用在Ⅱ上的資本減少一半。因此，Ⅱ的絕對地租量也隨之減少一半，由10鎊減到5鎊，仍能提供10%的絕對地租。在Ⅱ中隨著每噸產品的市場價值由2鎊下降到Ⅱ的產品個別價值$1\frac{11}{13}$鎊，即每噸產品的市場價值等於Ⅱ的產品的個別價值，所以Ⅱ的級差地租也消失了。由於市場價值決定於Ⅱ的煤的價值，Ⅲ的總產品的市場價值減少，Ⅲ的地租總額只能等於較低的市場價值超過生產價格的餘額，級差地租由30鎊下降到$18\frac{6}{13}$鎊。由於投入Ⅲ的資本量沒有變，絕對地租仍然是10鎊。

為了進一步說明市場價值的變動對級差地租和絕對地租的影響，馬克思又列出C、D、E三個表。在C表中，假定Ⅰ、Ⅱ、Ⅲ、Ⅳ級煤礦都能繼續生產，按照B的市場價值$1\frac{11}{13}$鎊出售產品，AⅠ還能提供$\frac{10}{13}$鎊的絕對地租，沒有級差地租。在D表中，假定需求量足以使AⅠ不再提供絕對地租和級差地租，但還可以提供平均利潤。在E表中價格已下降到把AⅠ擠出市場，BⅡ的追加產量$32\frac{1}{2}$噸雖然能被市場吸收，但不能提供級差地租。

從第 292 頁第二段到第 297 頁第一段，馬克思從確定絕對地租和級差地租的數量的規律引申並詳盡地說明了，勞動的不同生產率，不論它是勞動的不同自然條件的後果，還是勞動的不同社會條件的後果，還是不同技術條件的後果，都絲毫不會改變商品價值等於物化在商品中的勞動量這一論點。勞動生產率的不同，會使同量勞動表現為較大或較小的商品總量，而單位商品包含的已耗費的勞動的絕對量，有時較多，有時較少，因而形成各自的個別價值。但是，商品的總價值總是由預付在生產中的資本的價值加剩餘價值組成的。因而，勞動生產率不管怎樣不同，以 A 表中所舉數字為例，都不會改變總產品的總價值等於 120 鎊，生產價格等於 110 鎊，從而絕對地租總量是同一的，即價值超過生產價格的餘額 10 鎊。

但是，同樣大小的、具有同一有機構成的資本，使用在不同等級即自然因素的富饒程度不同的土地、礦井上，會有不同的勞動生產率，因而，在不同土地、礦井的單位產品的個別價值各不相等。資本主義的競爭規定了統一的市場價值。這個市場價值由最貧瘠的等級的產品的個別價值決定。如果產品的個別價值高於市場價值，那麼，市場價值和生產價格之間的差額就小於個別價值和生產價格的差額。這就是說，這些產品的市場價值不僅不能提供級差地租，而且也不能提供全部絕對地租。如果市場價值等於這些產品的生產價格，這些產品的市場價值就不能提供任何地租。在這種場合，市場價值和個別價值之間的差額是負數。馬克思把市場價值和個別價值之間的差額通稱為差額價值。

相反，如果某一等級的產品的個別價值低於市場價值，這些產品的市場價值就會提供超過個別價值的餘額。這個餘額是因為這個等級的土地或礦井相對來說比較富饒而造成的，馬克思把市場價值超過個別價值的餘額稱作級差地租。級差地租的大小就看市場價值超過個別價值餘額的大小，這個餘額又要看不同等級的土地和礦井的富饒程度，相對於決定市場價值的比較不富饒的等級，是高的多些還是少些。

在這一節結束時，馬克思指出：「五個表都表明，**絕對地租**總是等於商品（個別）價值超過它自己的費用價格的餘額，**級差地租**等於商品的市場價值超過它的個別價值的餘額，總地租……等於市場價值超過個別價值的餘額加上個別價值超過費用價格的餘額，或者說，等於市場價值超過個別費用價格的餘額」。（第二分冊第 300 頁）

最後談到，為了把地租的一般規律作為價值理論和生產價格理論的例證來發揮，所以撇開了使問題複雜化的一切情況，例如位置的影響，同一土地上幾批資本的不同生產率，農業不同部門地租的相互影響以及不同領域地租的相互關係等問題。馬克思說，這些「都不是這裡所要討論的」。(第二分冊第 300 頁)

[(3) 對表的分析]

馬克思考察這些表的目的，是要說明級差地租可以有多種多樣的組合，而李嘉圖把多種現象只歸結為一種情況，即從比較富饒的等級推移到最貧瘠的等級，李嘉圖對級差地租的這種理解是片面的。

[(a) **A 表（不同等級的個別價值和市場價值之間的關係）**]

這一節主要說明不同等級的土地或礦井的產品的個別價值和市場價值之間的比例關係，決定各級土地級差地租的大小。

馬克思指出，在 A 表中，產品的市場價值由最貧瘠的 I 級產品的個別價值決定，由於 I 級的勞動生產率最低，因此，單位產品的價格最高。假定 I 、Ⅱ、Ⅲ級生產出的產品總量正好滿足市場的需求。在 I 中，因為每噸的市場價值和個別價值一致，所以它只提供絕對地租，沒有級差地租。由 I 決定的市場價值可以為比較富饒的Ⅱ、Ⅲ等級提供超過它們產品個別價值餘額的級差地租。

如果為滿足需求所必要的一定量產品得到供應，而生產這一定量產品的勞動生產率又有不同，那麼，不論從最貧瘠的礦推移到比較富饒的等級，還是相反，向較貧瘠礦的方向推移，在這兩種場合，比較富饒的那些土地或礦井產品的市場價值都會高於它們的個別價值。這是因為，在一種場合，市場價值由貧瘠等級產品的個別價值決定，而較富饒等級提供的追加供給，又不足以使由較貧瘠等級決定的市場價值發生變動；在另一種場合，因為較貧瘠等級提供了市場所要求的追加供給，而它只能按照決定市場價值的較高價值提供這種供給。

[（b）李嘉圖的地租理論同農業生產率遞減觀點的聯繫。絕對地租率的變動及其同利潤率的變動的關係]

馬克思以 A 表為例揭示了李嘉圖把地租理論同農業生產率遞減的觀點相聯繫，是對級差地租的本質的片面理解，不符合級差地租存在的實際情況。

李嘉圖認為，級差地租存在的條件是從比較富饒的Ⅲ作為出發點，按下降序列推移到越來越不富饒的Ⅱ和Ⅰ。市場要求的最後追加供給由Ⅰ提供，所以市場價值由Ⅰ決定，因為Ⅰ提供的追加產品量是滿足需求所必需的。馬克思指出，反過來同樣正確，如果出發點是Ⅰ，按上升序列推移到越來越富饒的Ⅱ和Ⅲ，因為Ⅱ和Ⅰ提供的只是追加供給，由Ⅰ提供的 $\frac{3}{10}$ 的產品量仍然同樣是必需的，那麼由於同樣的原因，Ⅰ在上升序列中同在下降序列中一樣決定市場價值，使Ⅱ和Ⅲ提供級差地租。「因此，A 表向我們表明，李嘉圖的觀點是錯誤的，他認為級差地租以比較富饒的礦井或土地推移到比較不富饒的礦井或土地**為條件**，也就是說，級差地租以勞動生產率不斷減低為條件。級差地租即使在運動的方向**相反**時，也就是說，在勞動生產率不斷提高時，也完全可能存在。」（第二分冊第 306 頁）實際上，追加需求的滿足，有時靠推移到比較富饒的土地或礦井，有時靠推移到比較不富饒的土地或礦井，所以上升序列和下降序列是互相交錯的，假定的條件是，新的等級提供的供給等於追加的需求，不會引起供求關係的變動，同時，市場價值本身沒有發生變動。

當然，上升序列和下降序列之間有一定的差別，表現在絕對地租率和利潤率變動的關係上。

如果按上升序列推移，市場價值就依然等於Ⅰ的產品的個別價值 2 鎊，如果煤作為工人消費的生活資料，又作為輔助材料加入不變資本，那麼，煤的價格就加入了平均利潤的計算，按 A 表的例子，平均利潤率是 10%；如果Ⅰ的生產率不變，利潤率不變，絕對地租率也不會變動，絕對地租是 10 鎊。如果以Ⅲ為出發點，按下降序列推移時，當只有Ⅲ被開發時，為Ⅲ的生產率較高，個別價值較低，市場價值也較低，只等於 1 鎊 12 先令，工資則因生活資料便宜而比較低，用於不變資本的費用也便宜，所以剩餘價值率較高，剩餘價值量更多，利潤率就更高，例如等於 12%。這時生產價格是 112 鎊，絕對地租率是 8%，絕對地租是 8 鎊。當Ⅱ出現時，一噸煤的市場價值提高到 1 鎊 16 $\frac{12}{13}$ 先令，利潤率降到 11%，生產價格是 111 鎊，絕對地租率提高到 9%，絕對地租是 9 鎊。最後，當 I 的產品出現在市場上時，市場價值提高到 2 鎊，利潤率下降到 10%，絕對地租率提高到 10%。「可見，這裡**絕對地租率**本身發生了變動，而且和利潤率的變動成反比。地租率逐步提高，**因為**利潤率逐步下降。而利潤率所以下降，是由於礦井、農業等等的勞動生產率下降，並且與此相應，生活資料和輔助材料越來越貴。」（第二分冊第 308 頁）

［（c）考察生活資料和原料的價值——以及機器的價值——的變動對資本有機構成的影響］

李嘉圖想用農業生產率遞減的觀點，說明利潤率下降的現象。馬克思針對李嘉圖的這個觀點，考察了生活資料和原料的價值的變動對資本有機構成和利潤率變動的影響。在第 309 頁至 322 頁中，通過大量的數字及表格的分析得出如下幾種情況的結論：

第一，加入不變資本和可變資本的商品的價值變動，例如，棉花和工人消費的小麥按同樣程度漲價，也就是說，按同一比例影響可變資本和不變資本。這種情況不會引起資本有機構成的變化，但是，在不變資本和可變資本價值提高的情況下，利潤率下降。因為，工資上漲而造成剩餘價值率下降，同時，雇傭的工人人數減少。

第二，可變資本的價值提高，因而可變資本在總資本中所占的比例部分增加。必要工資提高了，從而剩餘價值率下降，與此同時，使用同一資本所支配的工人人數或勞動總量也減少了，使利潤率下降。（見第二分冊第 314 頁圖表）

第三，如果不變資本價值提高，那麼，可變資本同不變資本以及總資本相對來說就會減少。在這種情況下，雇傭的工人人數減少，可變資本的絕對量減少，雖然剩餘價值率不變，但剩餘價值量卻會減少，利潤率也會下降。

第四，商品價值的變動既影響不變資本，也影響可變資本，但是影響的程度不同。這種情況應當包括在上述的幾種情況中。

上面幾種情況是假定價值提高。在價值下降的情況下，則會發生相反的結果。

[(d) 總地租的變動取決於市場價值的變動]

馬克思在這裡，通過對地租表的分析，考察了市場價值的變動對絕對地租、級差地租以及總地租的數量變動的影響，並對絕對地租、級差地租和總地租之間的相互關係進行了研究。

一、根據不同等級的肥力以及它們在市場上占支配地位的程度，可以有各種不同情況

（1）關於 A 表，馬克思已在前面分析了。當產品的市場價值由最貧瘠的Ⅰ級產品的個別價值決定時，Ⅰ、Ⅱ、Ⅲ 級按照這個市場價值提供必要的供給。Ⅰ、Ⅱ、Ⅲ等級各得 10 鎊絕對地租，Ⅰ級沒有級差地租，Ⅱ、Ⅲ級共提供級差地租 40 鎊，因而總地租額等於 70 鎊。

（2）在 B 表裡，由於較優等級的Ⅲ和Ⅳ的競爭，迫使Ⅱ的資本減少一半，儘管投資減少，但是，勞動生產率的提高，使單位產品價值下降，在產品量不變（200 噸）的情況下，產品總價值減少，市場價值下降（由 2 鎊降到 1 鎊 $16\frac{12}{13}$ 先令）。在市場價值每噸 1 鎊 $16\frac{12}{13}$ 先令時，市場需求量是 200 噸。同 A 表相比，B 表中的總地租額絕對地增加了 $24\frac{3}{13}$ 鎊。這是因為Ⅳ的富饒程度相對的較高，單單是Ⅳ的級差地租（$50\frac{10}{13}$ 鎊）就比 A 表的總級差地租（40 鎊）大。這又是因為級差地租不取決於被開發等級的絕對富饒程度，而決定於各等級的差額價值。如果某一等級的差額價值是既定的，那麼，它的級差地租的絕對額就取決於這個等級的產品量。Ⅳ等級的差額價值比 A 表中任何一個等級的差額價值都大，Ⅳ等級又提供了產品的最大部分。因而，同 A 表相比，在市場價值由 2 鎊下降到每噸 $1\frac{11}{13}$ 鎊時，或者說，由最後一個等級Ⅱ的個別價值決定市場價值，Ⅱ的資本抽出一半，絕對地租從 10 鎊減到 5 鎊，總資本減少了 $\frac{1}{6}$，等於 250 鎊，在資本有機構成不變時，絕對地租也減少了 $\frac{1}{6}$，下降到 25 鎊，級差地租增加（從 40 鎊增加到 $69\frac{3}{13}$ 鎊），總地租增加（從 70 鎊增加到 $94\frac{3}{13}$ 鎊）。

（3）對於C表，馬克思指出了一點，即在Ⅳ加進來，由Ⅱ決定市場價值之後，需求隨價格下降而提高，Ⅳ提供的全部追加量92 $\frac{1}{2}$ 砘，全部被市場吸收，也就是說，市場總是隨著價格下降而擴大。Ⅰ、Ⅱ、Ⅲ、Ⅳ級的總產量是292 $\frac{1}{2}$ 噸，Ⅱ的個別價值1 $\frac{11}{13}$ 鎊決定市場價值。Ⅰ的個別價值高於市場價值，不提供級差地租，絕對地租降到 $\frac{10}{13}$ 鎊，C表的總絕對地租等於30 $\frac{10}{13}$ 鎊。Ⅱ的個別價值等於市場價值，不提供級差地租，只有10鎊絕對地租。所以C表的總級差地租是Ⅲ和Ⅳ的級差地租之和，等於69 $\frac{3}{13}$ 鎊。地租總額是100鎊。

（4）D表假定市場價值降到AⅠ每噸的生產價格1 $\frac{5}{6}$ 鎊，這時，29 $\frac{1}{2}$ 噸才被市場吸收。如果按照Ⅱ的個別價值1 $\frac{11}{13}$ 鎊出售產品，那麼，市場就容納不了292 $\frac{1}{2}$ 噸，Ⅳ和Ⅲ將擠壓Ⅱ，直到市場價格降到1 $\frac{5}{6}$ 鎊為止。由於價格的下降，供求趨於平衡。一旦追加供給超過由原來的市場價值決定的市場容量時，互相排擠的過程又開始，只能把價格降低到各等級的產品都能找到銷路的水準，市場才能按照這個市場價格吸收全部產品。

實際上按照由Ⅳ決定的市場價值，Ⅳ和Ⅲ除能提供絕對地租外，還能支付級差地租。因為新的市場價值雖然高於Ⅱ的生產價格，卻仍低於它的個別價值，所以，Ⅱ不支付任何級差地租，只支付絕對地租的一部分。因此，馬克思指出，「如果市場價值等於個別價值，那麼級差地租就等於零，總地租就等於個別價值和費用價格之間的差額。如果市場價值大於個別價值，那麼，**級差地租**就等於市場價值超過個別價值的餘額，總地租就等於這個級差地租加絕對地租。如果市場價值小於個別價值，大於費用價格，那麼級差地租就是一個負數；因而總地租就等於絕對地租加這個負級差地租，即減個別價值超過市場價值的餘額。如果市場價值等於費用價格，那麼地租就整個等於零。」（第二分冊第329頁）

為了把這一切用方程式來表現，我們用AR表示絕對地租，用DR表示級差地租，用GR表示總地租，用MW表示市場價值，用IW表示個別價值，用KP表示費用價格。就得出如下方程式：

（1）AR＝IW－KP＝＋Y

（2）DR＝MW－IW＝X

（3）GR＝AR＋DR＝MW－IW＋IW－KP＝Y＋X＝MW－KP

（5）在 E 表裡，較好等級使市場價值降到Ⅰ的產品的生產價格以下，從而把Ⅰ排擠出去。只有按照這個新的市場價值（$1\frac{3}{4}$鎊）所有三個等級提供的供給才能被市場吸收掉。Ⅱ的個別價值高於市場價值，因而不支付級差地租，絕對地租只有 $3\frac{3}{4}$ 鎊。

二、在 D 表的假定情況下，最劣等級Ⅰ不支付任何地租的原因和條件

1. Ⅰ等級不支付地租這個事實，是由市場價值等於它的生產價格造成的。Ⅰ的級差地租等於市場價值（$1\frac{5}{6}$鎊）減Ⅰ的個別價值（2 鎊）即等於 $-\frac{1}{6}$ 鎊。Ⅰ的絕對地租等於Ⅰ的個別價值（2 鎊）減Ⅰ的生產價格（$1\frac{5}{6}$鎊），等於 $\frac{1}{6}$ 鎊。於是Ⅰ的實際地租等於絕對地租（$+\frac{1}{6}$鎊）加級差地租（$-\frac{1}{6}$鎊），所以等於零。Ⅰ只能支付生產價格。

Ⅰ等級不支付地租這個事實，又是下列情況的後果：

第一種情況是Ⅰ相對不肥沃。它只能按照它的生產價格 $1\frac{5}{6}$ 鎊提供追加 60 噸的供給。如果一切條件不變，Ⅰ只要比現在肥沃 $\frac{1}{15}$（$\frac{60\text{ 噸}}{15}$＝4 噸），100 鎊資本就可以提供 64 噸，每噸生產價格下降，市場價值和費用價格之間就會有一個差額，因而可以支付一部分絕對地租。

第二種情況是由於Ⅳ絕對肥沃，所以Ⅰ不提供地租。如果Ⅳ和Ⅰ相比絕對不肥沃一些，那麼，Ⅳ就會生產出較少的噸數，市場就會按照高於Ⅰ的生產價格（$1\frac{1}{6}$鎊）的市場價值來吸收這些追加產品。而任何高於Ⅰ的生產價格的市場價值，都會為Ⅰ提供地租。

2. 李嘉圖把 D 表中假定Ⅰ級不提供地租的情況看作是正常的。馬克思指出，這種情況只有在兩個條件下才可能是正常的。

第一個條件是農業資本的構成為 80C+20V，這和非農業資本的平均構成一樣，從而農產品的價值等於非農產品的生產價格，也就沒有個別價值和生產價格之間的差額即絕對地租。馬克思說，這種情況不符合農業勞動生產率相對較低的實際。如果農業資本的構成比工業資本的構成低，例如等於 60C+40V，那就會有絕對地租。李嘉圖正是以價值和生產價格等同這個前提作為出發點，所以認為不可能有絕對地租。

第二個條件是在不存在土地私有權的條件下，D 表中的 I 不提供任何地租。因為絕對地租的形成，正是由於農業中的土地所有權抵抗了商品價值轉變為平均價格的資本主義平均化。如果取消了土地所有權的限制，當然也就取消了地租存在的前提。

在殖民地中有某種近似的情況，那裡的資本主義生產還沒有在農業中占統治地位，土地所有權只是在法律上存在著，土地所有權還不能對資本進行抵抗，還沒有形成不交納地租就不能把資本投入土地的私有權壟斷。

馬克思最後指出，D 表中 I 等級不提供地租只是因為，它根據假定已是被耕種的土地，由於比較肥沃的Ⅳ等級的出現，造成生產過剩，並強制地降低價格，從而引起追加的需求和市場價值的變動，D I 不得不低於產品價值即按照產品的生產價格來出賣產品。不提供地租的土地能繼續在農業上被利用，或者是土地所有者自己就是農場主，因而在這種個別的場合，同資本相對抗的土地所有權消失了，或者利用土地的農場主是個小資本家，他情願得到小於 10% 的利潤，或者他是個工人，他想得到的就是比工資略多一些或者只得到工資。馬克思說：「在後兩種場合，都給土地所有者交付租金，但是從經濟學來說，這並不是地租，而我們所談的只是地租。」（第二分冊第 343~344 頁）

[第十三章] 李嘉圖的地租理論(結尾)

馬克思在第十一章和第十二章中，對李嘉圖的地租理論做了綜合的評述。本章馬克思又回過頭來具體分析李嘉圖的《政治經濟學及賦稅原理》第二章論地租和第二十四章亞當・斯密的地租學說中的觀點。

這一章主要評述了以下觀點：李嘉圖地租理論中的主要錯誤觀點（假定不存在土地所有權；假定總是從耕種肥沃的土地逐漸轉向耕種越來越貧瘠的土地）；關於地租與農產品價格關係的論述，關於農業改良對地租的影響的論述，李嘉圖對斯密地租理論的批評等。

[(1) 李嘉圖關於不存在土地所有權的前提。向新的土地推移取決於土地的位置和肥力]

這一節馬克思主要批判了李嘉圖在《政治經濟學及賦稅原理》一書第二章論地租中的兩個主要錯誤觀點。一是假定不存在土地所有權；二是假定總是由耕種比較肥沃的土地逐漸轉向越來越貧瘠的土地。

一、李嘉圖關於不存在土地所有權的前提

馬克思首先指出李嘉圖在論地租中接受了亞當・斯密對殖民地論述的觀點。這就是說，李嘉圖通過對殖民者開拓殖民地時的情況的描述，說明地租是在什麼條件下產生的。他假定殖民地存在大量富饒而肥沃的土地，而殖民者人數很少，為維持生活只需要耕種很小一部分，大量的土地沒有被佔有，誰願意耕種誰就可以耕種，在這種情況下，人們耕種土地就不需要支付地租。也就是說，這裡不存在土地所有權，土地對資本來說只是作為自然要素存在，對土地

的投資像對工業的投資一樣不受限制，因而不存在絕對地租。

李嘉圖進而指出：「只是由於土地**在數量上並非無限**，在質量上並不相同，又因為隨著人口的增長，**質量較壞**或**位置較不利的**土地投入耕種，**使用土地才支付地租**。」（轉引自第二分冊第 348 頁）顯然，李嘉圖在這裡講的地租，只是級差地租。

由此可見，李嘉圖在論述地租時撇開了土地所有權，否認絕對地租，只看到級差地租。

馬克思指出，李嘉圖對地租的論述以不存在土地所有權為前提，「對現代民族的殖民來說**接近於**正確」，（第二分冊第 347 頁）但是它既不適用於發達的資本主義國家的現狀，也不符合歐洲各國的歷史發展。與李嘉圖的論述相反，歐洲各國的土地是有限的，是被佔有的，也就是存在著土地所有權這個前提。就是在美國，隨著資本主義生產的發展，也為自己創造了這種前提。在這些國家土地不僅僅是作為自然要素而存在，土地所有權這個前提除要求級差地租之外，還要求絕對地租。從級差地租來說，不論耕種土地是按上升序列，即由貧瘠的土地向肥沃的土地推移，還是按下降序列，即由肥沃的土地向貧瘠的土地推移，對土地進行投資都會遇到土地所有權的阻礙。假如從四等地推移到三等地，土地所有權就要求農產品價格提高到不僅能支付三等地投資的平均利潤，而且要能支付地租。因此，馬克思指出，李嘉圖提出的不存在土地所有權的前提，與資本主義國家存在土地所有權的現實以及受土地所有權所制約的地租規律是不相符合的。

二、關於從耕種肥沃的土地轉向耕種越來越貧瘠的土地的錯誤假定

李嘉圖認為：人口的每一次增加都迫使一個國家耕種質量較壞的土地。當二等地投入耕種時，一等地就提供地租；當三等地投入耕種時，二等地就提供地租，一等地的地租也會提高。級差地租等於這兩種土地使用同量資本和勞動所獲得的產品差額。馬克思指出，如果撇開耕種土地的下降序列，李嘉圖的論述是正確的。但是李嘉圖在論述級差地租時，悄悄地塞進了一個耕種土地的下降序列。從美國殖民地開拓的歷史來說，認為總是從耕種肥沃的土地逐漸向貧瘠的土地推移也是不正確的。殖民者自然不會先選擇貧瘠的土地耕種，而是先選擇肥沃的土地耕種。但是土地肥沃或貧瘠不是他們選擇的唯一條件。最初對他們來說，首先具有決定意義的是位置。雖然美國西部一些地區比東部地區土

地肥沃得多，移民還是先定居在東臨大西洋的地區。如果說他們選擇最肥沃的土地的話，只是選擇這個地區的最肥沃的土地。後來隨著人口增長、資本形成、交通工具發達才去耕種西部肥沃的土地。可見，向新土地推移，不僅考慮土地的肥力，而是考慮到土地的位置和肥力。因此，李嘉圖把級差地租的產生和假定耕種土地的下降序列連在一起是不正確的。美國資產階級經濟學家凱里對李嘉圖的這一觀點提出了合理的批評。可能李嘉圖自己也感到下降序列的觀點有缺點，後來又用「最肥沃的和位置最有利的土地首先耕種」的說法補充自己原來的假定，但是這個補充實際上推翻了總是由耕種肥沃的土地逐漸推移到越來越貧瘠的土地的假定。

馬克思指出，李嘉圖認為沒有從比較肥沃的土地向比較不肥沃的土地推移的假定，就不能解釋級差地租，其實級差地租完全不取決於這個假定。馬克思還指出：「李嘉圖自己對產生級差地租的必要條件做了正確的和一般的表述……的地方，不包括從比較肥沃的土地推移到比較不肥沃的土地這種情況」。(第二分冊第 352 頁) 例如李嘉圖說：「如果**所有土地**都具有**同一**特性，如果它們的**數量無限**、**質量相同**，使用土地就不能索取代價。」(轉引自第二分冊第 350 頁) 這段話就不包括下降序列的錯誤前提。

[(2) 李嘉圖關於地租不可能影響穀物價格的論點。絕對地租是農產品價格提高的原因。]

這一節中心內容是評述李嘉圖關於穀物價格和地租之間的關係的論述。李嘉圖把勞動價值論和對地租的論述直接聯繫起來，既發展了級差地租理論，也暴露出了他理論中的矛盾。

李嘉圖強調地租不可能影響農產品價格。他的這一看法是針對斯密三種收入決定價值的觀點提出的。李嘉圖堅持勞動價值論，不同意斯密的三種收入決定價值的觀點。因此，他說，「尚待討論的是，土地的佔有以及隨之而產生的地租，能不能不涉及生產所必需的勞動量而造成商品相對價值的變動」①。這就是說，研究地租時，他首先考察的就是地租的存在和變動影響不影響穀物價格。李嘉圖以勞動價值論為基礎，證明地租不是決定價值的因素，不影響穀物價格。

① 李嘉圖. 政治經濟學及賦稅原理［M］. 郭大力，王亞南，譯. 北京：商務印書館，1962：55.

農產品價格的決定和地租的產生是什麼關係呢？李嘉圖是通過對級差地租的闡述說明的。他假定有三個等級的土地，即根據土地肥力和位置不同把土地分為一、二、三等。在投資相等的情況下，它們分別提供 100 誇特、90 誇特和 80 誇特穀物的「純產品」。他認為只有第一個等級的土地投入耕種時，全部「純產品」屬於土地耕種者，成為他所預付的資本的利潤，不支付地租。這裡表現了殖民者的觀點，忽視土地所有權的存在。當第二個等級的土地投入耕種時，一等地比二等地勞動生產率高，能獲得超額利潤。因為不可能有兩種農業資本利潤率，一等地的 10 誇特超額利潤（100 誇特－90 誇特）轉到土地所有者手裡成為地租。以此類推，當第三等級的土地投入耕種時，一、二等級的土地就能分別提供 20 誇特（100 誇特－80 誇特）和 10 誇特（90 誇特－80 誇特）的地租。

李嘉圖對級差地租的說明正是以勞動價值論為基礎的。他說，穀物的「**交換價值始終不決定於在只是享有特殊生產便利的人才具備的最有利條件下足以把它們生產出來的較小量勞動**，而決定於**沒有這樣的便利，也就是在最不利條件下**繼續進行生產的人**所必須花在它們生產上的較大量勞動**。這裡說的最不利條件，是指為了把**需要的**(在原有價格下）**產品量**生產出來而必須繼續進行生產的那種最不利的條件」。(轉引自第二分冊第 354 頁）當有新的貧瘠的土地投入耕種時，在這種土地上耕種要花費較多的勞動量，既然只有耕種這部分土地才能提供必要的農產品，就由它耗費的勞動量決定價值。由此，穀物價格提高，原先投入耕種的較好的土地就能獲得超額利潤，因而有了地租，或使原有地租增加。李嘉圖得出結論：①地租總是使用兩個等量資本和勞動取得的產品量之間的差額；②不可能有兩種利潤率，超額利潤作為地租轉到土地所有者手裡。因此，李嘉圖證明穀物價格的提高，是由於劣等地投入耕種、生產穀物花費的勞動量增加決定的，而不是由於支付地租而提高的。他說：「原**產品的比較價值**之所以提高，是因為在生產最後取得的那一部分產品時花費了較多的勞動，**而不是因為向土地所有者支付了地租。穀物的價值決定於**不支付地租的那一等土地或用不支付地租的那一筆資本生產穀物所花費的勞動量。**不是因為支付地租穀物才貴，而是因為穀物貴了才支付地租**；有人曾經**公正地**指出，**即使土地所有者放棄全部地租，穀物價格也絲毫不會降低**。」（轉引自第二分冊第 355 頁）

此後，馬克思詳細地分析了李嘉圖這一論述中存在的問題。

馬克思首先指出，李嘉圖認為「穀物價值決定於不支付地租的那一等土地……生產穀物所花費的勞動量」的觀點是錯誤的。由於否認絕對地租的存在，他總是說最後一個等級的土地是不支付地租的。也就是把投入耕種的最後一等土地和不支付地租的土地等同起來。實際上二者是不同的。最後一個等級的土地決定農產品價格，不等於不支付地租的土地決定農產品價格。馬克思說：「最後一等……土地是支付地租還是不支付地租，是支付全部絕對地租還是只支付它的一部分，或者除了絕對地租以外還支付級差地租（在上升序列中），——這種情況部分地取決於發展方向是按上升序列還是按下降序列，而在任何情況下都取決於農業資本構成同非農業資本構成之比。」（第二分冊第355~356頁）「如果已經假定絕對地租的存在是由於這種資本構成的差別，那麼，上述種種情況就取決於市場情況」。（第二分冊第356頁）最後一等土地不支付地租只可能有兩種條件：①不論是在法律上還是在事實上，都沒有土地所有權存在。②較好土地提供的追加供給只有在市場價值降低時才能在市場上找到銷路。可見，李嘉圖認為不支付地租的土地上生產的農產品決定價值是不正確的。

第二，李嘉圖把穀物價格上漲的原因歸結為由於耕種劣等土地花費勞動增加引起的觀點是片面的。因為除此之外還可以由下列原因引起：①如果農產品的價格到目前為止仍然低於它的價值或低於它的生產價格，那麼價格的提高就只是趨向於和價值相一致，而不是由於花費勞動增加而引起的價值增加造成的。②如果農產品按照自己價值出賣的條件還沒有形成，價格的提高也不一定和價值提高相一致。

第三，李嘉圖認為「如果土地所有者放棄了地租，租地農場主把地租裝進了自己的腰包，穀物價格就將保持不變的說法，對級差地租來說是正確的。對絕對地租來說，那是錯誤的。」（第二分冊第356頁）級差地租是由於不同等級的土地，在相同投資的情況下勞動生產率不同，或同一土地，追加同量資本勞動生產率不同的基礎上出現的超額利潤，它無論是歸土地所有者還是歸租地農場主，都不影響穀物價值的決定。但是，對絕對地租來說就不同了。絕對地租是農產品價值超過生產價格的餘額。這是因為農業資本有機構成高於工業，因而形成超額利潤。由於土地所有權的存在，阻礙利潤率的平均化，使農產品按本身價值出賣，這一部分才形成絕對地租。如果像殖民地那樣土地所有權不論在法律上或事實上都不存在，那麼農業資本就要參加平均利潤的分配，農產品就要按低於本身價值的生產價格出賣。可見，就絕對地租來說，土地所有權的存在是影響農產品價格的。如果土地所有者放棄絕對地租，就會降低農產品價格，提高工業品價格，其提高程度相當於平均利潤由於這一過程而增長的程度。李嘉圖不懂得絕對地租形成的原因，也就不知道絕對地租的存在對農產品價格的影響。他的關於土地所有者放棄地租也不會影響農產品價格的觀點完全是從級差地租引出的。

此外，李嘉圖認為「地租的提高**總是**一個國家的財富增加以及**對這個國家已增加的人口提供食物發生困難**的結果。」（轉引自第二分冊第 358 頁）馬克思指出，這個論斷的後一部分是錯誤的。這一論斷是從所謂的收益遞減規律引出的。其實，級差地租大小只是取決不同等級土地上勞動生產率的差額，絕對地租是取決於農業資本和工業資本有機構成的差別以及由其形成的農產品價值和生產價格的差額，而不是取決於農業生產的絕對困難程度。

［（3）斯密和李嘉圖關於農產品的「自然價格」的見解］

這一節主要是通過比較分析斯密和李嘉圖對「自然價格」的論述，批評李嘉圖在論述地租和農產品價格的關係中，混淆了價值和生產價格。

斯密在《國民財富的性質和原因的研究》一書中是以他的三種收入決定價值的錯誤觀點解釋「自然價格」的。他說：「一種商品價格，如果不多不少恰恰等於生產、製造這商品乃至運送這商品到市場所使用的按自然率支付的地租、工資和利潤，這商品就可以說是按它的自然價格的價格出售的。」① 這裡斯密講的利潤的自然率實際是平均利潤，因此，可以在一定意義上把它講的「自然價格」看作生產價格。也正是在這個意義上馬克思把斯密講的「自然價格」叫作「費用價格」。（在《剩餘價值理論》中馬克思還常常把「生產價格」稱作「費用價格」，到《資本論》中才正式固定使用「生產價格」這一概念）由此可見，斯密雖然自以為他講的「自然價格」就是價值，實際上是把價值和生產價格混在一起。

李嘉圖認為：「花費最多的勞動生產出來的穀物是穀物價格的調節者，地

① 斯密. 國民財富的性質和原因的研究（上卷）［M］. 郭大力，王亞南，譯. 北京：商務印書館，1972：49.

租不是也絕不可能是**這種穀物的價格的構成部分**。」（轉引自第二分冊第 358 頁）在他看來，這種土地上生產的穀物的價值只包括墊支的資本和利潤。同時，他又認為利潤是與資本成比例，也就是說，他常常把平均利潤作為決定價格的前提。這時他講的實際是生產價格而不是價值。因此，他講的「自然價格」實際上往往是指的生產價格，但他又認為「自然價格」就是價值。馬克思指出，李嘉圖是從斯密那裡因襲了在「自然價格」的概念下把價值和生產價格混淆起來的錯誤觀點。

馬克思指出，在斯密那裡這種混亂是可以理解的。因為他感到了勞動決定價值的規律在資本主義商品經濟中發生了變化，似乎利潤和地租也影響商品價格，從而放棄了勞動價值論，轉上了三種收入決定價值的觀點。他誤認為以三種收入為前提的「自然價格」就是價值，把二者混淆起來。他理論上的矛盾在於，又認為地租不像工資和利潤那樣加入「自然價格」。工資和利潤是價格形成的原因，地租是價格的結果。這是因為斯密的正確的分析方法，又使他覺察到非農產品的「自然價格」和農產品的「自然價格」的規定中存在著某種差別。

馬克思進一步分析了費用價格和價值的區別。費用價格是從資本家的角度來認識的商品價格。對於資本家來說，在確定商品價格時，除了補償原料和機器的價格之外，還必須第一加上工資的價格，第二加上一般利潤（全部剩餘價值和全部預付資本之比決定的一般利潤）。也就是說，必然把這幾部分相加得出的價格看作「自然價格」。這也就是「費用價格」。「費用價格不同於**價值**，加入**費用價格**的只有工資和利潤，而地租只有在它已經加入預付於原料、機器等等的價格的限度內才加入費用價格。」（第二分冊第 360 頁）地租一般不作為構成部分加入費用價格。如果在特殊情況下，農產品價格按照它的費用價格出賣，那就根本不存在絕對地租，這時土地所有權對資本來說是不存在的，或者絕對地租是存在的。在這種情況下，農產品高於它的費用價格出賣，農產品按照高於它的費用價格的價值出賣。這樣，地租便加入產品的市場價值。可見，地租決定於農產品價值超過費用價格的餘額。但是，對於農場主來說，他把地租看成是既定的。因此，他在計算農產品價格時，除和工業資本家一樣，第一是預付的不變資本，第二是工資，第三是平均利潤外，最後還加上既定的地租。這就是農產品的「自然價格」或者說價值。當然，他是否能得到這個價格，又取決於當時的市場情況。

如果按照以上情況把握費用價格和價值的差別，絕對地租決不會作為構成部分加入費用價格。級差地租同超額利潤一樣不加入個別費用價格，因而它始終只是市場費用價格超過個別費用價格的餘額，或者說只是市場價值超過個別價值的餘額。

馬克思指出：「當李嘉圖同亞當・斯密相反，認為地租絕不加入費用價格的時候，他在本質上是正確的。但是，從另一方面說，他又錯了。」（第二分冊第 361 頁）因為他證明這一點時，和斯密一樣把價值和生產價格等同起來。李嘉圖證明地租不是農產品「自然價格」的組成部分的理由是：最壞土地上生產的產品的價格等於費用價格，也就是等於價值。其實費用價格和價值相等只是少數情況，即只有個別資本的剩餘價值和社會總資本的平均剩餘價值相一致時是這樣，而多數情況是不一致的。李嘉圖不能區分剩餘價值、利潤和平均利潤，自然也不能正確區分價值和生產價格。

［（4）李嘉圖對農業改良的看法。他不懂農業資本有機構成發生變化的經濟後果］

這一節馬克思評述了李嘉圖關於農業改良對地租的影響的觀點。李嘉圖只從級差地租方面說明農業改良可能產生的影響。馬克思從級差地租和絕對地租兩個方面做了分析。

馬克思首先引述了李嘉圖關於農業改良對地租影響的觀點。李嘉圖認為：「當把追加資本投入產量較少的土地成為必要時，每投入一筆追加資本，地租就提高一次。根據同樣的原理可以得出結論，社會上的任何條件，如果能使我們無須在土地上使用同量資本，從而使最後使用的一筆資本具有較高的生產率，就都會使地租降低。」（轉引自第二分冊第 362 頁）

馬克思指出，李嘉圖這一論述存在的問題是：①現實中不是每一筆追加資本都生產出較少量的產品。因此認為最後追加的資本一定產量最低是不正確的。②最後一筆資本具有較高的生產率，會使絕對地租降低，但不一定使級差地租降低。因為農業勞動生產率的提高，可以縮小農產品價值和生產價格的差額，從而使絕對地租降低。級差地租大小取決於各等級土地個別價值之間的差額，如果最後投資勞動生產率提高，影響到這個差額，就會影響級差地租，如果不影響這些差額；也就不會影響級差地租。③最後一筆投資勞動生產率提高，可以是由於人口減少而發生的一個國家的資本的減少，但是也可以是在一個國家的財富和人口增加的情況下，農業進行了顯著的改良。李嘉圖在這裡忘記了農業的改良也可以使貧瘠的土地的質量得到改良。

馬克思指出，李嘉圖認為人口不增加就不可能增加對穀物的需求是錯誤的。根據這種觀點是假定全部人口對穀物的需求已得到充分滿足，也就是說想消費多少穀物就能消費多少穀物。但實際上英國在 1848—1850 年對穀物的消費量卻大大增長，這說明以前由於穀物價格高人們吃不飽。在這種情況下，人口不增加，穀物的需求也可能增加。

馬克思進一步區分了兩種農業上的改良對地租的影響。

第一種農業上的改良是「提高**土地的生產力……如採用更合理的輪作制或更好地選用肥料**。這些改良確實能使我們從較少量的土地得到同量產品。」(轉引自第二分冊第 363 頁）按照李嘉圖的意見，在這種情況下地租一定下降。

馬克思通過舉例做了具體計算。例如，如果連續投入的各筆資本的產量分別是 100、90、80、70 誇特，當這四筆資本都被使用時，地租是 60［(100-70)+(90-70)+(80 - 70)］誇特。現在假定由於農業的改良，使投下的每一筆資本的產品有等量的增加，級差地租仍舊不變。例如現在四筆資本的產量分別由 100、90、80、70 誇特，增加到 125、115、105 和 95 誇特，那麼地租仍舊是 60［(125-95)+(115- 95)+(105-95)］誇特。但是，如果產量增加了，需求沒有增加，可能最後一筆投資將被抽出，那麼現在最後一筆投資的產量將是 105。這時地租將減少到 30［(125-105)+(115-105)］誇特。但是，假設農業改良對於各級土地肥沃程度的差別影響不一樣，如果差額加大，地租就可能提高。

由此可見，在李嘉圖所講的這種農業改良的情況下，級差地租不一定總是下降，可能不變，可能下降，也可能上升。

第二種農業上的改良是投在土地上的資本構成發生變化。例如犁和脫粒機等農具的改良，在農業上使用馬匹方面的節約，獸醫知識的增進等，都具有這樣的性質。這就是說，和以前相比，投入較少的不變資本就能獲得同量穀物。這種改良會不會影響穀物地租呢？李嘉圖認為，這必然「取決於使用各筆資本所得到的產品之間的差額是擴大、不變還是縮小」。(轉引自第二分冊第 365 頁）「凡是使連續投入同一土地或新地的各筆資本所得**產品的差額**縮小的事物，都有降低地租的趨勢；凡是**擴大這種差額**的，必然產生相反的結果，都有提高地租的趨勢。」（轉引自第二分冊第 371 頁）

馬克思指出，這一觀點對級差地租來說是正確的。李嘉圖在談到土地的自然肥力的時候也應該堅持這一觀點，即向新的等級的土地推移，究竟是使級差地租減少、不變還是增加，取決於投在這些肥力不同的土地上的資本的產品之間的差額是擴大、不變還是縮小。但是，正如前邊馬克思已經批評的，李嘉圖並沒有堅持這一觀點。

但是，李嘉圖這一觀點，對絕對地租來說，完全沒有接觸到真正的問題。這種改良對絕對地租的影響，不在於穀物價值是否下降，也不在於耕種的土地和以前相比各等級產品的差額有沒有變化。問題在於投入農業的資本的有機構成是否發生變動，即不變資本和可變資本的比例是否發生變動。

假定非農業資本的有機構成是 80C+20V，農業資本的構成是 60C+40V，兩種資本的剩餘價值率都等於 50%，因而農業資本的絕對地租，或者說農業中的產品價值超過費用價格的餘額等於 10 鎊。還假定農業中農具改良等引起的不變資本降價對各等級土地作用相同，也就是說不影響級差地租。那麼農業中不變資本降價對絕對地租有什麼影響呢？馬克思分析了農業資本降價對資本構成發生影響的三種情況，從而證明在非農業資本有機構成不變的情況下，農業中資本有機構成的變動直接影響絕對地租。

（1）如果花在工資上的資本對不變資本的比例不變，如果 100 鎊分為 60C+40V。由於資本降價 10%，那麼現在總資本是 90，有機構成不變，現在是 54C+36V。由於 C 和 V 的比例保持不變，農產品價值與費用價格的差額不變地租率不變。

（2）如果降價表現為不變資本以前值 60 鎊，現在只值 54 鎊，而 V 只值 $32\frac{2}{5}$ 鎊，這一資本的構成變為 $54C+32\frac{2}{5}V$，按 100 鎊計算，資本構成是 $62\frac{1}{2}C+37\frac{1}{2}V$。由於有機構成提高，農產品價值與費用價格的差額下降，地租率下降。

（3）最後假定不變資本減少了，但花在工資上的資本量不變，因此它同不變資本相對來說增大了，支出的總資本 90 鎊分為 50C+40V，按 100 鎊計算資本構成是 $55\frac{5}{9}C+44\frac{4}{9}V$。由於有機構成降低，農產品價值與費用價格的差額增大，地租率上升。

由上述可見，李嘉圖所講的農業的第二種改良，會不會影響絕對地租，關鍵在於它是否影響農業資本的有機構成。李嘉圖沒有絕對地租理論，自然也不能科學說明這一問題。

此外，馬克思還評論了李嘉圖在《政治經濟學及賦稅原理》第三章論礦山地租中的有關論述。

李嘉圖說：「這種地租（礦山地租）同土地的地租一樣，是它們產品**價值高昂**的結果，絕不是**價值高昂**的原因。」（轉引自第二分冊第 372 頁）馬克思指出：「關於絕對地租，它既不是『**價值高昂**』的結果，也不是『**價值高昂**』的原因，而是價值超過費用價格的結果。」（第二分冊第 372 頁）礦山產品或土地產品中這一餘額所以會形成絕對地租，是由於土地所有權作用的結果。對於級差地租來說，只要價值高昂是指那些比較富饒的等級的土地或礦山的產品市場價值超過它的實際價值，可以說它是價值高昂的結果。

李嘉圖認為，最貧瘠的土地或礦山產品價格決定價值，實際上指的是費用價格。因為他認為這種產品的價格僅包括預付資本和普通利潤，錯誤地把二者等同起來。

如果把價值和費用價格明確區分開來，就可以看出只要農產品的價值高於它的費用價格，那麼它就能支付地租，而根本不管土地差別如何，那時，最貧瘠的土地和最貧的礦山就可以同最富饒的一樣支付絕對地租。如果農產品的價值不高於它的費用價格，那麼只能有來自比較肥沃的土地產品的個別價值超過市場價值的餘額的級差地租。

如果新開墾的土地同原來耕種的最後等級的土地質量相同，即同量投資產品量相同，在這種情況下，農產品價格不變，只要需求不斷增加，即在地租率不變的情況下，地租量仍會增加。這種地租量的增加和產品價格的提高毫無關係。

[(5) 李嘉圖對斯密的地租觀點和馬爾薩斯某些論點的批判]

本節主要評述李嘉圖的《政治經濟學及賦稅原理》第二十四章《亞當・斯密的地租學說》。馬克思指出，分析這一章對於瞭解李嘉圖和亞當・斯密地租理論之間的差別非常重要，但對於這個差別更深入地考察放在下一章中。此外，本節最後還摘引了《政治經濟學及賦稅原理》第三十二章《論馬爾薩斯先生關於地租的意見》中的一些文句。

馬克思主要分析了以下論點：

（一）李嘉圖批評斯密認為生產食物的土地始終提供地租的觀點。他認為總有一部分土地不提供地租，其產品價值只能補償資本並提供普通利潤。

李嘉圖在《政治經濟學及賦稅原理》第二十四章中，首先引了斯密的話，「土地產品中通常能運上市場的，只有其一般價格足以補償運送所必需的資本加上普通利潤的那些部分。如果一般價格超過了這一數額，剩餘部分必然歸於地租。**如果沒有超過的話，商品雖然也能運上市場，但卻不能對地主提供地租。**至於價格是否超過這一數額，則要取決於其需求。」① 「土地幾乎在任何情形下所生產的食物的數量都不僅足夠十分充裕地維持為把它運上市場所必需的勞動。其剩餘部分也永遠不僅足夠補償雇傭這種勞動的資本及其利潤。因此總會剩下一些東西作為地主的地租。」② 李嘉圖認為，斯密的這些話正確地確定了農產品價格在什麼時候提供地租，在什麼時候不提供地租。但認為生產食物的土地始終提供地租是不對的。李嘉圖說：「我相信直到目前為止，在每一個國家，從最不開化的到最文明的，都有這樣一種質量的土地，它**提供的產品的價值只夠**補償它所花費的資本並支付該國的**平均普通利潤**。」（轉引自第二分冊第374~375頁）也就是說，無論生產什麼產品的土地，總有一部分不支付地租。首先，馬克思指出，這種觀點的錯誤就在於忽視了土地所有權，否認絕對地租的存在。土地所有權在實際上或法律上不存在的地方，就不會有絕對地租。土地所有權的恰當表現是絕對地租，而不是級差地租。其次，李嘉圖講，總有一種質量的土地它的產品的價值只夠補償資本和普通利潤，無非是說產品只有在它的價值高於它的費用價格時才提供地租。如果承認地租是由價值高於費用價格的部分構成，那麼問題只是在於農產品價格的提高是否只是按照它的價值出賣。在資本主義經濟中，不同部門資本之間的競爭，使利潤平均化，價值轉化為生產價格。因為農業中有土地所有權的存在，限制資本轉移，使農業中的超額利潤不參加平均化過程。而資本之間的競爭恰恰使土地所有者能夠要

① 李嘉圖. 政治經濟學及賦稅原理［M］. 郭大力，王亞南，譯. 北京：商務印書館，1962：279.

② 李嘉圖. 政治經濟學及賦稅原理［M］. 郭大力，王亞南，譯. 北京：商務印書館，1962：279.

求每個資本家滿足於平均利潤，把價值超過費用價格的餘額付給土地所有者。

但是，可能提出這樣的問題：如果土地所有權使人們有權讓產品高於它的費用價格而按照它的價值出賣，那麼為什麼土地所有權不能同樣使人們有權讓產品高於它的價值出賣，也就是說按照任何一個壟斷價格出賣呢？馬克思說如果在一個沒有對外貿易的小島上，競爭不發達，是可能按壟斷價格出賣的。但是，在歐洲根本談不到這種情況，在這裡土地所有權只能在資本的競爭使商品價值規定發生變化的限度內才能影響和麻痺資本的作用即資本的競爭。價值轉化為費用價格只是資本主義生產發展的後果。本來（平均地說）商品是按其價值出賣的。在農業中，土地所有權的存在只是阻礙著對價值的偏離，而不是可以形成任何壟斷價格。

（二）李嘉圖批評斯密的地租是價格的構成部分的觀點。他用最壞土地上的最後投資，其產品價值只補償資本和普通利潤，不提供地租，證明農產品價格中不包括地租。李嘉圖說，一個租地農場主承租了一塊土地，為期七年或十四年，他打算投下10,000鎊資本，穀物價值使他能夠補償預付資本加平均利潤加租約上規定的地租。根據市場價格的計算，他再追加投資1,000鎊，能得到普通利潤，他就會投下這筆資本，而不考慮是否提供地租。因此，李嘉圖說，「如果亞當・斯密穎悟的思維注意到這一事實，他就不會認為地租是農產品價格的一個構成部分。因為價格總是由完全不支付地租的最後一部分資本所獲的報酬所決定的。」①

馬克思指出，李嘉圖所講的最後追加的1,000鎊投資不支付地租，因為它是在租約內投下的。這時土地所有權在這裡不能作為土地所有權同資本相對立。也就是說，這裡恰恰不存在形成絕對地租的條件。馬克思同時指出：「李嘉圖大概是這樣想的：**費用價格**是起決定作用的東西，作為調節要素加入這種費用價格的恰恰是**利潤**，而不是**地租**。」（第二分冊第378頁）地租不是作為構成要素加入費用價格的，它不是價格的原因而是價格的結果。但是這1,000鎊是否投入，是通過計算根據能不能提供普通利潤決定的。從這個意義上說，能否獲得普通利潤，或者說能否按生產價格出賣，是這1,000鎊是否投入的決定因素。因此，利潤不同於地租，不是由於利潤創造產品價值，而是由於產品價值如果不提高到除補償資本以外還補償普通利潤的高度，產品本身就不會被

① 李嘉圖. 政治經濟學及賦稅原理［M］. 郭大力，王亞南，譯. 北京：商務印書館，1962：281.

創造出來。相反，在這種情況下，價格沒有必要提高到足以提供地租的地步。如果這樣來認識李嘉圖所講的利潤是價格的構成要素，地租則不是，它是包含正確因素的，其實斯密內心也有這種想法。

李嘉圖認為農產品「價格到處都是由不支付任何地租的最後一筆資本的收益**調節**的。」（轉引自第二分冊第 380~381 頁）這一觀點是錯誤的。馬克思指出，他自己的例子「恰恰證明了**相反的情況**：這最後一筆資本投入土地，是由**市場價格**調節的，這個市場價格不取於這筆資本的投入，它在這筆資本投入以前早已存在」。（第二分冊第 381 頁）市場價格能不能提供普通利潤，是資本投入的決定因素。因此，說利潤是資本主義生產的唯一調節者，那是完全正確的。說生產如果完全受資本調節，就不存在絕對地租，那也是正確的。絕對地租恰恰是在生產條件使土地所有者有權限制資本對生產實行完全調節的地方產生的。

（三）李嘉圖批評斯密認為地面上的財產的地租取決於土地的絕對肥力的觀點。他引了斯密如下的話：「煤礦能否提供租金，部分取決於其豐饒程度，部分取決於其位置。」① 「地面上的財產情形就不同了，這種財產的產品的以及地租的多少都與其絕對肥力，而不是與其相對肥力成正比例。」② 李嘉圖對此評論說，斯密僅僅在煤礦地租方面發揮了正確的原理，應該把這一原理推廣到一切土地，但斯密卻錯誤地認為，地面上的財產的地租取決於土地絕對肥力。

馬克思指出：「斯密覺得，土地所有者在一定情況下有權力對資本進行有效抵抗，使人感到土地所有權的力量因而要求絕對地租。」（第二分冊第 381 頁）但是李嘉圖在批駁斯密時，盡可能地接近了真正的地租原理。他說：「假定**沒有不提供地租的土地**。這樣，**最壞土地的地租額將同產品價值超過資本支出加資本的普通利潤的餘額成比例。**」（轉引自第二分冊第 381 頁）馬克思指出：「這裡，李嘉圖說出了正確的地租原理。如果最壞的土地支付地租，也就是說，如果支付的地租與土地的自然肥力的差別無關，即支付的是絕對地租，那麼這種地租必定等於『產品**價值超過**資本支出加資本的普通利潤的餘額』，就是說，等於產品**價值超過**產品費用價格的餘額。」（第二分冊第 382 頁）但是，李嘉圖認為這個餘額是不可能存在的，因為他認為產品的價值等於費用價

① 李嘉圖. 政治經濟學及賦稅原理［M］. 郭大力，王亞南，譯. 北京：商務印書館，1962：281.

② 李嘉圖. 政治經濟學及賦稅原理［M］. 郭大力，王亞南，譯. 北京：商務印書館，1962：282.

格，承認這個差額存在，就違背了勞動決定價值的原理。

李嘉圖的錯誤是他認為地租總是取決於土地的相對肥力。馬克思指出，級差地租自然決定於土地的相對肥力，但是絕對地租與土地的絕對肥力毫無關係。在這個問題上斯密的認識比李嘉圖的認識還要正確一些。他看到了最壞土地支付的實際地租可以取決於土地的絕對肥力和最壞土地的相對肥力，或者取決於最壞土地的絕對肥力和其他等級的土地的相對肥力。

李嘉圖的問題在於：他認為最壞土地支付的地租，是這種土地自己的產品價值超過費用價格的餘額，實際上應當是產品的市場價值超過費用價格的餘額。這二者是不同的。如果最壞的土地的產品本身決定市場價值，那麼市場價值超過費用價格的餘額，就等於它自己的個別價值超過費用價格的餘額。如果市場價值不取決於最壞土地產品而由其他等級的土地決定，那情況就不是如此。李嘉圖的結論是從下降序列這個前提出發的，他假定最壞的土地最後耕種，而且只有當追加需求使得按照最後耕種的最壞土地的產品價值，提供追加供給成為必要的時候，這種土地才會耕種。在這種情況下，最壞土地的產品價值調節市場價值。而在上升序列中，只有在較好等級的土地的追加供給按照原來市場價格僅僅等於追加需求的時候，最壞土地的產品價值才調節市場價值。如果追加供給大於這種需求。李嘉圖總是假定，老地一定會停止耕種，結果是老地將提供比過去低的地租，或者完全不提供地租。如果追加供給只有按照原來市場價值才能提供，那麼較壞的新地是否提供地租以及提供多少地租，就取決於市場價值超過這種土地產品的費用價格的程度大小。可見，無論在上升序列還是在下降序列中，最壞土地的地租是由絕對肥力決定的，而不是由相對肥力決定的。市場價值究竟超過新地產品個別價值多少，取決於新地的絕對肥力。

馬克思還指出，斯密正確的區分了土地地租和礦山地租的不同情況。他認為開採礦山不會向較壞等級推移，而總是向較好等級推移，它們提供的產品總是多於必要的追加供給。斯密認為：「產出力最大的煤礦，支配附近一切煤礦的煤炭價格。那些產出力最大煤礦的所有者及經營者發覺，以略低於附近煤礦的價格出售煤炭，就能增大地租與利潤。這樣一來，鄰近煤礦，不久也不得不以同樣的價格出售煤炭。」[①] 李嘉圖批評這一觀點，他認為「**永遠是最貧瘠的**

① 斯密. 國民財富的性質和原因的研究 [M]. 郭大力，王亞南，譯. 北京：商務印書館，1972：161.

煤礦調節煤的價格」。（轉引自第二分冊第 383 頁）因為，「**在任何情況下，煤的價格都必須足以支付不擔負地租的煤礦的開採費用和利潤**」。（轉引自第二分冊第 384 頁）馬克思指出：「斯密的錯誤在於，他把最富饒的煤礦（或土地）支配市場這種特殊的市場狀況當作**一般的**情況。但是，如果假定是這種情況，那麼，斯密的論證（總的說來）就是正確的，而李嘉圖的論證卻是錯誤的。」（第二分冊第 384 頁）斯密是假定由於需求情況和較高的富饒程度，最好的煤礦只有在把煤賣得低於市場價格的時候，才能使他們的產品擠進市場。這樣一來，迫使較次的煤礦的產品也降價出賣，從而使市場價格下降了。因而較次煤礦的地租就會被壓低甚至完全消失。如果在一定情況下由較好煤礦的產品調節市場價格，以致使最次煤礦的產品不能提供任何超過費用價格的餘額，即不能提供地租時，那麼這種煤礦就只能由其所有者開採。本來這裡市場價格作為前提決定新礦在什麼情況下開採，就是說市場價格使開採者只能得到費用價格時，這種礦就只能由礦山所有者自己開採。而李嘉圖卻由此得出結論說，這個費用價格決定市場價格。在市場價格既定的條件下，具有一定富饒程度的土地或煤礦是否可以開發的問題，同這塊土地或這個煤礦的產品的費用價格是否調節市場價格，顯然是沒有關係的，它們根本不是一回事。

（四）李嘉圖批評斯密認為，例如用馬鈴薯代替穀物，使工資下降，從而使生產費用減少，就會使土地所有者從產品中得到更大的份額。李嘉圖認為，工資減少只能使利潤增加，不會歸入地租，「只要被耕種的土地質量相同，它們的相對肥力或其他優越條件又沒有變動，**地租對總產品的比例總是保持不變**。」（轉引自第二分冊第 386 頁）馬克思說：「這一點肯定是錯誤的。地租所占的份額，因而，地租的相對量將會減少。」（第二分冊第 386 頁）因為，工資降低將提高剩餘價值率。同時還影響資本構成，利潤率將因此提高，在這種情況下，絕對地租和級差地租都會下降。

[第十四章] 亞當·斯密的地租理論

在本書第 1 冊第三章亞當·斯密和本冊第十章李嘉圖和亞當·斯密的費用價格理論中，馬克思都聯繫對斯密價值理論的評述，對其地租理論做了分析批判，並指出斯密以其正確的勞動價值論為基礎，認識到了地租是勞動創造的價值的扣除，即認識到了地租的本質是剩餘價值；以其三種收入決定價值的觀點，又認為地租是價值的本源之一。斯密的二重的價值理論，使他對地租的論述也表現出矛盾。在該章中馬克思集中對《國富論》第一篇第十一章論地租作了詳細地評述。第一節是分析這一章的總論部分。著重評述了斯密的地租定義和批判了其地租理論中提法上的矛盾。第二節分析這一章的第一節論始終提供地租的土地產品。評述了斯密認為生產食物的土地始終能為自己提供需求，因而這種土地總能提供地租的觀點，指出了它包含著重農主義的因素。第三節分析這一章第二節論有時提供地租有時又不提供地租的土地產品。評述除了生產食物以外，生產其他產品如木材、礦產品等土地的地租，指出了各種產品的供求對地租產生的影響。第四節分析這一章第三節論始終提供地租的產品的價值和有時提供地租有時又不提供地租的產品價值之間的比例的變動。評論了斯密對各類農產品價格的論述，進一步揭示了斯密價值理論中的矛盾。第五節評論這一章的結束語。內容是關於地租發展的歷史趨勢，社會進步與地主、工人和資本家三個階級利益的關係。

[(1) 斯密在地租問題提法上的矛盾]

這一節評述了斯密《國富論》第十一章論地租中總論的部分。著重分析了斯密的地租定義，揭示了由於價值理論中的矛盾而導致了他在地租提法上的矛盾。

一、關於地租的定義

馬克思指出:「斯密正確地下定義說,地租是『為**使用土地**而支付的價格』。」(第二分冊第388頁)什麼是「為使用土地而支付的價格」呢?斯密認為「在決定租約時,地主都設法使租地人所得的土地生產物份額,僅足補償他用以提供種子、支付工資、購置和維持耕畜與其他農具的農業資本,並提供當地農業資本的普通利潤」①。生產物中超過這一數額的部分,就是自然的地租,為土地所有者佔有。這就是說,租地農場主只能得到產品價值中補償預付資本和普通利潤的部分,即產品的生產價格,產品生產價格以上的餘額歸於地租。馬克思指出:這裡「斯密非常明確地強調,**土地所有權**即作為**所有者**的**土地所有者**『要求地租』。斯密因此把地租看作**土地所有權**的單純結果,認為地租是一種**壟斷價格**,這是完全正確的,因為只是由於土地所有權的干預,產品才按照高於費用價格的價格出賣,按照自己的價值出賣。」(第二分冊第389頁)

斯密講為使用土地而支付的價格時,這裡講的土地應理解為各種自然力本身,因而也包括水力等。但他反對把由於使用自然力而獲得的地租和投在土地上的資本的利息混淆起來。他強調土地所有者對於未經過改良的土地也要求地租。因而他把地租看成是一種壟斷價格,僅僅由於土地所有權的壟斷而獲得的。這種區分在一定意義上也包含正確的因素。

二、由於價值理論的矛盾而導致地租提法上的矛盾

馬克思把斯密《國富論》第七章論商品的自然價格與市場價格中,關於自然價格的提法與本章中對價格的提法做了對比,指出了斯密理論的矛盾。

斯密在論述價值時,最初正確地把價值分解為工資、利潤和地租(撇開不變資本不談)三部分。但在「第六章論商品價格的組成部分」中他轉上了相反的觀點,他說:「工資、利潤和地租,是一切**收入的三個原始源泉,也是一切交換價值的三個原始源泉**。」(轉引自第二分冊第394頁)這就是說,他由勞動決定價值,轉上了三種收入決定價值的庸俗觀點。馬克思指出:「斯密首先把價值**分解**為工資、利潤和地租,隨後又反過來,用不依賴價值而決定的

① 斯密. 國民財富的性質和原因的研究(上卷)[M]. 郭大力,王亞南,譯. 北京:商務印書館,1972:137.

工資、利潤和地租來**構成**價值。這樣，他就忘記了他原來正確闡述過的利潤和地租的起源」。(第二分冊第 394 頁)「他本來應該說：『商品的**價值**只由包含在這個商品裡的勞動（勞動量）產生。這個價值分解為工資、利潤和地租。工資、利潤和地租，是雇傭工人、資本家和土地所有者分配由工人勞動創造的價值的原始形式。從這個意義上說，工資、利潤和地租是一切**收入**的三個原始**源泉**，雖然這些所謂源泉沒有一個參與創造價值。』」(第二分冊第 394 頁)斯密進一步的論述，其錯誤更明顯了。他說：「因為在一個文明國家裡，只有極少數商品的**全部交換價值僅由勞動產生**……絕大多數商品的交換價值中有大量**地租**和**利潤**加入，所以，**這個國家的勞動年產品**……所能**購買**和**支配的勞動量，比這種產品的生產、加工和運到市場所必須使用的勞動量**總要**大得多**。」(轉引自第二分冊第 392 頁)這裡他完全忘記了工資、利潤和地租是三種收入的源泉，相反，十分肯定而又錯誤地當成了三個獨立的價值源泉。因此，馬克思指出，斯密應當說：「因為在一個文明國家裡，只有極少數商品的**全部交換價值**在分解時只歸結為**工資**，絕大多數商品的價值中有很大部分分解為地租和利潤；所以，這個國家的勞動年產品所能購買和支配的**勞動量**，比這種產品的生產、加工和運到市場所必須**支付的**（也就是使用的）勞動量總要大得多」。(第二分冊第 392 頁)

斯密也指出了並不是所有商品的價值都包括工資、利潤和地租三部分。他說：「就是在最發達的社會裡，也總是有為數不多的一些商品，**它們的價格只分解為兩部分，即工資和資本的利潤**，還有為數更少的商品，**它們的價格只由工資構成**。……但是**任何一個商品的全部價格**，最終總是分解為**這三部分中的一、兩部分或所有三部分**。」(轉引自第二分冊第 390 頁)

馬克思還批評了斯密在論述獨立勞動者的生產時流露出來的庸俗觀點。斯密說：「一個自己親手種植自己果園的果園業者，一身兼有**土地所有者、租地農場主和工人這三種不同的身分**。所以，他的產品應該向他支付土地所有者的地租、租地農場主的利潤和工人的工資。但是這一切通常都被看成**他的勞動所得**。在這裡，地租和利潤，又同工資混淆起來了。」(轉引自第二分冊第 393 頁)馬克思指出：「斯密在這裡實際上把所有的概念都混淆起來了。難道『**這一切**』不是『他的勞動所得』嗎？」(第二分冊第 393 頁)「這裡斯密已經明顯地流露出一種庸俗的觀念，似乎工資由勞動產生，而利潤和地租則不依賴於工人的勞動，由當作獨立源泉（不是當作佔有別人勞動的源泉，而是當作財富本身的源泉）的資本和土地產生。在斯密那裡，最深刻的見解和最荒謬的觀念就這樣奇怪地交錯在一起，而這種荒謬的觀念，是由從競爭現象抽象出來的庸俗意識形成的。」（第二分冊第 394 頁）斯密在第七章論商品的自然價格和市場價格中繼續延續了三種收入決定價值的觀點。他說：「如果一種商品的價格恰好足夠按自然率支付**地租**、**工資**和用於生產、加工商品並把它運到市場去的**資本的利潤**，這種商品就是按照可以叫作**它的自然價格**的價格出賣，商品在這種情況下**恰好按其所值**出賣。」（轉引自第二分冊第 395 頁）這裡明確地認為地租、工資和利潤構成商品的自然價格。

根據以上觀點，斯密實際上是認為地租同工資和利潤一樣加入自然價格的，而看不出像他後來所說的，地租是以不同於工資和利潤的方式加入價格的。

斯密在第十一章論地租中，又提出了和第六章、第七章中不同的觀點，即認為地租不加入自然價格。以前商品的自然價格是「**使商品進入市場所必須支付的地租**、利潤和工資的**全部價值**」。（轉引自第二分冊第 397 頁）現在他又說：「**通常能夠進入市場的**只有那樣一些土地產品、其**普通價格**是夠**補償使產品進入市場所使用的資本，並提供普通利潤**。」（轉引自第二分冊第 397 頁）「如果**普通價格超過足夠**（補償資本和支付這筆資本的普通利潤的）**價格**，它的**餘額**自然會歸入地租。如果它恰好是這個足夠價格，**商品雖然完全能夠進入市場**，但是不能給土地所有者提供地租。價格是否超過這個足夠價格，這取決於需求。」（轉引自第二分冊第 398 頁）這裡斯密又提出了足夠價格的概念。認為足夠價格是僅能補償墊支資本和普通利潤的價格。地租在這裡從自然價格的構成部分變成了超過足夠價格的餘額，有沒有這個餘額取決於需求狀況。某些土地產品必然總是使這些產品的普通價格超過足夠價格，因此能夠提供地租；某些土地產品的需求，有時使它的價格超過足夠價格，有時不超過足夠價格，因而也就有時提供地租，有時不提供地租。可見，足夠價格就是以普通利潤為前提的，由於資本家之間相互競爭形成的生產價格。這裡斯密把足夠價格和自然價格區分開來。自然價格包括工資、利潤和地租三個構成部分。足夠價格只包括工資和利潤，不包括地租。後者對資本家進行生產來說已構成足夠的價格，但對於某些土地產品來說，又不是足夠的，因為對土地所有者來說，這一價格不能提供一個超過「足夠價格」的餘額，也就是不能為土地所有者提供地租。

由此可見，斯密的論述是存在矛盾的。一方面認為自然價格包括地租，一方面又認為足夠價格不包括地租。「足夠價格並不足夠，足夠使產品進入市場的價格並不足夠使產品進入市場。」（第二分冊第 399 頁）斯密雖然沒有把他在第十一章中論地租中的觀點和他在第五、六、七章中發揮的論點相對照，但他畢竟還是意識到了他的觀點有了變化，即他的「足夠價格」推翻了他的「自然價格」的觀點。不過他並沒有為此感到不安，而是認為有了新發現，發展了他原來的觀點。他說：「應當**注意**，……**地租是以與工資、利潤不同的方式加入商品價格的構成。工資和利潤的高低，是商品價格高低的原因；地租的高低，是這一價格的結果。由於使商品進入市場所必須支付的工資、利潤有高有低，商品的價格也就有高有低。**不過商品有時提供高地租，有時提供低地租，有時完全不提供地租，**是因為商品價格有高有低**，有時大大超過**足夠支付這些工資和利潤的價格**，有時略為超過，有時**完全不超過**。」（轉引自第二分冊第 399 頁）馬克思指出，斯密就是用這樣一種非常天真的形式，從一種觀點轉到了另一種截然相反的觀點。

馬克思說，我們首先來看這段話的結尾，它說明只包括工資和利潤的足夠價格是排除地租的。「如果產品的賣價**大大超過足夠價格**，它就支付高地租。如果產品的賣價只是略為超過足夠價格，它就支付低地租。如果產品**正好按照足夠價格**出賣，它就**不**支付**任何**地租。」（第二分冊第 400 頁）可見，地租始終是超過足夠價格的餘額。這裡斯密已把足夠價格和自然價格區分開來。但他不能正確解釋二者為什麼會產生區別，造成了理論中的矛盾。不過這種矛盾本身又包含著正確的因素，因為他在一定意義上感到了生產價格和自然價格的區別。李嘉圖在論述級差地租時，接受了斯密足夠價格的概念，即認為最劣等土地的產品的價格只包括工資和利潤，不支付地租。但他把足夠價格和價值直接等同起來。這使他在價值理論上保持了一貫性，但又導致了他否認作為超過足夠價格的餘額的絕對地租的存在。

馬克思進一步指出，在這一段話的開頭部分，我們看到了斯密對「足夠價格」的真正解釋。工資和利潤是商品價值的構成要素，如果工資和利潤得不到支付，商品就不能生產出來進入市場。因此，工資和利潤的高低決定商品價格的高低。相反，地租不加入費用價格（實際是講的生產價格），不是商品價值的構成要素。只有在商品的普通價格超過足夠價格時才支付地租。這就是斯密所講的利潤和工資，作為價格的構成要素，是價格的原因；相反，地租只是價格的結果，或者說地租是以與利潤和工資不同的方式加入價格構成的含義。這種論述明顯地表現了斯密理論的矛盾。馬克思說：「在第七章，斯密先把**價值分解**為地租、利潤和工資這一點顛倒為價值由地租、利潤和工資的自然價格**構成**，然後說明，地租、利潤和工資以同樣的方式加入**自然價格的構成**。現在他說，地租以與利潤、工資**不同的方式**加入『商品**價格的構成**』。但是地租以什麼樣的不同方式加入**價格的構成**呢？這就是以地租**完全不加入**價格的構成的方式。」（第二分冊第400頁）總之，在斯密的論述中，「地租現在是**超過『自然價格』的餘額**，而以前是**『自然價格』的構成要素**；現在，它被說成是價格的後果，以前，它被說成是價格的原因。」（第二分冊第401頁）

［(2) 斯密關於對農產品的需求的特性的論點。斯密地租理論中的重農主義因素］

這一節評述了斯密《國富論》第一篇第十一章論地租中第一節。這一節主要論述生產食物的土地始終能夠提供地租，這種土地的地租決定生產其他產品的地租。馬克思揭示出斯密在論述中表現了重農主義的觀點。

斯密認為人類的繁殖自然地會與其生存資料相適應，食物增加了，人口就會增加，因此，這些商品供給始終會創造對自己的需求。同時，斯密又說，「**土地**幾乎在任何情況下**都能生產出較大量的食物**，也就是說，除了以當時最優厚的條件**維持**使食物進入市場所必需的**全部勞動**外還有剩餘。這個**餘額**又始終超過那個足夠**補償推動這種勞動的資本並提供利潤的**數量。所以這裡始終有一些餘額用來向土地所有者支付地租。」（轉引自第二分冊第402頁）馬克思批評說，這完全是重農學派的口吻。重農學派沒有勞動價值論，不從交換價值的角度說明地租和利潤的產生。他們的「純產品」學說是以總產品扣除種子和勞動者的食物，這種實物形式說明「純產品」的。所謂「純產品」實際上就是包括地租和利潤在內的全部剩餘產品。所以說，斯密對地租的論述，實際上就是重農學派的見解。他也是認為土地總能生產出大於維持勞動者所需要的食物，地租和利潤純粹是產品中扣除以實物形式養活工人的部分以後的餘額。並不去證明為什麼這種特殊產品的價格，總能提供超過「足夠價格」的餘額，即總能提供地租。

在這一節裡斯密也談到了級差地租。他說：「不管土地的產品如何，地租隨著土地的肥力而變動；不管土地的肥力怎樣，地租隨著土地的位置而變動。」（轉引自第二分冊第402頁）但他也從實物的形式來說明。他說：「中等肥沃程度的谷田為人類生產的食物，比最上等同面積牧場所生產的多得多。耕作谷田，雖需大得多的勞動量，但在收回種子和扣除一切勞動維持費用以後所剩餘的食物量，也大得多。」① 斯密這裡又忘記了他的地租是超過足夠價格的餘額的觀點，僅從農業提供的食物數量和土地耕種者消費的食物數量的對比中得出地租。

如果撇開斯密以上觀點中重農學派的說明，他倒是正確地從市場價值超過個別價值的餘額中得出了級差地租。他首先假定充當主要食物的農產品的價格。除了提供利潤外，還提供地租。然後推論隨著耕作技術的發展，天然牧場的面積變得不能滿足畜牧業的需要，不能滿足對家畜肉類的需求，為此不得不利用耕地發展畜牧業。因此，肉的價格必須提高到不僅能夠支付畜牧業使用的勞動的報酬，而且要能夠支付這塊土地用作耕地時給租地農場主和土地所有者提供利潤和地租。荒地上生產的牲畜和耕地上生產的牲畜，在市場上按同樣價格出賣，荒地所有者就會根據這種情況相應地提高自己的地租。這裡斯密是從市場價值和個別價值的差額中得出級差地租的。但市場價值的提高不是從較好的土地推移到較壞的土地，而是從比較不肥沃的土地推移到比較肥沃的土地。

斯密還進一步說明了生產各種不同產品的地租之間的關係。在他看來，隨著土地耕作的進步，天然牧場的地租和利潤，在一定程度上決定於已耕地的地租和利潤，這種已耕地的地租和利潤，又決定於麥田的地租和利潤。斯密在這一節裡還談到了葡萄種植業、果園業、蔬菜業等土地上地租的特點，以及殖民地種植甘蔗和菸草的土地的地租。總之，他認為「在一切大國中，大部分耕地都用來生產人的食物或牲畜的飼料。這些土地的地租和利潤決定其他一切耕地的地租和利潤。如果某種產品提供的地租和利潤較少，種植這種產品的土地，就會立即用來種植小麥或改為牧場，如果某種產品提供的地租和利潤較多，有一部分種植小麥或用作牧場的土地，就會立即用來種植這種產品。」（轉引自第二分冊第404~405頁）「在歐洲，小麥是直接充當人們食物的主要土地產品。所以，除一些特殊情況外，麥田的地租，在歐洲決定其他所有耕地的地租。」（轉引自第二分冊第405頁）馬克思曾指出：「亞當・斯密的巨大功

---

① 斯密. 國民財富的性質和原因的研究（上卷）［M］. 郭大力，王亞南，譯. 北京：商務印書館，1972：141.

績之一在於。他說明了，用於生產其他農產品（例如亞麻、染料植物）和經營獨立牧畜業等等的資本的地租，是怎樣由投在主要食物生產上的資本所提供的地租決定的。在斯密以後，這方面實際上並沒有任何進步。」①

最後，馬克思對斯密的這一節作了總的評論。馬克思說：「我們看到，論述**始終提供地租**的土地產品的第一節可以概括如下：在假定主要植物性產品的地租已經存在的**情況下**；說明這種地租怎樣調節畜牧業、葡萄種植業、果園業等等的地租。**這裡根本沒有談**地租本身的性質，而只是泛泛地談到——又是**假定**地租已經存在——土地的肥力和位置決定地租的高低。但是這裡涉及的只是地租的差別，地租量的差別。然而，這裡所考察的產品為什麼始終提供地租呢？為什麼它的**普通價格**始終超過它的**足夠價格**呢？在這裡斯密撇開價格，又陷入了重農主義。但是他到處都貫穿著這樣一種思想：對農產品的**需求**始終這樣大，是因為這種產品本身創造需求者，創造它自己的消費者。即使這樣假定，也還是沒有說明白，為什麼需求一定超過供給，從而使價格**高於**足夠價格。不過在這裡又不知不覺地出現關於**自然價格**的影子，這個自然價格既包括利潤和工資，也包括地租，而且，在供求相適應時就會得到支付」（第二分冊第 406 頁）。但是斯密在這一節中沒有一處明確談到自然價格。他的自然價格的觀點和第十一章中講的，地租不作為構成部分加入價格的觀點，表現出明顯的矛盾。

[（3）斯密關於各種土地產品的供求關係的論述。斯密對地租理論的結論。]

在這一節中馬克思評述了《國富論》第一篇第十一章第二節論有時提供地租有時又不提供地租的土地產品的論點。上一節馬克思分析了斯密對生產食物的土地的地租的論述；這一節是分析他關於生產食物之外的其他產品的土地地租的論述，例如衣服、建築材料、煤礦、金屬和寶石等等。

馬克思指出，斯密在這裡「才真正研究了地租的一般性質。」（第二分冊第 407 頁）斯密說，在原始未開墾的狀態下，衣服和建築材料，超過它所能養活的人數，很大部分材料沒有被利用，因而它們的價格僅僅是為了使這些材料

① 馬克思. 資本論：第 3 卷［M］// 馬克思恩格斯全集：第 25 卷. 北京：人民出版社，1973：694.

適於使用而必須花費的勞動和費用的等價物，不提供地租。在土地已開墾的狀態下，人口增加，超過土地提供的這些材料的數量，即對它們的需求量超過供給量，它們的價格就會提高到使它們進入市場所必需的費用以上，因而它們的價格能給土地所有者提供一些地租。馬克思指出，這裡斯密是從需求超過供給，商品價格超過足夠價格的餘額來說明地租的。

馬克思還評述了斯密對作為衣服材料的羊毛、建築材料、木材、煤礦等產品的地租的說明，指出他在說明這些地租時，也是從供給和需求對價格的影響方面論述的。羊毛和毛皮由於對外貿易的發展擴大了銷路，提高了價格，從而增加了生產這些產品的土地的地租。建築材料，如石料，由於運輸不便，只有離城市較近的地方，也就是離需求者較近的地方，其價格才能高到提供地租。在斯密看來，生產木材的土地的地租，是隨著農業的發展而出現的。當農業還處在幼稚狀態時，到處都是森林，誰願意採伐就可以採伐，土地所有者不能要求地租。隨著農業的進步森林逐漸消失，木材價格提高，於是就能提供地租。關於煤礦的地租，斯密說：礦的貧瘠，能把有利的位置抵銷，以致這類礦完全不能開採。另外，位置不利也會把礦的富饒抵銷，以致這些礦雖然天然富饒，卻不宜於開採。有一些礦的產品僅夠補償足夠價格，能給企業主提供利潤，但不能提供地租。在土地已被佔有的地方，土地所有者不允許其他任何人不支付地租去開採這些煤礦，而任何人又無法支付地租，這種礦只有土地所有者自己能夠開採。因為對土地所有者來說，土地所有權實際上不作為與資本對立的因素。金屬礦受位置的影響較小，因為這種產品比較容易運輸，比較容易進入世界市場，它們的價值更多地取決於富饒程度，而不取決於位置。因此相隔很遠的金屬礦的產品可以互相競爭。世界上最富饒的礦山出產的產品的價格，必然會影響世界上其他各個礦山的同類金屬的價格。絕大部分礦山所產金屬的價格，幾乎都不超過補償開採費用所需的價格，很少能向土地所有者提供高額地租。在貴金屬價格中，地租更少，勞動和利潤在金屬價格中占大部分；斯密還談到由於寶石稀少，或由於從礦山開採礦石困難和費用大，而顯得更加珍貴。因此，在大多數情況下，工資和利潤幾乎占了寶石高昂價格的全部，地租在寶石價格中只占極小份額，甚至常常不占任何份額，只有最富饒的礦山才能提供大一點的地租。在講貴金屬和寶石的地租時，他認為市場價格是由最富饒的礦山產品的價格調節，所以任何一個礦山能向土地所有者提供的地租，不是由這一礦山的絕對富饒程度，而是由相對富饒程度所決定。這裡是講的級差地租。

他還認為決定市場價值的始終是最富饒的礦山，並且不斷有更富饒的新礦開發，不斷按上升序列運動。關於房屋的地皮租，斯密認為是房租中超過足夠提供建築這所房屋的房主的合理利潤的部分。這部分構成房屋的自然的地皮租。在房屋地皮租上，位置是級差地租的決定性因素。

馬克思還指出了，斯密在論述生產食物的土地的地租和生產其他產品的土地的地租之間的關係時，實際上認為農業的相對生產率是剩餘價值產生的基礎。「剩餘價值的最初的實在形式，就是農產品（食物）的剩餘，剩餘勞動的最初的實在形式，表現為一個人的勞動足以生產兩個人的食物。」（第二分冊第409頁）斯密是這樣說明的：一國有多少人口，不是看「這個國家的產品**能夠保證**多少人的**衣服和住宅**，而是看**這個國家的產品能夠保證**多少人的**食物**。……如果土地經過耕種和改良，**一家人的勞動能為兩家人提供食物**，那麼，社會半數人的勞動就足夠為整個社會提供食物。那時，另一半人就能滿足人們的其他需要和嗜好。這些需要和嗜好的主要對象是**衣服、住宅、家具**，以及所謂**奢侈品**。食物的需要是有限的，上述這些需要是無限的。……工人人數，隨著食物數量的增加而增加，也就是說，隨著農業的發展而增加。……**這樣一來**，不僅**食物**是**地租**的原始源泉，而且，後來提供地租的其他任何土地產品，它的價值中的這個**剩餘部分**，也都是土地的耕種和改良使**生產食物的勞動生產力提高**的結果」。（轉引自第二分冊第408~409頁）馬克思指出，斯密這裡實際是重農主義的觀點，這對於分析資本主義地租並沒有關係。

[（4）斯密對於土地產品價格變動的分析]

在這一節中，馬克思評述了《國富論》第一篇第十一章第三節論始終提供地租的產品的價值和有時提供地租有時又不提供地租的產品價值之間的比例的變動。

馬克思主要批評斯密在論述農產品價值時，表現出了價值理論上的矛盾。從以下幾段引文，可以看出其矛盾表現得極為明顯。斯密說：「在土地自然肥沃但絕大部分完全沒有耕種的國家，家畜、家禽、各種野生動物，**耗費極少量的勞動就可得到，所以用它們也只能購買，或者說，支配極少量的勞動。**」（轉引自第二分冊第416頁）這裡斯密「把價值用勞動量來衡量同『勞動價格』，或者說，同某一商品所能支配的勞動量混淆起來」。（第二分冊第416

頁）下一段引文中，斯密又把穀物看成價值尺度。他說：「**在不同的文明階段**，在同樣的土地和同樣的氣候條件下，生產同量穀物，平均起來**需要幾乎同量的勞動，或者**同樣可以說，**幾乎同量勞動的價格**。因為在耕作技術提高情況下勞動生產力的不斷提高，或多或少會被作為農業**主要工具的牲畜的價格的不斷**上漲所抵銷。根據這一切，我們可以確信，**在任何社會狀態下**，在任何文明階段，**同量穀物**，和同量的其他任何土地原產品相比，都更恰當地成為**同量勞動的代表或等價物**。因此……在社會財富和文明的所有不同發展階段，穀物同其他任何商品或其他任何一類商品比較起來，是更準確的價值尺度。」（轉引自第二分冊第 416 頁）

斯密在比較金和銀的價值時，又二次發揮了他的「足夠價格」的觀點，明確指出，足夠價格不包括地租。一種商品的最低價格，就是恰恰足夠補償商品進入市場所需資本並提供適中利潤的價格。這個價格不給土地所有者提供什麼東西，它的任何部分不由地租構成，只分解為工資和利潤。「金剛石和其他寶石的價格，和金的價格相比，大概更加接近於那個使他們能夠進入市場的最低價格。」（轉引自第二分冊第 417 頁）

馬克思進一步分析了斯密對各類產品價格的論述。他指出，斯密把原產品分為三類。第一類，這類產品的增加幾乎不依賴或完全不依賴於人類勞動，如魚、罕見的鳥、各種野生動物等，隨著財富和奢侈程度的增長，對於這類產品的需求大大增加。但這些商品的數量或保持不變或幾乎不變，而購買者間的競爭又日益擴大，所以，它的價格可以漲到任何程度。

第二類，這類產品的數量能夠根據需要而增加。這類產品包括在未耕土地上天然成長的有用的植物和動物，如豬、牛、羊、雞等。起初它們十分豐富，以致只有很小的價值或全無價值。隨著文明的進步，這類產品的數量不斷減少，而同時對它們的需求卻不斷增加。這樣，它們的實際價值，它們所能購買，或者說，支配的實際勞動量也越來越增加。以致達到和其他產品一樣成為人類勞動的產品。這時，它們就要按照自己的價值出賣。第一要支付好麥田的地租，第二要足夠補償租地農場主所花費的資本並提供普通利潤，這樣才能進入市場。因為這些產品進入市場必須花費較大量的勞動和生存資料，所以它們進入市場以後，就代表較大量的勞動和生存資料。斯密在這裡又把耗費勞動決定價值同可以買到的勞動量混同起來。

第三類，這類產品數量的增加，人類勞動只能給以有限的或不經常的影響。例如毛和皮的數量受大小家畜頭數的限制。最早作為副產品進入市場，但由於它便於運輸很早就進入國外市場。在耕作不發達、人口稀少的國家，毛和皮的價格在整頭動物價格中，所占的比例較大，但隨著人口的增長，對肉的需求增大，皮毛市場相對變化小，肉的價格比毛皮的價格提高更多。另一種產品魚，如果需求增加，魚就要到較遠的地方去捕，要用較貴的漁船和捕魚設備，因花費勞動增加，價格就會提高。「在這裡，斯密是用生產商品所必要的勞動量來決定實際價格。」(第二分冊第 419 頁)

斯密講，隨著農業的改良和土地面積的擴大，必然使各種植物性食物的價格降低，與其相比各種動物性食物的價格提高。植物性食物價格的降低，是因為土地肥力增加，使這種食物充裕起來。動物性食物價格提高，是因為提供這種食物的土地，現在要提供地租。

斯密還認為，凡是在原料的實際價格沒有提高或提高的不多的地方，工業品的價格一般都降低了。雖然隨著生產的發展，工資提高了，但是「機器的改進，技能的提高，勞動分工和勞動分配的更加合理……，都使生產**某種產品所需的勞動量大大減少**，雖然由於社會**繁榮，勞動的實際價格必然**大大**提高**，但是**生產每一物品所需的勞動量的大大減少**，通常會把勞動價格所能出現的很大的提高抵銷而有餘」。(轉引自第二分冊第 420 頁) 可見，這裡斯密認為商品價值降低，是因為生產商品所必要的勞動量減少。斯密最後在說明毛織品的價格時，就認為 16 世紀比 18 世紀貴，是因為，「那時**為了製造這些商品**供應市場，**要花費多得多的勞動量**，因此商品上市以後，賣的或換的價格必定是一個多得多的勞動量」。(轉引自第二分冊第 421 頁) 這裡斯密也是用耗費勞動決定價值的正確觀念說明的。因此，馬克思指出，「凡是斯密做出實際分析的地方，他都採用了正確的價值規定」。(第二分冊第 421 頁)

[(5) 斯密關於地租變動的觀點和他對社會階級利益的評價]

在這一節中，馬克思是評論《國富論》第一篇第十一章的結束語。主要內容是關手地租變動的趨勢，社會發展與社會各階級利益之間的關係。

馬克思首先指出，斯密認為隨著社會的進步，地租有增加的趨勢。斯密認為，「社會狀況的任何改善，都有直接或間接提高實際地租的趨勢」「農業改良的推廣和耕地的擴大可以直接提高實際地租」。因為,「這種產品的實際價格提高以後,**生產它所需的勞動並不比以前多**。這樣,**產品中一個比過去小的份額,就足夠補償推動勞動的資本並提供普通利潤**。而產品中一個比過去大的份額就因此歸土地所有者所得。」(轉引自第二分冊第 421 頁)馬克思指出,李嘉圖也認為農產品價格有上漲的趨勢,但是他不是用農業改良說明的,而是認為必須耕種越來越貧瘠的土地的結果。斯密還認為工業勞動生產力的任何發展,會間接的給土地所有者帶來好處。因為,第一,工業品價格的降低都能相對地提高農產品的價格;第二,工業發展對農產品的需求增加,從而投在農業上的資本增加,地租增加。相反,凡是阻礙社會進步的因素,都會使地租下降。斯密由此得出結論,土地所有者的利益,始終同社會利益一致。

在斯密看來,工人的利益同整個社會的利益也是一致的。他認為工資上升或下降取決於市場上對勞動的需求,勞動的需求又是與國民財富的增長密切聯繫的。國民財富不斷增加的國家,對勞動的需求增加,工資有提高的趨勢。國民財富增長處於停滯狀態的國家,工資也處於不增不減的狀態。國民財富減少的國家,對勞動需求減少,工資也在降低。總之,他認為「勞動報酬優厚,是國民財富增進的必然結果,同時又是國民財富增進的自然徵候」。[1] 國家的繁榮進步和工人的利益是一致的。但是斯密也誠實地指出,工人得到的利益和土地所有者得到的利益是不同的。「土地所有者階級也許能夠由於社會的繁榮而比他們(工人)得到更大的利益,但是沒有一個階級像工人階級那樣由於社會衰落而遭受到那樣大的苦難。」(轉引自第二分冊第 422 頁)

斯密認為工商業資本家的利益同整個社會的利益是不一致的。他認為資本利潤的增減與社會財富的增減存在著密切的聯繫,但與工資的情況相反。國民財富增加,資本增加,必然使資本家之間競爭加劇,從而使利潤率下降。他還指出,資本家的利益和社會利益不一致,還在於「通常他們的利益在於欺騙社會、甚至壓迫社會」。(轉引自第二分冊第 422 頁)

① 斯密. 國民財富的性質和原因的研究(上卷)[M]. 郭大力,王亞南,譯. 北京:商務印書館,1972:67.

[第十五章] 李嘉圖的剩餘價值理論

在本章和下一章，馬克思分析了李嘉圖的剩餘價值理論和利潤理論。

李嘉圖和他的前人以及同時代的經濟學家一樣，沒有區分剩餘價值和利潤，他不是就剩餘價值的純粹形式，不是就剩餘價值本身，而是就利潤和地租這些特殊形式來考察剩餘價值。這是他的理論產生一系列謬誤的重要根源。馬克思在第十章中已明確提出，在批判李嘉圖的時候，應該把他自己沒有加以區別的東西區別開來，第一，是他的剩餘價值理論，第二，是他的利潤理論。本章就是分析和評述李嘉圖的以利潤形式出現而本質上卻是考察剩餘價值的利潤理論。

本章分兩大部分。在 A 部分中，主要分析了李嘉圖由於沒有區分利潤和剩餘價值，從而把利潤規律和剩餘價值規律也混淆起來，闡明了利潤規律根本不同於剩餘價值規律，並考察了影響利潤率的各種情況，對一般利潤率和絕對地租率之間的關係做了深入的分析。在 B 部分中，主要分析了李嘉圖由於沒有區分勞動和勞動力，並把工作日看作是一個固定的量，從而不可能瞭解剩餘價值的起源和絕對剩餘價值的生產，同時評述了李嘉圖在考察相對剩餘價值方面的貢獻。

[A. 李嘉圖關於剩餘價值的觀點與他對利潤和地租的見解的聯繫]

[(1) 李嘉圖把剩餘價值規律同利潤規律混淆起來]

馬克思首先指出：「李嘉圖在任何地方都沒有離開剩餘價值的特殊形式——利潤（利息）和地租——來單獨考察**剩餘價值**。」（第二分冊第 423 頁）

因此，他不瞭解不變資本和可變資本的區別，也就根本不懂得具有重要意義的直接生產過程內部資本有機構成的差別。就是由於這個緣故，他跳過了必要的中間環節，「把**價值**和**費用價格**混淆起來了，提出了錯誤的地租理論，得出了關於利潤率提高和降低原因的錯誤規律等等。」（第二分冊第 423 頁）

剩餘價值是雇傭工人的剩餘勞動創造的被資本家無償佔有的那一部分價值，即雇傭工人在生產過程中所創造的價值超過他的勞動力價值（工資）的部分，它是可變資本的增長額。因此，只有從對可變資本的關係來考察剩餘價值，才能把握剩餘價值的實質。利潤則是剩餘價值的轉化形式，是把剩餘價值作為全部預付資本的這樣一種觀念上的產物。「只有在預付資本和直接花費在工資上的資本是等同的情況下，利潤和剩餘價值才是等同的。」（第二分冊第 423 頁）

李嘉圖由於沒有建立科學的剩餘價值範疇，常常混淆了利潤和剩餘價值。在很多情況下，他對利潤的考察實際上是對剩餘價值的考察。因為李嘉圖在論述利潤和工資的關係時，把不變資本撇開不談，似乎全部資本都花費在工資上了。在這種情況下，他實際上是從對可變資本的關係考察「利潤」的。「因此，**就這一點說**，他考察的**是剩餘價值**，而**不是利潤**，因而才可以說他有剩餘價值理論。」（第二分冊第 424 頁）但同時，李嘉圖卻自認為是在考察利潤本身，在他的著作中，的確到處可以看到從利潤的前提（即從剩餘價值和全部預付資本的關係）出發的觀點。可見，在李嘉圖那裡，既有在利潤的名義下實質上是考察剩餘價值的利潤觀點，又有與剩餘價值有區別的不是和剩餘價值相混淆的利潤觀點。這兩個方面，在李嘉圖的著作中是混雜在一起的。所以，在他正確敘述剩餘價值規律的地方，由於他把剩餘價值規律直接說成是利潤規律，他就歪曲了剩餘價值規律；同時由於他跳過了必要的仲介環節，就使他直接把利潤規律當作剩餘價值規律來表述。

根據以上分析，馬克思指出：「因此，當我們談李嘉圖的剩餘價值理論時，我們談的就是他的利潤理論，因為他把利潤和剩餘價值混淆起來了，也就是說，他只是從對可變資本即花費在工資上的那部分資本的關係來考察利潤。至於李嘉圖談到同剩餘價值有區別的利潤的地方，我們留到後面再分析。」（第二分冊第 424 頁）這就把李嘉圖的剩餘價值理論和利潤理論明確地區別開來了。

接著，馬克思摘引了《政治經濟學及賦稅原理》第二十六章《論總收入和純收入》中的一段話為例，分析批判了李嘉圖混淆利潤規律和剩餘價值規律在理論上引起的混亂。在這段話裡，李嘉圖把產業部門分為「**利潤同資本成比例**」的工商業部門以及利潤「同所使用的**勞動量**成比例的工商業部門」，而前者如「海運業，同遙遠的國家進行的對外貿易，以及需要昂貴機器裝備的部門」。（轉引自第二分冊第 424~425 頁）馬克思的分析和批判是層層深入的。

第一，「利潤同資本成比例」，反應的是等量資本取得等量利潤，是利潤的平均化，因而是利潤規律。而利潤「同所使用的勞動量成比例」，實際上說的是剩餘價值，因為剩餘價值不取決於全部資本的量，而取決於可變資本的量，即取決於「所使用的勞動量」，因而反應的是剩餘價值規律。剩餘價值規律和利潤規律對一切資本主義企業和生產部門都會發生作用。對任何一定資本來說，如果剩餘價值率已定，剩餘價值量必然取決於所使用的勞動量，而不取決於資本的絕對量；如果平均利潤率已定，利潤量必然取決於所使用的資本的絕對量，而不取決於所使用的勞動量。「因此，怎麼能說，利潤同所投資本的量成比例，而不同所使用的勞動量成比例，僅僅是某種特殊投資部門即特殊生產部門所特有的例外情況呢？」（第二分冊第 425 頁）

第二，李嘉圖所說的海運業等特殊投資部門，無非是那些使用不變資本較多而可變資本較少，從而預付資本總量大的部門。平均利潤率是高還是低，確實取決於整個資本家階級的資本所使用的勞動總量，取決於無酬勞動的相對量，取決於資本的有機構成。但是，對於各個資本主義企業、生產部門來說，如果利潤率已定，利潤量就完全取決於預付資本的量；等量資本取得等量利潤，即利潤平均化的規律，不只是對大資本和使用不變資本多的部門適用，對使用小資本的部門同樣是適用的。

第三，李嘉圖反駁了斯密「個別商人在對外貿易中有時賺得的大量利潤，會提高國內的一般利潤率」的觀點，認為「特別有利的部門的利潤會迅速下降到一般水準」。（轉引自第二分冊第 426 頁）這就表明，李嘉圖認為即使某些部門的特殊利潤也會平均化，迅速下降到一般利潤水準，按照這樣的觀點。「他又怎麼能夠把『利潤同資本成比例』的部門與利潤『同所使用的勞動量成比例』的部門區別開來呢？」（第二分冊第 426 頁）

同時，馬克思還對李嘉圖在第二十六章「論總收入和純收入」中的一句話做了分析。李嘉圖說：「我承認，由於地租的性質，除了最後耕種的土地以外，任何一塊土地上用於農業的一定量資本所推動的勞動量，都比用於工業和

商業的等量資本所推動的勞動量大。」（轉引自第二分冊第 426 頁）

馬克思指出：「這句話完全是無稽之談。第一，按照李嘉圖的說法，在最後耕種的土地上使用的勞動量比所有其他土地上使用的勞動量大。……其他土地上的地租就是由此產生的。」（第二分冊第 426 頁）因此，所謂「除了最後耕種的土地以外」的說法，是自相矛盾的。第二，自然肥力較好的土地，只需要投入較少的勞動量就能獲得較多的土地產品，其產品的個別價值低於市場價值。因此，怎麼能籠統地說，任何一塊土地上用於農業的一定量資本所推動的勞動量，都比用於工業和商業的等量資本所推動的勞動量大呢？馬克思指出，李嘉圖如果做如下的表述，那就對了：「撇開土地肥力的差別，地租的產生一般是由於，農業資本所推動的勞動量，就資本的不變部分而言，比非農業生產中的平均資本所推動的勞動量大。」（第二分冊第 427 頁）

馬克思進一步分析了李嘉圖之所以把利潤規律同剩餘價值規律混淆起來的原因。首先，因為李嘉圖把剩餘價值等同起來，所以他總是企圖證明利潤率的提高和降低，僅僅是由引起剩餘價值率提高或降低的因素決定的。因此，他看不到在剩餘價值論量既定時，還有些因素會影響到利潤的提高或降低。其次，如果撇開在剩餘價值量既定時影響利潤率的因素不談，李嘉圖也看不到「利潤率就取決於**剩餘價值量**，而絕不是取決於**剩餘價值率**。」（第二分冊第 427 頁）因為剩餘價值量不只是取決於剩餘價值率，而且還取決於資本的有機構成，即取決於一定量資本所雇傭的工人人數。在資本有機構成提高、使一定量資本所雇傭的工人人數減少的比例超過剩餘價值率提高的比例時，儘管剩餘價值率提高了，而剩餘價值量會絕對減少、從而利潤量減少，利潤率下降。在資本有機構成既定時，剩餘價值量就取決於剩餘價值率。「可見，剩餘價值量決定於以下兩個因素：同時雇傭的工人人數和剩餘勞動率。」（第二分冊第 427 頁）最後，馬克思還對李嘉圖在第十二章《土地稅》中所說，「**在同一經濟部門**不可能有**兩種利潤率**」以及在第十三章《黃金稅》中關於**市場價格**和**自然價格**的某些補充或進一步規定做了簡要的評論。

李嘉圖所謂「**在同一經濟部門**不可能有**兩種利潤率**」（轉引自第二分冊第 427 頁）的說法是不確切的。馬克思指出，這只適用於「同一經濟部門」的正常利潤率；否則，這個說法就同他關於一切商品，不論是工業品、礦產品還是土地產品的交換價值始終決定於「在最不利條件下繼續進行生產的人所必須花在它們生產上的較大量勞動」（轉引自第二分冊第 428 頁）的論點相矛盾，因為依據這個論點，在「同一經濟部門」，那些生產條件好的企業主不僅可以獲得一般利潤，而且還可以獲得不等的超額利潤。

李嘉圖對市場價格和自然價格做的某些補充或進一步的規定，「可以歸結為一點：這兩種價格的平均化進行得較快或較慢，要看該經濟部門所允許的供給的增加或減少是快還是慢，也就是說，要看資本向該部門**流入**或從該部門**流出是快還是慢**。」（第二分冊第 428 頁）馬克思評論說，西斯蒙第等人，批評李嘉圖忽略了使用許多固定資本的租地農場主抽出資本的困難等，「不管這種指責如何正確，它**根本沒有**涉及理論，**完全沒有觸動**理論，因為這裡談的只不過是經濟規律發生作用的快慢程度問題。」（第二分冊第 428~429 頁）李嘉圖的根本錯誤在於，在資本主義生產（包括農業的資本主義生產）和土地所有權的壟斷以及發展起來的地方，侈談資本也可以在農業生產部門自由流入或流出。

[（2）利潤率變動的各種不同情況]

馬克思在繼續分析批判李嘉圖混淆利潤規律和剩餘價值規律之後，進一步簡要評述了李嘉圖對地面上的原產品課稅是否影響利潤率變動的看法。

李嘉圖在第十三章《黃金稅》中說：

「……**對**地面上的**原產品所課的稅**，會落在**消費者**身上，並且決不會影響地租，除非這種稅通過削減維持勞動的基金而壓低工資，縮減人口並減少對穀物的需求。」（轉引自第二分冊第 430 頁）

李嘉圖的這個論斷，是同他把利潤和剩餘價值以及利潤規律和剩餘價值規律混淆起來密切相關的。在他看來，農產品價格由於課稅或其他原因發生變動，只是在它引起工資變動的限度內，才能影響利潤，從而也影響地租。馬克思針對李嘉圖上述對農產品所課的稅會落在消費者身上而不會影響地租的論斷，強調指出：「如果他是正確的，這種稅就會**提高地租**」。（第二分冊第 430 頁）因為農產品漲價，即使不影響工資，從而在剩餘價值既定時，也「**會提高**不變資本（與可變資本相比）的價值，會增大不變資本對可變資本的比例；**所以**，就會降低**利潤率**，因而就會提高**地租**。」（第二分冊第 431 頁）而李嘉圖的出發點是：第一，既然農產品是漲價或跌價都不影響工資，因而也就不會影響利潤；第二，他斷言，隨著商品價值的變動，不管預付資本的價值是降低還是提高，利潤率都保持不變。他認為，如果預付資本的價值增加，那麼農產品的價值也就增加，從而構成利潤的剩餘產品的價值也就增加，如果預付資本的價值降低，情況則相反。馬克思指出：「這種說法只有在下述場合才是正確的，即由於原料漲價、課稅或其他原因，可變資本和不變資本的價值按**同一比例**發生變動。在這種場合，利潤率保持不變，因為資本有機構成沒有發生任何變動。」（第二分冊第 431 頁）但是，如果不變資本和可變資本的價值不是按同一比例發生變動，利潤率就不可能保持不變。

接著，馬克思考察了可能影響利潤率的一些情況：

（1）由於**生產方式的變動**，所使用的不變資本量和可變資本量之間的**比例**發生變動。

馬克思在這裡所說的生產方式的變動，是指生產方法的改變而言的。在剩餘價值率保持不變的條件下，由於生產方式的變動，如果引起不變資本相對減少，可變資本相對增加，那麼剩餘價值就會增加，因而利潤率也就提高；如果引起不變資本相對增加，可變資本相對減少，那麼剩餘價值就會減少，因而利潤率也就降低。

關於生產方式的變動對不變資本和可變資本的影響，馬克思還進一步說明了兩點：第一，在不變資本和可變資本的價值保持不變的條件下，生產方式的變動對不變資本和可變資本的影響不可能是相同的，「因為在這裡不變資本和可變資本的減少和增加的必然性總是同勞動生產率的變動相聯繫的。」（第二分冊第 432 頁）第二，生產方式的變動對不變資本和可變資本的影響不同這一點，「在**資本有機構成**既定的情況下，與必須使用大資本還是小資本毫無關係」。（第二分冊第 432 頁）

（2）**生產方式不變**。在不變資本和可變資本的相對量不變的情況下，**不變資本和可變資本之間的比例變動**，是由於加入不變資本或可變資本的商品的**價值有了變動**而發生的。也就是說，技術構成不變，價值構成發生變化。

馬克思指出，這裡影響利潤率的可能有以下幾種情況：

①不變資本的價值不變，可變資本的價值提高或降低。在可變資本的價值提高的場合，剩餘價值就會降低，從而利潤率也就降低；在可變資本價值降低的場合，其結果相反。這是因為投入的活勞動量沒有變化。

②可變資本的價值不變，不變資本的價值提高或降低。在不變資本的價值提高的場合，預付總資本的價值也會提高，從而利潤率就會降低，在不變資本的價值降低的場合，其結果相反。

③如果不變資本的價值和可變資本的價值同時降低，但降低的比例不同。在這種情況下，不變資本的價值和可變資本的價值相比，價值降低幅度小的，其相對價值會提高，而價值降低幅度大的，其相對價值也會降低，從而會影響利潤率。

④不變資本和可變資本的價值按同一比例變動。如果兩者價值都提高，利潤率就會降低；反之，其結果也相反。但是，馬克思指出，在這種情況下，影響利潤率降低或提高的，不是因為不變資本的價值提高或降低，而是因為可變資本的價值提高或降低，從而引起剩餘價值減少或增長。

（3）**生產方式的變動以及構成不變資本或可變資本的各要素價值的變動。**

馬克思在這裡主要考察了兩類情況。

一類情況是，「一種變動可能和另一種變動相抵銷」。（第二分冊第 433 頁）例如，不變資本的量增加，而它的價值降低，或者不變資本的量減少，而它的價值提高，這種相反的變動對利潤率的影響會在相應的變動幅度內互相抵銷。在不變資本的量增加或減少，而它的價值按同一比例降低或提高的情況下，不變資本和可變資本的比例不變，從而利潤率不變，即不變資本這種相反變動的影響互相完全抵銷。但是，「一種變動對另一種變動的這種抵銷作用，對可變資本來說是不可能的（在實際工資不變的條件下）」。（第二分冊第 433 頁）

另一類情況是，不變資本的價值和量按相同的方向變動，即它們同時降低或提高，即使同時降低或提高的比例不同，「那麼根據假定，這總是可以歸結為：同可變資本相比，不變資本的價值提高或降低」。（第二分冊第 433 頁）這類變動對利潤率的影響，已分別在前面（1）和（2）中考察過了。

[（3）不變資本和可變資本在價值上的彼此相反的變動以及這種變動對利潤率的影響]

馬克思在這裡著重考察了可變資本在價值上提高、不變資本在價值上降低對利潤率的影響，並用數據證明了不變資本和可變資本在價值上這種相反的變動對利潤率影響的幾種情況。

第一種情況：當可變資本價值提高到同所使用的活勞動量創造的總價值相等時，剩餘價值等於零，因而不論不變資本價值降低多少，利潤率都等於零，馬克思是通過揭示一種假象來說明這一點的。

這種假象是，當工資的提高和不變資本價值的降低彼此相符，利潤率就可能保持不變。例如，不變資本 = 60 鎊，工資 = 40 鎊，剩餘價值 = 50%，於是，產品 = 120 鎊，而利潤率 = 20%。如果當不變資本的量不變而價值降到 40 鎊，工資提高到 60 鎊時，似乎剩餘價值率從 50%降到 $33\frac{1}{3}$ %，而產品仍然會等於 120 鎊，從而利潤率也會等於 20%，利潤率保持不變。

馬克思指出：「這是不對的。」因為「根據假定，所使用的（活）勞動量創造的總價值為 60 鎊。因此，如果工資提高到 60 鎊，剩餘價值，因而利潤率，就會等於零。」（第二分冊第 434 頁）在所使用的活勞動量不變（工作日長度和勞動強度不變）的前提下，即使工資不提高那麼多，它的任何提高總會引起剩餘價值的相應減少，從而利潤率也會以同樣程度降低。

第二種情況：在上述假定的前提下，不變資本價值的降低始終只是部分地抵銷可變資本價值的提高，從而利潤率總會不同程度地降低。

例如，當可變資本價值提高到 50 鎊，剩餘價值降低到 10 鎊時，如果不變資本價值降低到 40 鎊，預付資本等於 90 鎊，於是產品價值為 100 鎊，從而利潤率下降為 $11\frac{1}{9}$ %；如果不變資本價值降低到 30 鎊，預付資本等於 80 鎊，於是，產品價值為 90 鎊，從而利潤率下降為 $12\frac{1}{2}$ %；以此類推。由此可見，「在這種前提下，不變資本價值的降低不可能全部抵銷可變資本價值的提高，因為要使利潤率等於 20%，剩餘價值 10 鎊必須是整個預付資本的 $\frac{1}{5}$ 。」（第二分冊第 435 頁）這在可變資本等於 50 鎊的情況下，只有在不變資本等於零時才有這種可能。

第三種情況：仍然是在上述假定的前提下，當可變資本價值提高從而剩餘價值降低的幅度較小時，由於不變資本價值降低得更多，利潤率也可能提高。

例如，當可變資本價值只提高到 45 鎊，剩餘價值為 15 鎊時，如果不變資本價值降低到 20 鎊，預付資本等於 65 鎊，於是，產品價值為 80 鎊，從而利潤率為 $23\frac{1}{13}$ %，比原來的 20%顯然提高了。如果按照 20C+45V 這個比例，在使用 100 鎊資本時，則不變資本為 $30\frac{1}{13}$ 鎊（ $\frac{20}{65}\times100\%$ ），可變資本為 $69\frac{3}{13}$

鎊（$\frac{45}{65}\times100\%$），剩餘價值為 $23\frac{1}{13}$ 鎊（$69\frac{3}{13}\times33\frac{1}{3}$），於是，產品價值為 $123\frac{1}{13}$ 鎊，利潤率仍為 $23\frac{1}{13}\%$。由此可見，同最初的情況 60C+40V+20M 相比，同樣使用 100 鎊資本，儘管工資提高了，剩餘價值率降低了，由於不變資本價值降低得更多，因而能雇傭更多的工人，剩餘價值的絕對量從而利潤量都增加了。馬克思強調指出：「剩餘價值率和工人人數之間的比例在這裡有極其重要的意義。李嘉圖從來不考察這種比例。」（第二分冊第 436 頁）

※　　　※　　　※

最後，馬克思指出：「前面對於一個資本**有機構成**內部的**變動**所做的考察，顯然對於**各個不同資本**，對於各個不同生產部門的資本之間有機構成的差別來說，也是適用的。」（第二分冊第 436 頁）這是因為：

第一，一個資本的有機構成的變動，可以看作是各個不同資本的有機構成的差別。

第二，由一個資本的兩部分價值變動引起的有機構成的變動，可以看作是各個不同資本之間在它們所使用的原料和機器的價值方面的差別。但是，「這不適用於可變資本，因為我們假定各個不同生產部門的工資相等。」（第二分冊第 436 頁）即使各個不同生產部門中不同工作日在價值上存在差別，和這個問題也沒有關係。複雜勞動和熟練勞動雖然比簡單勞動和非熟練勞動貴，但是前者提供的剩餘勞動也會按同一比例比後者提供的多。

[（4）李嘉圖在他的利潤理論中把費用價格同價值混淆起來]

在這裡，馬克思只是對李嘉圖在第十五章《利潤稅》中的幾段話做了簡要的評述，指出李嘉圖在考察利潤稅時，仍然把利潤同剩餘價值以及費用價格同價值混淆起來。

李嘉圖說：「對通稱為奢侈品的那些商品所課的稅，只會落在這些商品的消費者身上……但是，對必需品所課的稅，落到消費者身上的負擔，不是同他們的消費量成比例，而總是要高得多。……凡是使工資提高的一切東西，都會減少資本的利潤，因此，對工人消費的任何一種商品所課的任何一種稅，都有降低利潤率的趨勢。」（轉引自第二分冊第 437 頁）

這段論述表明，李嘉圖認為只有對工人生活必需品的課稅才會影響利潤率。馬克思指出，如果課稅的對象是用於生產的一切材料，那麼，「每一種這樣的稅都會降低利潤率，因為它會提高不變資本的價值（與可變資本相對而言）。」（第二分冊第 437 頁）

以對亞麻所課的稅為例。麻紡織業者原用資本 100，其中 80 為不變資本（假定全部用於原料亞麻上），20 為可變資本，剩餘價值為 20，其產品麻紗價值為 120，利潤率為 20%。現在由於對亞麻課徵 25%的稅，從而亞麻價格相應上漲 $\frac{1}{4}$，即原價值 80 的亞麻上漲到 100。因此，麻織業者要買到和以前同樣數量的亞麻，使用的不變資本就不是 80 而是 100，假定生產方式不變，麻紡織業者為了把原來數量的亞麻紡成紗，就需要和以前同樣數量的工人，使用的可變資本仍然為 20，剩餘價值也仍然為 20。這樣，麻紡織業者的產品麻紗即使按新價值（100C+20V+20M）140 出售，利潤率下降到 16 $\frac{2}{3}$%。所以，馬克思說：「在這種情況下，麻紗價格的上漲並不會給他帶來好處。」（第二分冊第 437 頁）如果麻紡業者要想維持 20%的利潤率，就必須把產品的價格提高到 144，「那麼，由於麻紗的原料價格上漲而已經下降了的需求，現在由於為了提高利潤而人為地提高產品的價格，就會更加降低。」（第二分冊第 438 頁）

李嘉圖認為，兩個工廠主使用的資本可能完全相等，獲得的利潤也可能完全相等，由於固定資本和流動資本的構成不同，他們的商品的售價極不相同。在對他們的收入課徵同一比例的所得稅後，他們為了獲得一般利潤率，把稅負加到他的商品的價格中去，於是就改變了他們的商品的相對價格。由此他得出結論說：「因此，如果貨幣價值保持不變，所得稅將改變商品的相對價格**和**價值。」（轉引自第二分冊第 438 頁）

在這裡，李嘉圖仍然把費用價格和價值混淆起來。所以，馬克思指出：「錯誤就在於最後『價格**和**價值』的這個『和』字」。（第二分冊第 438 頁）李嘉圖所說的價格變動只是證明：「為了確定**一般利潤率**，由一般利潤率決定、調節的價格或費用價格，與商品的**價值**必然是極不相同的，而這個極為重要的觀點，李嘉圖是根本沒有的。」（第二分冊第 438~439 頁）

李嘉圖說，當課稅引起不同商品的利潤不相等時，「**在利潤恢復平衡以前**，資本**就會從一個部門轉移到另一個部門**，但利潤只有在**相對價格發生變動**之後才能恢復平衡」。（轉引自第二分冊第 439 頁）

馬克思指出，這正好表明，各種商品的相對價值，實際價值會發生變動，會互相適應，但這種適應是利潤平均化，從而費用價格形成的過程，因此，不是它們的相對價值同自己的實際價值相一致，而是同它們必須提供的平均利潤相一致。

[（5）一般利潤率和絕對地租率之間的關係。工資下降對費用價格的影響]

馬克思通過對布坎南立論的錯誤的分析，深刻地論述了價格、工資對費用價格和絕對地租的影響，進一步批判了李嘉圖否認存在絕對地租的錯誤。

一、布坎南錯在哪裡？

李嘉圖在第十七章《原產品以外的其他商品稅》中，堅持不存在絕對地租的觀點，批判了布坎南一切提供地租的商品都按壟斷價格出賣的觀點。李嘉圖在摘引了布坎南的一段話之後說：「很明顯，……如果我們承認布坎南先生立論的根據，即穀物價格總是提供地租，那麼，當然就會由此得出他所主張的一切結論。」（轉引自第二分冊第 440 頁）

馬克思首先指出：「這一點也不明顯。布坎南立論的根據，並不在於一切穀物都提供地租，而是在於提供地租的一切穀物，都按壟斷價格出賣。」（第二分冊第 440 頁）接著馬克思分析了布坎南的錯誤。

第一，布坎南所說的壟斷價格就是李嘉圖定義的「消費者購買商品原意支付的最高價格」①。這是錯誤的。提供絕對地租的穀物不是按照布坎南所說的「壟斷價格」出賣的，而是按照高於它的費用價格的價值這種壟斷價格出賣的，也就是說，由於土地私有權的壟斷，穀物的價格決定於物化在穀物中的勞動量，不決定於它的生產費用，而絕對地租正是價值超過費用價格的餘額。

第二，布坎南認為，「提供地租的**穀物的價格不論從哪一方面來說都不受它的生產費用的影響**，所以這種**費用必須從地租中支付**；因此，當這種費用有所增減時，結果不是價格的漲落，而是地租的增減。」（轉引自第二分冊第 439 頁）這也是錯誤的。馬克思指出：「一切改良都會使穀物的價值降低，因為它們使生產穀物所需要的勞動量減少。但它們會不會使地租降低，卻取決於各種

① 李嘉圖. 政治經濟學及賦稅原理［M］. 郭大力，王亞南，譯. 北京：商務印書館，1962：212.

情況。」（第二分冊第 440 頁）如果穀物跌價，因而工資降低，剩餘價值率就會提高。在非農業生產部門，生產方式保持不變，活勞動和累積勞動的相對量會保持不變，但可變資本的價值降低了，因而剩餘價值相應增加，利潤率隨之提高。因此，在農業中，利潤率也會隨之提高，從而費用價格增加，費用價格和價值之間的差額縮小，地租降低。馬克思進一步用數據證明了這一點。

二、工資下降，對不同生產部門的費用價格的影響

馬克思詳細地考察了工資下降對不同生產部門的費用價格的影響。假定四個非農業生產部門的資本構成如下表：（假定 M′，均為 50%）

資本構成	剩餘價值	利潤率	產品的費用價格	產品的價值	費用價格和價值之間的差額
（1）80C+20V	10	10	110	110	0
（2）60C+40V	20	20	110	120	−10
（3）85C+15V	$7\frac{1}{2}$	$7\frac{1}{2}$	110	$107\frac{1}{2}$	$+2\frac{1}{2}$
（4）95C+5V	$2\frac{1}{2}$	$2\frac{1}{2}$	110	$107\frac{1}{2}$	$+7\frac{1}{2}$
總計：320C+80V	40	10	110	440	0

假定生產方式不變，現在由於穀物跌價，工資都降低 $\frac{1}{4}$，M′提高一倍。經過計算，其比例關係的變化大致如下表：

資本構成	剩餘價值	利潤率	產品的費用價格	產品的價值	費用價格和價值之間的差額
（1）$84\frac{4}{19}$C+$15\frac{15}{19}$V	$15\frac{15}{19}$	$15\frac{15}{19}$	116	$115\frac{15}{19}$	$+\frac{4}{19}$
（2）$66\frac{2}{3}$C+$33\frac{1}{3}$V	$33\frac{1}{3}$	$33\frac{1}{3}$	116	$133\frac{1}{3}$	$-17\frac{1}{3}$
（3）$88\frac{24}{77}$C+$15\frac{53}{77}$V	$11\frac{53}{77}$	$11\frac{53}{77}$	116	$111\frac{53}{77}$	$+4\frac{24}{77}$
（4）$96\frac{16}{79}$C+$5\frac{63}{79}$V	$3\frac{63}{79}$	$3\frac{63}{79}$	116	$103\frac{63}{79}$	$+12\frac{16}{79}$
總計：$335\frac{2}{5}$C+$64\frac{3}{5}$V	$64\frac{3}{5}$	16（分數省略）	116		0

根據計算，平均利潤率約為 $16\frac{3}{20}\%$，從而費用價格應為 $116\frac{3}{20}$。為了計算方便，馬克思把分數省略了，因此在進一步計算費用價格和價值之間的差額時，（2）的負差大了一些，（1）（3）（4）的正差小了一些，但這並不會影響對問題的分析。

從表列數字可以看出，由於工資降低，不僅剩餘價值率提高了，而且各個生產部門都使用了比以前更多的勞動量，把更多的不變資本轉化為產品，從而剩餘價值大大增加，利潤率相應提高，費用價格也隨之提高，同時各個生產部門的費用價格和價值之間的差額都擴大了。但是，不管怎樣變化，各個生產部門費用價格的總和同產品價值的總和是相等的。

由於各個生產部門資本有機構成不同，工資的降低，對（1）和（3）來說，會引起費用價格（與價值相比）的上漲，對（4）來說，會引起費用價格的更大上漲。馬克思指出，「這就是李嘉圖在考察流動資本和固定資本的差別時所引出的規律，但是他絲毫沒有證明，也不可能證明：這一規律同價值規律是可以並行不悖的，產品的價值對總資本來說保持不變（不管它在各個生產部門之間如何分配）。」（第二分冊第 444 頁）

以上的考察撇開了流通過程產生的資本有機構成的差別。如果把各個生產部門的固定資本和流動資本的構成不同考慮進去，計算和平均起來會複雜得多。馬克思在這裡只是概括地說明了它們的不同影響。第一，在剩餘價值率相同而資本的流通時間不同的時候，與預付資本相對而言，所生產的剩餘價值量會有很大的差別。如果撇開可變資本的差別不談，固定資本和流動資本構成不同的等量資本，流通時間短、週轉快的生產部門所生產的價值量大，從而剩餘價值也大；流通時間長，週轉慢的生產部門所生產的價值量小，從而剩餘價值量也小。第二，在預付資本中，如果不變資本的較大部分由固定資本構成，其利潤率會低得多；如果較大部分由流動資本構成，利潤率會高得多；如果可變資本所占比重較大，同時固定資本在不變資本中所占比重又較小，利潤率會最高。第三，在不同的資本中，如果不變資本的流動部分和固定部分之間的比例相同，影響剩餘價值量和利潤率的決定的因素就是可變資本和不變資本之間的差別，如果可變資本和不變資本的比例相同，決定的因素就是固定資本和流動資本之間的差別。

三、影響絕對地租的各種因素

既然絕對地租等於農產品價值超過它的生產價格的餘額，因此，凡是影響農產品價值或生產價格（即費用價格）的因素，都會對絕對地租產生影響。

前面已經證明，由於農業改良，穀物價格下跌，非農業生產部門因工資降低而一般利潤率提高，從而農業資本的利潤率也隨之提高，地租降低。因此，地租的降低是因為費用價格增加了，從而費用價格和價值之間的差額縮小了。在這裡，馬克思進一步用數據證明，就農業本身來看，如果實行的改良使花費在工資上的資本與花費在機器等等上的資本相比大大減少，即農業資本的有機構成大大提高；那麼，租地農場主的利潤率不必直接提高，而地租也會下降。這是因為，儘管生產價格不變，而農產品的價值減少了，從而價值超過生產價格的餘額也減少了。

因此，馬克思對影響絕對地租的因素概括為兩點。第一，「由於工業的繼續進步，一般利潤率下降，因此絕對地租可能提高。由於農產品價值增加，從而農產品價值及其費用價格之間的差額增大，結果地租提高，因此利潤率可能降低（同時利潤率還會由於工資提高而下降）。」第二，「由於農產品價值下降，一般利潤率提高，絕對地租就可能降低。由於資本有機構成的變革，農產品價值下降，雖然利潤率這時並不提高，絕對地租也可能降低。一旦**農產品的價值**和它的**費用價格**彼此相等，從而農業資本具有非農業資本的那種平均構成，絕對地租就會完全消失。」（第二分冊第 447 頁）

四、李嘉圖混淆價值和生產價格，導致理論上否認絕對地租的存在

根據以上分析，馬克思指出：「李嘉圖的論點只有這樣表達才是正確的：當農產品的價值等於它的費用價格的時候，不存在絕對地租。」（第二分冊第 447 頁）但是，李嘉圖沒有也不可能提出這樣的論點，因為他把價值和費用價格等同起來，以為承認絕對地租的存在，就是承認有存在於價值以外的地租。

李嘉圖在第二十四章《亞當・斯密的地租學說》中，承認「英國目前已經沒有不提供地租的土地」，但同時又認為這是無關緊要的，其根據是，「只要英國有任何投在土地上的資本只能提供補償資本及其一般利潤的收入」①，即有些投在土地上的資本是不支付地租的。

馬克思進一步指出：「前一種情況和後一種情況對理論來說同樣是無關緊

① 李嘉圖. 政治經濟學及賦稅原理［M］. 郭大力，王亞南，譯. 北京：商務印書館，1962：280.

要的。」（第二分冊第 447 頁）真正的問題在於：農產品的市場價值是由在劣等土地上生產它所需要的必要勞動量來調節呢？還是由費用價格來調節，因而農產品不得不低於自己的價值出賣呢？至於在已租種的土地上有一部分追加資本不提供地租，那是因為這些土地的所有權對租地農場主來說暫時是不存在的。他所關心的是，在租期未滿以前，追加的資本只要能夠回收並取得平均利潤，即使取得的利潤低於平均利潤，對他更有利時，他就會投入這部分追加資本。

如果在一個國家，農業資本的構成與非農業資本的平均構成相等，在這種場合，農產品的價值就會同它的費用價格相同，從而絕對地租就會消失。馬克思指出：「而這是以農業的高度發展或工業發展水準很低為前提的。……但是在工業，從而資本主義生產發展水準很低的地方，是不存在資本主義租地農場主的，因為資本主義租地農場主的存在是以農業中實行資本主義生產為前提的。」（第二分冊第 448~449 頁）

最後，馬克思還順便對李嘉圖關於「在工業中所用資本的每一部分都產生相同的結果，並且任何部分都不提供地租」（第二分冊第 449 頁）的說法進行了批評。他這種說法不僅完全抹殺了工業中也有超額利潤的存在，而且是和他自己關於工業品價值決定的觀點相衝突的。

[B. 李嘉圖著作中的剩餘價值問題]

李嘉圖的剩餘價值理論的缺陷根源於他的勞動價值論。李嘉圖比斯密更徹底地堅持勞動創造價值的觀點，但是，由於他缺乏勞動二重性的學說，在他的理論體系中遇到的第一個矛盾就是，資本與勞動的交換同價值規律的矛盾。李嘉圖無法解決這個矛盾，其直接原因在於沒有勞動力這個概念，把勞動力和勞動混淆起來。

此外，李嘉圖只考察剩餘價值的量而忽略了剩餘價值的起源和本質。他把工作日看作一個固定的量，不能區別必要勞動和剩餘勞動，從而只看到相對剩餘價值的生產，而看不到絕對剩餘價值的生產。

[(1) 勞動量和勞動的價值。勞動與資本的交換問題按照李嘉圖的提法無法解決]

馬克思在這一節中首先肯定了李嘉圖在勞動價值學說上的主要功績，就是堅持了商品價值取決於生產這個商品所必需的勞動量的原理。「在他的書的開頭就提出這樣一個論點，商品價值決定於勞動時間這一規定與**工資**，……**並不**矛盾。李嘉圖一開始就反對亞當·斯密把商品價值決定於生產商品所必需的相應的**勞動量**這個規定與**勞動的價值**（或勞動的報酬）混淆起來。」（第二分冊第450頁）

接著，馬克思分析了李嘉圖在勞動與資本交換的問題上沒有比斯密前進一步，而且重步斯密的錯誤。

第一，李嘉圖儘管批評斯密沒有前後一貫地堅持勞動價值論，把用於生產某種商品的勞動量和這種商品所能購買的勞動量混為一談，但是這種批評並沒確真正瞭解斯密的錯誤的根源。

馬克思指出：「亞當·斯密在任何地方都沒有說過，『這是兩種意思相同的說法』。相反，他說，因為在資本主義生產中工人的工資已不再等於他所生產的產品，因而，一個商品所耗費的勞動量和工人用這一勞動所能購買的商品量，是兩個不同的東西。**正因為這樣**，商品所包含的勞動的相對量不再決定商品的價值，商品的價值寧可說是決定於**勞動的價值**，決定於我用一定量商品所能購買或支配的勞動量。」（第二分冊第451頁）斯密實際上是在遇到兩個他無法解決的矛盾，才導致他放棄勞動價值論的。一是雇傭勞動作為商品，價值規律似乎不適用於雇傭勞動，從而根本不支配資本主義生產；二是一個商品（作為資本）的價值增殖，不是同它所包含的勞動成比例，而是同它所支配的別人的勞動成比例，它所支配的別人的勞動量大於它本身所包含的勞動量。

李嘉圖雖然正確地指出商品所包含的勞動的相對量，同這種勞動的報酬多少毫無關係，但它只是滿足於確定「它們不是相等的」這個事實。至於「勞動」這種商品和其他商品有什麼區別呢？「一個是**活勞動**，另一個是**物化**勞動」，它們「只是勞動的兩種不同形式。」（第二分冊第452頁）李嘉圖也認為，商品的價值不僅決定於為生產該商品所需要的活的（現在的）勞動量，而且還決定於為生產該商品所需要的物化的（過去的）勞動量。這就是說，勞動的這種形式差別對勞動量沒有影響，從而對規定商品價值是沒有意義的。那麼，為什麼當過去勞動（資本）同活勞動交換時，這種差別就有了決定性意義呢？為什麼價值規律在這裡就失效呢？「李嘉圖沒有回答這個問題，他甚至沒有提出這個問題。」（第二分冊第452頁）

第二，李嘉圖還企圖用勞動的價值受供求關係變動的影響而多變來反駁斯密把用於生產商品的勞動量和用這種商品所能購買的勞動量混為一談的觀點，這不僅沒有觸及斯密的錯誤所在，而且重蹈斯密的錯誤的覆轍。

馬克思指出：「勞動的價格象其他商品的價格一樣隨著需求和供給的變動而變動，這一點，照李嘉圖自己的意見，在涉及勞動價值的地方，是什麼也說明不了的，正如其他商品的價格隨著需求和供給的變動而變動，對這些商品的價值是什麼也說明不了的一樣。」（第二分冊第 453 頁）以勞動的價值「要受『用工資購買的食物和其他必需品的價格變動』的影響這一事實」（第二分冊第 453 頁），既不能說明勞動的價值是什麼，也不能說明為什麼決定勞動的價值和決定其他商品的價值不一樣，更不能說明勞動同資本交換為什麼不按價值規律辦事。在這裡，李嘉圖「把**勞動**本身同**商品**對立起來了，把一定量直接勞動本身同一定量物化勞動對立起來了」。（第二分冊第 453 頁）也就是說，把勞動當作了商品，因此，他不僅沒有解決斯密遇到的矛盾，而且在實際上重犯斯密把用於生產商品的勞動量和用這種商品所能購買的勞動量混為一談的錯誤。同時，用供求關係來解釋勞動同資本的交換，實際上是放棄了勞動時間決定價值量的原理，為後來資產階級庸俗政治經濟學所利用，導致了李嘉圖學派的瓦解。

[(2) 勞動能力的價值。勞動的價值。李嘉圖把勞動同勞動能力混淆起來。關於「勞動的自然價格」的見解]

在這一節裡，馬克思繼續分析了李嘉圖由於把勞動和勞動能力（即勞動力）混淆起來，用需求和供給來說明勞動的價值，並且重犯了他指責斯密所犯的那種前後矛盾的錯誤。

馬克思說：「為了規定剩餘價值，李嘉圖像重農學派、亞當・斯密等人一樣，必須首先規定**勞動能力的價值**。」（第二分冊第 454～455 頁）但是，李嘉圖和斯密一樣，不懂得區分勞動和勞動力，把勞動看成商品，認為工人出賣的是勞動。勞動既然是商品，那麼根據勞動價值論，它的價值應當由生產它（勞動）所需要的勞動量來決定。這顯然是荒謬的。為了擺脫這種困境，李嘉圖力圖說明勞動的價值是由在一定社會中為維持工人生活並延續後代所需要的生活資料的價值決定的。但是，勞動的價值為什麼以及根據什麼規律這樣決定呢？李嘉圖除了求助於供求規律以外，實際上沒有回答這個問題。

其實，李嘉圖所說的勞動的價值實際上是勞動力的價值。所以，馬克思說：「李嘉圖本來應該講**勞動能力**，而不是講**勞動**。而這樣一來，**資本**也就會表現為那種作為獨立的力量與工人對立的勞動的物質條件了。而且資本就會立刻表現為**一定的社會關係**了。」（第二分冊第 455 頁）從而，勞動和資本交換所遇到的矛盾就會迎刃而解。李嘉圖不僅沒有做到這一點，而且把資本僅僅當作「累積勞動」，當作一種純粹物質的東西，這就絕不可能正確地引出勞動和資本、工資和利潤的關係來。

再進一步看，按照李嘉圖的邏輯，勞動的價值，或者說，勞動的自然價格，亦即「實際工資」的價值等於工人消費的必需品的價值，那麼反過來也可以說，這些必需品的價值等於「實際工資」，等於這一工資所能支配的勞動。如果必需品的價值發生變動，「實際工資」的價值也要變動。假定工人消費的必需品完全由穀物構成，他的必要的生活資料的數量是每月一誇特穀物。這就是說，他的一個月工資的價值就等於一誇特穀物的價值，如果一誇特穀物的價值提高或降低，一個月勞動的價值也要提高或降低。但是，不管由勞動時間決定的一誇特穀物的價值怎樣變動，它的價值總是等於一個月勞動的價值。

馬克思指出：「這裡我們看到了一個**隱蔽的理由**，說明為什麼亞當·斯密說，自從資本以及雇傭勞動出現以後，產品的價值已不由花費在產品上的勞動量決定，而由該產品所能支配的勞動量來決定。」（第二分冊第 457 頁）因為穀物的價值會發生變動，勞動的價值不會變動，只要勞動的自然價格得到支付，一個月的勞動總是等於一誇特穀物，「同量勞動總是支配同一**使用價值**，或者，確切些說，同一使用價值總是支配**同量勞動**」。（第二分冊第 457 頁）而且就穀物所交換的勞動量來說，穀物的價值也不會變動，一誇特穀物總是支配同量勞動，即等於一個月勞動的價值。因此，勞動同穀物相比，具有不變的相對價值。所以，斯密認為，勞動的價值和穀物的價值都是價值的標準尺度。一定量備物支配一定量勞動。一定量任何其他商品支配一定量穀物，從而支配一定量勞動。因此，穀物和其他商品的價值，都是由它們所支配的勞動量決定的。那麼，它們所支配的勞動量又由什麼決定呢？由這一勞動所支配的穀物量決定。「這裡，斯密必然陷入循環論證。」（第二分冊第 458 頁）

馬克思還指出，斯密在這裡把勞動（價值的內在尺度）同貨幣（價值的外在尺度）混淆起來了，他根據一定量的勞動可以換得一定量的使用價值（例如一誇特穀物），就斷言這一定量的勞動是價值尺度，它總是具有同一價值。他沒有看到，「同量使用價值卻可以代表極不相同的交換價值。」（第二分冊第 458 頁）李嘉圖也常常把勞動同貨幣混淆起來。

由此可見，李嘉圖關於勞動的價值取決於工人消費的必需品的價值的論述，同斯密關於商品的價值由它所支配的勞動量決定的論證並無二致，李嘉圖從反對斯密的這一觀點出發，卻重犯了斯密的錯誤。所以，馬克思說，「亞當・斯密這樣做是錯了。但李嘉圖犯了雙重的錯誤，因為第一，他不懂得導致斯密犯錯誤的問題，第二，他自己完全忘記了商品的價值規律，而求助於供求規律，因而不是用花費在生產**勞動力**上的勞動量來決定**勞動的價值**，卻用花費在生產付給工人的工資上的勞動量來決定**勞動的價值**，從而他實際上是說：勞動的價值決定於支付勞動的貨幣的價值！而後者由什麼決定呢？支付勞動的貨幣量由什麼決定呢？由支配一定量勞動的使用價值量決定，或者說，由一定量勞動支配的使用價值量決定。結果，李嘉圖就**一字不差地**重犯了他指責亞當・斯密犯過的那種前後矛盾的錯誤。」（第二分冊第 458～459 頁）李嘉圖所犯錯誤的根源在於，他混淆了勞動和勞動力，把勞動看作是商品，正是這一點，妨礙他理解**商品**和**資本**之間的特殊區別，商品同商品的交換和資本同商品的交換（按商品交換規律）之間的特殊區別。（第二分冊第 459 頁）

[（3）剩餘價值。李嘉圖沒有分析剩餘價值的起源。李嘉圖把工作日看作一個固定的量]

在這一節，馬克思一開頭就指出，「如果撇開把勞動和勞動能力混淆起來這一點不談，那麼李嘉圖倒是正確地規定了平均工資，或者說，勞動的價值」。（第二分冊第 460 頁）也就是說，實際工資決定於為生產工人必需的生活資料所花費的勞動量，並且認為李嘉圖根據勞動時間決定商品價值量的原理，得出這一規定是必然的。但同時他還指出，「不管這個公式多麼正確（撇開勞動和資本的直接對立不談），它還是不充分的」。（第二分冊第 460 頁）

一、對工作日沒有區分必要勞動時間和剩餘勞動時間，模糊了剩餘價值的起源和性質

馬克思指出，單個工人為補償他的工資進行再生產（或者說為再生產他的必要生活資料）所花費的勞動時間，只是他的工作日的一部分。這是因為，

要使資本主義生產能夠存在，社會勞動生產率就必須有相當的發展，使總工作日中除了再生產工資所必需的勞動時間以外，還要有或多或少的剩餘勞動存在。所以，工人的工作日必然可以區分為必要勞動時間和剩餘勞動時間兩個部分。必要勞動時間的長短，取決於必要生活資料的價值，因而取決於勞動的社會生產率。剩餘勞動時間的長短，既取決於勞動生產率，又取決於工作日的長度。所以，「為了使**剩餘勞動**能夠存在，必須以勞動生產率的一定發展水準為前提」。(第二分冊第 462 頁）但是，僅僅存在這種剩餘勞動的可能性，還不能造成它的現實性。「為此，必須事先**強迫**工人進行超過上述限度的勞動，而強迫工人這樣做的就是資本。」(第二分冊第 462 頁）正是資本強迫工人在必要勞動時間以外必須進行剩餘勞動。

但是，李嘉圖在闡述問題時，沒有把每個工人的工作日的一部分直接表現為用於再生產工人自己勞動能力的價值的時間，也沒有像斯密那樣把剩餘價值歸結為剩餘勞動，因而在他那裡，剩餘價值的起源和本質變得模糊不清了。馬克思指出，正因為李嘉圖對剩餘價值的起源和性質沒有正確的理解，所以，他「把剩餘勞動加必要勞動——簡單說**總工作日**——看作某種固定的量，忽略了剩餘價值量的差別，不理解資本的生產性，不理解資本**強迫進行剩餘勞動**——一方面是強迫進行絕對剩餘價值的生產，另一方面是資本所固有的縮短必要勞動時間的內在渴望——因而沒有闡明資本**在歷史上**的合理性。」(第二分冊第 461 頁）

李嘉圖是從資本主義生產的現有事實出發的。在他看來，產品的價值大於生產產品的勞動的價值，或者說，大於工資的價值，這是事實。因而產品的價值超過工資的價值的餘額，就是剩餘價值（他說成是利潤)。問題在於，李嘉圖僅僅停留在這個事實上，而沒有對它做深入的考察。因為李嘉圖「把剩餘價值看作資本主義生產方式固有的東西，而資本主義生產方式在他看來是社會生產的自然形式。他在談到勞動生產率的時候，不是在其中尋找剩餘價值存在的原因，而只是尋找決定剩餘價值量的原因。」① 所以，「李嘉圖只能用生產必要生活資料的社會勞動的生產率的提高或降低來說明剩餘價值的增加或減少，換句話說，李嘉圖只知道相對剩餘價值」。(第二分冊第 462 頁）

---

① 馬克思. 資本論：第 1 卷［M］// 馬克思恩格斯全集：第 23 卷. 北京：人民出版社，1973：563-564.

二、把工作日看作是固定的量，完全忽視了絕對剩餘價值的生產

馬克思仔細地分析了工作日作為一個可變的量，它的變化對工資和剩餘價值可能帶來的幾種不同的影響，並且具體地分析了剩餘價值的生產。在工作日的長度既定時，必要勞動時同和剩餘勞動時間，從而工資的價值和剩餘價值，其中一個部分的增長是以另一部分的減少為前提的。如果工作日延長，它的兩個部分都可以增加，或者以相同的程度增加，或者以不同程度增加。因此，一個部分的增加或減少不是以另一部分的減少或增加為條件。通過延長工作日增加絕對剩餘價值的生產，在資本主義生產發展的早期階段，是普遍的現象；而爭取規定正常工作日的整個鬥爭，卻正是由此產生的。

但是，由於李嘉圖既不研究剩餘價值的起源，也不研究絕對剩餘價值，他完全沒有注意到工作日是一個可變的量，相反，卻把工作日看作某種既定的量。因此，李嘉圖從工作日長度既定這一前提出發，只是研究了相對剩餘價值，正因為如此，他引申出錯誤的結論。首先，「**他所說的**剩餘價值和工資（他錯誤地說成利潤和工資）就交換價值來看只能按反比例增加或減少**這個規律是錯誤的**。」其次，「那種認為假定**工資相等**(就價值來說，就必要勞動時間來說)，兩個商品所包含的剩餘價值之比就等於兩個商品所包含的勞動量之比的說法，是錯誤的。只有在**正常工作日**不變的情況下，這種說法才是正確的。」(第二分冊第465頁)

李嘉圖把工作日長度看作既定的量，就看不到剩餘價值和剩餘價值率的區別。馬克思說：「這個區別非常重要，因為它指明了工作日的不同長度。」(第二分冊第466頁）如果剩餘價值量相同，剩餘價值率會由於工作日長度不同而不等，如果剩餘價值率相等，剩餘價值量也會由於工作日長度不同而不等。

以工作日長度既定為前提，李嘉圖從考察具有一定價值即代表一定量勞動的商品出發，就認為絕對剩餘價值和相對剩餘價值似乎是一致的。馬克思說：「但是，這是假象，因為這裡不是單純地談商品，而是談資本主義生產，談作為資本的產物的商品。」(第二分冊第467頁）馬克思以生產一磅棉紗為例，指出在勞動生產率相同、工資相同從而必要勞動時間相同的條件下，由於工作日長度不同、剩餘勞動時間不同，雖然一磅棉紗中包含的價值量相等，但包含的剩餘價值並不相等，從而剩餘價值和勞動價值的比例也不相等。為了要知道一筆資本從一磅棉紗中得到多大的利潤（剩餘價值)，「我們必須知道工作日有多長，或者說，這筆資本（在生產率既定的情況下）推動的無酬勞動的量有多大。但是這從單位商品上是看不出來的。」(第二分冊第470頁)

三、把全部資本都歸結為可變資本，不理解資本累積的實質和利潤的本質

李嘉圖說：「工業中 100 萬人的勞動總是生產出**相同的價值**，但並非總是生產出相同的財富。」（轉引自第二分冊第 470 頁）

馬克思指出，這種說法是錯誤的。因為：第一，各個生產部門勞動的複雜程度和強度以及工作日的長度都不會是相同的，所以，「只有在考慮到不同勞動部門的不同困難程度等情況而普遍確立**同一**正常工作日的時候才可能是正確的。」（第二分冊第 471 頁）第二，即使在這樣的時候，在這裡用一般形式表述出來的這個論點還是錯誤的。須知，加入產品價值的，不僅有活勞動（可變資本）新創造的價值，而且還有物化勞動（不變資本）轉移的價值。在工作日既定的情況下，100 萬人年勞動的全部產品的價值，將根據加入產品的不變資本的量的不同而大不相同。因此，只有在預付資本全部由可變資本組成的情況下，李嘉圖的說法才是對的。「但是，在資本主義生產條件下，無論在哪一個生產部門中，尤其在整個社會生產中，這種情況是不存在的。」（第二分冊第 471 頁）

馬克思進一步指出，在資本主義生產條件下，「隨著社會勞動生產率的進步以及實際上與它同時發生的不變資本的增長，資本本身的份額，在勞動的全部年產品中相對說來將占越來越大的部分，因而作為資本的財產（且不說資本家的收入）將不斷增大，單個工人甚至整個工人階級（的新加勞動）所創造的那部分價值所占的份額，與現在作為資本同他們對立的他們的過去勞動的產品相比，將越來越減少。因此，勞動能力和作為資本而獨立存在的勞動的客觀條件之間的分離和對立不斷增長」。（第二分冊第 473 頁）但是，在李嘉圖的著作中就像在斯密的著作中一樣，只要他考察的是整個社會的資本，就把全部資本等於可變資本這個前提貫穿在他的全部研究之中。「從這裡已經可以看到，李嘉圖既不能理解累積的實質，也不能理解利潤的本質。」（第二分冊第 473 頁）

[（4）相對剩餘價值。對相對工資的分析是李嘉圖的科學功績]

馬克思根據前面各節的分析，總結了李嘉圖的剩餘價值理論，指出，「相對剩餘價值——這實際上是李嘉圖在利潤名義下研究的剩餘價值的唯一形式。」（第二分冊第 475 頁）並充分肯定了李嘉圖對相對工資的分析。

馬克思在前面指出，李嘉圖是從工作日長度既定這個前提出發研究相對剩餘價值的。「從這個前提出發，李嘉圖總的說來正確地闡明了相對剩餘價值。」（第二分冊第 470 頁）對李嘉圖的相對剩餘價值理論和相對工資的基本觀點，馬克思除了從李嘉圖的著作中做了大量引證外，主要概括為以下幾點：

第一，商品的價值決定於生產商品所必需的勞動量，因而它是一個**既定的，一定的量**。這個量在雇傭工人和資本家之間分配，分成工資和利潤（實際上是剩餘價值）兩個範疇。工人階級從自己的勞動所創造的年產品中取得他自己的份額以後剩下的**剩餘產品**（剩餘價值），成為資本家階級賴以生活的實體。很明顯，工資和利潤（剩餘價值）彼此只能成反比例的變化，而決定性的因素是工資的變動，即工資的提高或降低引起利潤（剩餘價值）的降低或提高。但這種變動是以相對剩餘價值為前提的。如果把絕對剩餘價值放進來考察，李嘉圖所說的工資和利潤（剩餘價值）只能成反比例的變動的說法就是錯誤的。

第二，既然商品的價值決定於商品包含的勞動量，而工資和剩餘價值（利潤）只不過是這個量的分割，所以，工資的提高或降低只影響剩餘價值率（李嘉圖說成利潤率），而不影響商品的價值或價格。因此，「認為**工資的提高會提高商品的價格**的看法，是一種錯誤的成見，工資提高只能使利潤（剩餘價值）降低。」（第二分冊第 476 頁）

第三，如果撇開競爭不談，工資，或者說，勞動的價值決定於必要生活資料的價格，後者又決定於勞動生產率。因此，工資的提高或降低同生產必要生活資料的勞動生產力的發展成反比，從而剩餘價值（利潤）率的降低或提高同勞動生產力的發展成正比。

第四，工資的價值不是按照工人得到的生活資料的（實物）量來計算的，而是按照這些生活資料的耗費的勞動量來決定的，也就是說，按照工人從生產的產品的總價值中得到的比例部分來計算的。

馬克思強調指出：「分析相對工資，或者說，比例工資，並把它作為範疇確定下來，是李嘉圖的巨大功績之一。在李嘉圖以前，始終只對工資做了簡單的考察，因而工人被看作牲畜，而這裡工人是被放在他的社會關係中來考察的。階級和階級相互之間的狀況，與其說決定於工資的絕對量，不如說更多地決定於比例工資。」（第二分冊第 476～477 頁）李嘉圖對相對工資的分析，揭露了在資本主義社會，資本家和工人之間階級利益的對立，這是前人所沒有提出過的。

[第十六章] 李嘉圖的利潤理論

前一章的分析表明，李嘉圖錯誤地把剩餘價值和利潤等同起來，在他的利潤理論中，大多數場合，他是在利潤和利潤率的名義下，實際上考察的是剩餘價值和剩餘價值率以及剩餘價值和可變資本的關係。但是，在個別場合，李嘉圖又確實把利潤和剩餘價值區別開來，考察剩餘價值和全部預付資本的關係。在本章，馬克思主要對李嘉圖雖未科學地加以說明，但在形式和本質上都是考察利潤的基本觀點，做了分析和評述。

本章分三節。第一節，對李嘉圖在個別場合把利潤和剩餘價值區別開來的觀點作了簡要的分析；第二節，主要分析和批判了李嘉圖關於平均利潤率的錯誤觀點；第三節，著重剖析了李嘉圖關於利潤率下降和地租之間的關係的見解。

[(1) 李嘉圖把利潤和剩餘價值區別開來的個別場合]

馬克思首先針對李嘉圖在「利潤」的名義下考察，實質上是剩餘價值的觀點，概括地闡明了影響利潤率而與剩餘價值率沒有直接關係的五個因素：

第一，利潤率可能由於地租的降低或提高而提高或降低，同勞動（力）價值的任何變動無關，因而與剩餘價值率無關。

第二，剩餘價值的絕對量不僅決定於剩餘價值率，而且決定於所使用的工人人數。因此，在剩餘價值率降低而工人人數增加的情況下，剩餘價值的絕對量，從而利潤量可能不變，反過來也是一樣。

第三，在剩餘價值率既定的條件下，利潤率取決於資本的有機構成。

第四，在剩餘價值既定和資本的有機構成既定的條件下，利潤率取決於資本的不同部分的價值比例。

第五，利潤率還取決於由流通過程產生的資本構成（固定資本與流動資本）的差別。

馬克思指出：「從李嘉圖著作中已經隱約透露出來的一些想法，本來應該促使他把剩餘價值和利潤區別開來。由於他沒有這樣做，……他在有些地方就滑到認為利潤只是商品價值的附加額這樣一種庸俗觀點上去了；例如，他在談到固定資本占優勢的資本的利潤如何決定等等的時候就是如此。」（第二分冊第 485 頁）按理說，從等量資本提供等量利潤這個論點，應該得出利潤和剩餘價值的區別。但是，李嘉圖沒有用一系列仲介環節把這個論點同一般價值規律等聯繫起來，而是簡單地把利潤和剩餘價值等同起來，這就不僅沒有找到確定一般利潤率的途徑，而且必然會產生上述庸俗觀點。

李嘉圖懂得：「商品價值的變動如果像貨幣價值的變動那樣**以同一程度**影響資本的一切部分，這種變動就**不**影響**利潤率**。」（第二分冊第 485 頁）依據這個觀點，本來應該引伸出，「商品價值的變動如果**不是以同一程度**影響資本的一切部分，這種變動就**影響利潤率**，因此，在勞動價值不變的情況下，利潤率可能變動」。（第二分冊第 486 頁）可見，利潤率和剩餘價值率是有區別的。李嘉圖雖然在個別場合實際上把利潤和剩餘價值、利潤率和剩餘價值率區別開來，但是卻沒有明確地在理論上加以科學的說明，因為李嘉圖沒有把剩餘價值作為獨立的範疇抽象出來。下面馬克思舉例說明李嘉圖在個別場合實際上把利潤和剩餘價值區別開來的觀點，並做了簡要的評述。

李嘉圖在第一章《論價值》中分析貨幣價值的變動時說：「不論貨幣價值的變動有多大，它都不會引起**利潤率**的任何變動。」（轉引自第二分冊第 486 頁）因為貨幣價值的變動對資本（包括機器、建築物和商品儲備等不變資本在內的全部預付資本）和對產品的價值的影響是一樣的，所以不論貨幣價值是上升或下跌，也不論它的上升或下跌的幅度有多大，「**產品價值同資本價值的比例也將照舊不變**」。（轉引自第二分冊第 486 頁）

馬克思指出：「如果李嘉圖這裡說的**產品**是指**剩餘產品**，那是對的……如果他指的是全部產品，問題就說得不確切。」但是，「無論如何可以看出，李嘉圖**在這裡**沒有把利潤同剩餘價值等同起來，沒有把利潤率同剩餘價值率……等同起來」。（第二分冊第 486~487 頁）因為李嘉圖是從總資本的關係來考察利潤率的。

李嘉圖在第六章《論利潤》中分析了隨著穀物等必需品漲價，工資會提高，利潤（剩餘價值）會降低之後，接著說：「但是，**利潤率**會降低得更多，因為……租地農場主的**資本**在很大程度上是由原產品，例如他的穀物、干草、未脫粒的小麥和大麥、馬和牛等組成的，這一切都將因**產品漲價**而漲價。他的**絕對利潤**將從 480 鎊降到 445 鎊 15 先令，但是……他的資本從 3, 000 鎊增加到 3, 200 鎊，那麼在穀物價格是 5 鎊 2 先令 10 便士時，**他的利潤率**將會降到 14%以下。」（轉引自第二分冊第 488 頁）

馬克思指出：「李嘉圖在這裡把**絕對利潤**（即**剩餘價值**）和**利潤率**區別開來了，並且指出，利潤率由於**預付資本**價值變動而降低的幅度大於絕對利潤（剩餘價值）由於勞動價值提高而降低的幅度。」（第二分冊第 488 頁）換句話說，利潤率降低的幅度要大於剩餘價值率降低的幅度。李嘉圖本應由此看出，即使勞動價值保持不變，利潤率也要降低，因為同一絕對利潤要按更大的資本來計算。如果構成不變資本的產品價值降低，就會發生相反的情況，即利潤率會提高。但是，李嘉圖沒有得出這一結論。他在第二十二章中談到製造商品的原產品跌價，這些商品也將因此跌價時，只是認為「隨著商品的跌價，生產者的貨幣收入並不會有任何減少」。（轉引自第二分冊第 487 頁）而沒有意識到這會使不變資本價值降低，從而預付資本減少，利潤率會提高。「李嘉圖不理解這一點是令人奇怪的，尤其是因為相反的情況他倒理解。」（第二分冊第 487 頁）不過無論如何，這說明利潤率的提高和降低，除了決定於絕對利潤（剩餘價值）的增減和絕對利潤率（剩餘價值率）的提高和降低以外，還決定於其他條件。

李嘉圖在第六章《論利潤》中還強調說：「**利潤率**的降低比我在計算中假定的要迅速得多；因為如果**產品的價值**像我在前面假定的情況下說過的那樣高，**租地農場主的資本**的價值**就會大大增加，因為他的資本必須由許多價值已經增加的商品組成**。」（轉引自第二分冊第 490 頁）

由此可見，在上述幾個地方，李嘉圖實際上都是從總資本而不是從可變資本的關係來考察利潤和利潤率的，從而推翻了他自己把利潤和剩餘價值等同起來的觀點，推翻了他以錯誤地把剩餘價值率和利潤率等同起來作為基礎的整個利潤理論。

此外，馬克思還對李嘉圖關於原產品漲價，而珠寶製品，鐵器、銀器和銅器「不會漲價」，以及以原產品為原料的業主減少的利潤，會由於他們儲存的原料和成品價值提高「得到部分補償」，而金屬製品等不以原產品為原材料的業主以及資本完全由貨幣組成的人，「就要承擔和**利潤率降低的全部損失**而得不到任何補償」（轉引自第二分冊第 490 頁）等觀點，也進行了評述。

第一，原產品漲價，雖然珠寶製品和金屬製品等「這些商品的價格不會上漲，但是，這些部門的利潤率會高於其他部門的利潤率」（第二分冊第 489 頁）。因為這些部門只是工資增加，剩餘價值減少，而原料支出並不增加，因而預付資本相對於那些以原產品為原料的部門來說，增加得少一些，利潤率下降的幅度也會小一些。

第二，原產品漲價，儘管釀酒、紡織等以原產品為原料的業主從他們的商品儲備漲價中得到好處，但在這些儲備用完或脫手之後，這種好處也就沒有了；而金屬製品等不以原產品為原料的業主和貨幣資本家的損失，儘管起初沒有得到任何補償，但是他們會實現比前者要高的利潤率。

第三，在利潤降低由資本價值的提高來補償的問題上，還有一點是重要的，就是年勞動產品的分配不僅在於參與收入分配的不同，人們之間進行分配，而且在於這種產品分為資本和收入的情況。

［(2) 一般利潤率（「平均利潤」，或者說「普通利潤」）的形成］

［(a) 事先既定的平均利潤率是李嘉圖利潤理論的出發點］

李嘉圖在第六章《論利潤》中認為，某種商品的價格可能由於市場上供不應求而超過它的自然價格甚或必要價格。但這只是暫時的現象。隨著資本的轉移，商品數量增加，「**商品價格就會下跌，這一生產部門的利潤就會同一般水準相一致**」（轉引自第二分冊第 491 頁）他以呢絨和穀物為例，指出如果呢絨以每碼 40 先令的價格出售，能獲得普通利潤（平均利潤），那麼當價格上漲到 60 先令或 80 先令時，毛織廠主將暫時獲得非常利潤。隨著資本自然流入這個工業部門，供求恢復平衡，呢絨的價格再降到 40 先令，也就是降到它的自然價格。如果穀物的需要量增加，而肥沃的土地不多，為了生產追加的穀物量需要更多的資本和勞動時，穀物的價格就不會降到原來的水準，因而租地農場主會因穀物上漲引起工資提高而不得不滿足於降低了的利潤率。因此，馬克思說：「李嘉圖的理論觀點在這裡絕不是清楚的。」（第二分冊第 491 頁）

第一，李嘉圖混淆一般利潤率和一般剩餘價值率，把一般利潤率作為既定的前提去考察商品價格的變動。李嘉圖這裡講的平均利潤，是從總資本的關係考察的利潤。但是，因為在李嘉圖心目中，工作日長度是既定的，那麼，在工資相同的情況下，「**一般剩餘價值率**也是既定的」。「所以，他把這種一般剩餘價值率同**一般利潤率**混淆起來了。」（第二分冊第 492 頁）李嘉圖不懂得**一般利潤率**的形成過程，認為利潤的平均化水準，是通過競爭，使商品的市場價值同它的價值一致確立起來的。馬克思指出：「**一般利潤率**是用社會……的總資本除生產出來的全部剩餘價值而得出來的，因此，每一個別生產部門的每一筆資本，都表現為具有同一**有機構成**……的總資本的**相應**部分。」（第二分冊第 492 頁）每個相應部分按照其量的大小從總剩餘價值中獲得自己的股息，這就是平均利潤。商品的成本價格加平均利潤，形成商品的生產價格或費用價格。「顯然，**一般利潤率**的出現、實現和確立，使得**價值必然轉化為不同於**價值的**費用價格**。」（第二分冊第 493 頁）李嘉圖由於混淆利潤率和剩餘價值率，因此，他把價值和費用價格等同起來。他從一般利潤率這個前提出發，來解釋商品價格的變動，考察這種變動如何使一般利潤率得以保持。「他一點也沒有想到，早在有可能談論一般利潤率以前，確立一般利潤率的過程已經引起商品**價格**的普遍變動。」因為，「為了**創造**這個一般利潤率，必須先有價值向費用價格的轉化」。（第二分冊第 493 頁）所以，當一般利潤率出現以後，商品的價格就以費用價格為中心上下擺動，而不像李嘉圖所設想的那樣，價格以**價值**為中心上下擺動。「他由於把一般利潤率作為基礎，就不會再直接同商品的價值發生關係了。」（第二分冊第 493 頁）

第二，李嘉圖把一般利潤率看作是固定不變的，或者認為只有在工資發生變動時，一般利潤率才會變動。從李嘉圖關於商品價格變動同一般利潤率的關係的論述，不難看出，「這裡，利潤的實際水準被假定為**不變的**、既定的東西，問題只在於使個別生產部門中由於供求關係而高於或低於這個水準的利潤**恢復到**這個水準」。（第二分冊第 493 頁）李嘉圖還由於不懂得絕對剩餘價值生產，因而認為，只有在工資降低或提高，也就是在相對剩餘價值率提高或降低的時候，一般利潤率的水準才能提高或降低。馬克思指出：「即使在**一般利潤率**已經確立，因而**費用價格**也已經確立的情況下，在個別生產部門，由於**工作日較長**，也就是由於**絕對剩餘價值率**提高，**利潤率**也可能提高。」（第二分冊第 494 頁）李嘉圖把個別生產部門高於平均水準的利潤率，看作是商品價格高於自然價格出賣，並認為競爭使市場價格同自然價格趨於一致，從而使個別生產部門的利潤恢復到一般水準。馬克思說：「在這裡，在這些個別生產部門，即使市場價格並不高於『自然價格』，利潤率也會提高。」（第二分冊第494頁）競爭只是使這種超額利潤不是完全落到這些個別生產部門的資本家手中，但它終將促使一般利潤率水準的提高。如果出現一個新的生產部門，使用的活勞動很多，資本構成大大低於決定平均利潤的平均構成，「那麼，供求關係就可能允許這個新的部門高於產品的**費用價格**，以比較接近於產品**實際價值**的價格出售產品。」（第二分冊第494頁）而不是像李嘉圖所認為的那樣，使商品高於它的價值出賣。總之，「競爭要把這種差別拉平，只有通過提高利潤的**一般水準**才有可能，而提高利潤的一般水準又以資本實現、推動更大的**無酬的剩餘勞動量**為條件。……因此，平均化的結果不可能是使利潤恢復到原來的水準，而是確立一個**新的水準**。」（第二分冊第494~495頁）

[(b) 李嘉圖在殖民地貿易和一般對外貿易對利潤率的影響問題上的錯誤]

在這裡，馬克思主要批判了李嘉圖否認在殖民地和對外貿易取得的巨大利潤，會提高國內的一般利潤率的錯誤觀點。

馬克思指出，在殖民地，由於勞動價值比在宗主國低，如果宗主國的資本可以自由投入這個新的部門，一方面固然會壓低這個部門的特殊超額利潤，另一方面將提高利潤的一般水準。因為前面已經指出，一般利潤率的提高是以資本實現、推動更大的無酬的剩餘勞動量為條件的。李嘉圖卻經常以在舊的生產部門，使用的勞動量和工資是保持不變的作為根據，否認在殖民地投資獲得的巨大利潤，會提高國內的一般利潤率。馬克思強調指出：「但是，一般利潤率決定於無酬勞動對有酬勞動和對預付資本的比例，這不是就某個生產部門，而是就資本可以自由轉入的所有部門來說的。這個比例，在十個部門中可能有九個保持不變；但如果十個部門中一個有了變動，一般利潤率在所有十個部門中都必然要發生變動。」（第二分冊第495頁）李嘉圖自己也承認，競爭的結果是，等量資本帶來等量利潤，「**正由於利潤不等，資本才由一個部門轉移到另一個部門**」。（轉引自第二分冊第491頁）那麼，每當一定量資本所推動的無酬勞動量有了增加的時候，競爭的結果，必然是等量資本在這個增大的剩餘勞動中獲得相等的一份，怎麼可能平均利潤保持不變呢?!

李嘉圖所謂在舊的生產部門，使用的勞動量和工資不變，實際上是剩餘價值率不變。他把剩餘價值率混同於利潤率，「李嘉圖的這個觀點當然是同他的第二個錯誤前提聯繫著的，那就是，利潤率（撇開工資的降低或提高不談）所以能夠提高或者降低，僅僅是由於市場價格暫時偏離自然價格。」（第二分冊第495~496頁）按照李嘉圖的邏輯，競爭會使市場價格恢復到自然價格，於是利潤恢復到一般水準。所以，歸結起來，無非就是前面所提到的「這樣一個前提：除非相對剩餘價值降低或提高，否則平均利潤絕不可能降低或提高」。（第二分冊第496頁）

李嘉圖從錯誤的前提出發，自然得出錯誤的結論，認為對外貿易不影響利潤率，對外貿易中特別有利的部門的利潤會通過競爭迅速降到一般水準，而不是提高利潤的一般水準。

馬克思針對李嘉圖把利潤率的變動僅僅歸結為工資的變動，因而對外貿易只有在進口廉價穀物以直接降低工人食物價格的情況下，才能提高利潤的一般水準的觀點，強調指出：「他看不到，對於像英國這樣的國家，取得較低廉的工業用原料具有多麼重大的意義，他不瞭解……（用較低廉的原料制成的產品）**價格雖然下降**，**利潤率**卻會提高，相反，（用較貴的原料制成的產品）**價格上漲了**，利潤率卻可能降低，即使工資在這兩種情況下保持不變，也是如此。」（第二分冊第496頁）因為在這兩種情況下，不變資本的價值不同，一定量資本能夠實現的剩餘勞動量就不同，因而利潤量也就不同。

最後，馬克思還指出，李嘉圖在利潤率問題上的一切錯誤，是因為他正確的抽象做得不夠，採用了錯誤的抽象強制把剩餘價值率和利潤率等同起來的觀點，而不是像庸俗經濟學家所認為的那樣，正確的抽象是同現實相矛盾的。

[（3）利潤率下降規律]

[（a）李嘉圖關於利潤率下降的見解的錯誤前提]

馬克思指出，利潤率下降規律是李嘉圖體系中最重要的觀點之一。但是，李嘉圖不能科學地說明這個規律，因為他的理論是建立在兩個錯誤的前提之上的。

李嘉圖對利潤率下降規律的考察，雖然是從剩餘價值和總資本的關係出發，但是，由於他混淆利潤率和剩餘價值率（指相對剩餘價值率），因此，他只能用決定剩餘價值率不斷下降或下降趨勢的原因，來說明利潤率的不斷下降或下降的趨勢。在李嘉圖看來，工作日是不變的，那麼只有勞動價值的提高，利潤（剩餘價值）才能減少，從而利潤率（相對剩餘價值率）才會降低。而勞動價值的提高，又取決於工人的生活資料的價值增大。但是，隨著勞動生產力的發展，工業品的價值是在不斷減少的。因此，利潤率的下降，就只能用穀物等生活資料的主要組成部分的價值的不斷提高來說明。而穀物等主要生活資料的價值不斷提高，又是由於耕地逐漸向劣等地推移、農業生產率不斷降低引起的。

所以，李嘉圖用來說明直接引起利潤率下降的原因就是勞動價值的提高，這又是以兩個錯誤的前提為基礎的。

第一個前提是，農業生產率的不斷降低。「這就是李嘉圖在分析地租時用來說明地租存在和地租增長的那個前提。因此，在李嘉圖看來，利潤率的不斷下降是同地租率的不斷提高聯繫在一起的。」（第二分冊第 498 頁）馬克思在前面幾章的分析中已指出，李嘉圖對地租的理解是錯誤的，所以用來說明利潤率下降的這個前提就不能成立了。

第二個前提是，利潤率的提高或下降只能同工資（勞動的價值）的提高或下降成反比，工資的提高必然引起利潤率的下降，把利潤率和相對剩餘價值率等同起來。馬克思在前面也已經充分證明這個前提是錯誤的。

馬克思指出，利潤率之所以不斷下降，是因為隨著生產力的發展，資本的有機構成不斷提高引起的。「因此，利潤率下降不是因為勞動生產率降低了，而是因為勞動生產率提高了。利潤率下降不是因為對工人的剝削減輕了，而是因為對工人的剝削加重了」。（第二分冊第 498 頁）

［(b) 對李嘉圖關於增長的地租逐漸吞並利潤這個論點的分析］

在這裡，馬克思主要運用數據和表格翔實地分析了「李嘉圖是怎樣從自己的地租見解出發來闡明地租逐漸吞並利潤這個觀點的」。（第二分冊第 499 頁）

馬克思利用前面第十二章所列地租組合總表（第二分冊第 302 ~ 303 頁）中的 A 表為基礎，按照李嘉圖對地租的見解，進行了幾種不同場合的分析和推算（在計算中對李嘉圖的錯誤假設做了必要的修正），最後在形式上得出了李嘉圖所設想的「地租逐漸吞並利潤」的數據表。

做了一些必要的修改的 A 表如下所示：

等級	資本（鎊）	噸數	總產品市場價值（鎊）	每噸市場價值（鎊）	每噸個別價值（鎊）	每噸差額價值（鎊）	每噸費用價格（鎊）	絕對地租（鎊）	級差地租（鎊）	絕對地租（噸）
A										
Ⅰ	100	60	120	2	2	0	$1\frac{5}{6}$	10	0	5
Ⅱ	100	65	130	2	$1\frac{11}{13}$	$\frac{2}{13}$	$1\frac{9}{13}$	10	10	5
Ⅲ	100	75	150	2	$1\frac{3}{5}$	$\frac{2}{5}$	$1\frac{7}{15}$	10	30	5
合計	300	200	400					30	40	15

	級差地租（噸）	地租總額（鎊）	地租總額（噸）	資本構成	剩餘價值率（%）	工人人數	工資（鎊）	工資（噸）	利潤率（%）
Ⅰ	0	10	5	60C+40V	50	20	40	20	10
Ⅱ	5	20	10	60C+40v	50	20	40	20	10
Ⅲ	15	40	20	60C+40v	50	20	40	20	10
合計	20	70	35						

如果這個表按照李嘉圖的下降序列，並假定最先耕種的只是最肥沃的土地，它不提供任何地租，那麼應當從Ⅲ等級開始。其次，按照Ⅲ等級，根據李嘉圖的前提，必須假定利潤率比 A 表上的高，因為現在每噸的市場價值不是 2 鎊而是 $1\frac{3}{5}$ 鎊，從而 20 個工人的工資不是 40 鎊而是 32 鎊（但從實物看仍然是 20 噸）。這樣，工人人數相同，而花費的資本將是 60 鎊+32 鎊＝92 鎊，全部產品的價值等於 120 鎊，因為 20 個工人創造的價值照舊等於 60 鎊，剩餘價值率為 $87\frac{1}{2}$%（28÷32）。按照 C 和 V 的這種比例（60：32）換算，100 鎊資本的構成應是 $65\frac{5}{23}$C+$34\frac{18}{23}$V；產品價值則是 $130\frac{10}{23}$ 鎊（$65\frac{5}{23}+34\frac{18}{23}+30\frac{10}{23}$）；工人人數是 $21\frac{17}{23}$（$34\frac{17}{23}+1\frac{3}{5}$）。

在這個場合下，可以得出下列 A 表：

等級	資本(鎊)	噸數	總產品市場價值(鎊)	每噸市場價值(鎊)	每噸個別價值(鎊)	每噸差額價值(鎊)
Ⅲ	100	① $81\frac{12}{23}$	$13\frac{10}{23}$	$1\frac{3}{5}$	$1\frac{3}{5}$	0
	地租	利潤(鎊)	利潤率(%)	資本構成	剩餘價值率	工人人數
Ⅲ	0	$30\frac{10}{23}$	$30\frac{10}{23}$	$65\frac{5}{23}C+34\frac{18}{23}V$	$67\frac{1}{3}\%$	$21\frac{17}{23}$

以噸計算，工資= $21\frac{17}{23}$ 噸，利潤=$19\frac{1}{46}$ 噸。

按照李嘉圖的前提，現在假定由於人口增加，市場價格提高，因此必須耕種Ⅱ級土地，這裡每噸價值等於 $1\frac{11}{13}$ 鎊。

馬克思指出：「這裡絕不是像李嘉圖所設想的那樣，$21\frac{17}{23}$ 個工人始終生產同樣的價值，即 $65\frac{5}{23}$ 鎊（工資和剩餘價值算在一起）。因為（由於產品漲價）Ⅲ的資本家能夠雇傭、從而能夠剝削的**工人人數**，按照他自己的前提，將會減少，也就是說，剩餘價值總額也將減少。」（第二分冊第 504 頁）

在有機構成不變的條件下，為了推動 60C，不管工資多少，始終需要 20 個工人。

由於現在每噸市場價值是 $1\frac{11}{13}$ 鎊，20 個工人得到的（20 噸）工資不是 32 鎊而是 $36\frac{12}{13}$ 鎊，從而預付資本是 $60+36\frac{12}{13}=96\frac{12}{13}$ 鎊，產品價值仍是 120 鎊，剩餘價值率為 $62\frac{1}{2}\%$（$23\frac{1}{13}\div36\frac{12}{13}$）。按照 C 和 V 的新的比例（$60:36\frac{12}{13}$）換算，100 鎊資本的新構成是 $61\frac{19}{21}C+38\frac{2}{21}V$；提供的利潤等於 $23\frac{17}{21}$ 鎊

① 因為 20 個工人生產 75 噸，所以 $21\frac{17}{23}$ 個工人生產 $8,121\frac{12}{23}$ 噸。

（$38\frac{2}{21}\times62\frac{1}{2}$%），用噸表示則是 $12\frac{113}{126}$ 噸；雇傭的工人人數則為 $20\frac{40}{63}$。

因此，對於Ⅲ來說，就有以下的變化：

因為在預付資本是 100 鎊時，按Ⅱ級產品市場價值出賣，產品總價值是 $61\frac{19}{21}+38\frac{20}{21}+23\frac{17}{21}=123\frac{17}{21}$ 鎊，而Ⅰ每噸的個別價值是 $1\frac{3}{5}$ 鎊，所以這一等級的產品量是 $77\frac{8}{21}$ 噸。現在每噸按市場價值 $1\frac{11}{13}$ 鎊出賣，因而可以獲得 $19\frac{1}{12}$ 鎊的超額利潤（$1\frac{11}{13}\times77\frac{8}{21}-123\frac{17}{21}$），這 $19\frac{1}{12}$ 鎊就構成地租。

再看Ⅱ，按照李嘉圖的前提，這裡根本不提供地租，市場價值和個別價值相符。根據上面數據計算，Ⅱ生產的噸數是 $123\frac{17}{21}\div1\frac{11}{13}=67\frac{4}{63}$ 噸。

在第二種場合，即Ⅱ級土地投入耕種，從而Ⅲ產生地租時，可以得出下列 B 表：

等級	資本（鎊）	噸數	總產品實際價值（鎊）	總產品市場價值（鎊）	每噸市場價值（鎊）	每噸個別價值（鎊）	每噸差額價值（鎊）	資本構成
Ⅲ	100	$77\frac{8}{21}$	$123\frac{17}{21}$	$142\frac{6}{7}$	$1\frac{11}{13}$	$1\frac{3}{5}$	$+\frac{16}{65}$	$61\frac{19}{21}$C+$38\frac{2}{21}$V
Ⅱ	100	$67\frac{4}{63}$	$123\frac{17}{21}$	$123\frac{17}{21}$	$1\frac{11}{13}$	$1\frac{11}{13}$	0	$61\frac{19}{21}$C+$38\frac{2}{21}$V
合計	200	$144\frac{4}{9}$	$247\frac{13}{21}$	$266\frac{2}{3}$				

	工人人數	剩餘價值率（%）	利潤率（%）	工資（噸）	利潤（噸）	地租（鎊）	地租（噸）
Ⅲ	$20\frac{40}{63}$	$62\frac{1}{2}$	$23\frac{17}{21}$	$20\frac{40}{63}$	$12\frac{113}{126}$	$19\frac{1}{21}$	$10\frac{20}{63}$
Ⅱ	$20\frac{40}{63}$	$62\frac{1}{2}$	$23\frac{17}{21}$	$20\frac{40}{63}$	$12\frac{113}{126}$	0	0
合計	$41\frac{17}{63}$			$41\frac{17}{63}$	$25\frac{50}{63}$	$19\frac{1}{21}$	$10\frac{20}{63}$

現在考察第三種場合，即假定必須耕種 I 級土地，產品的市場價值已提高到 2 鎊。因此，60 鎊不變資本，需要 20 個工人，現在工資要 40 鎊（20×2），從而資本構成是 60C+40V，同 A 表上的一樣，這裡產品的總價值是 120 鎊，產品量為 60 噸；剩餘價值率為 50%（20：40），利潤率為 20%。

按照李嘉圖的前提，這時 I 級土地產品的市場價值等於個別價值，不提供任何地租。

由於市場價值的這種變動，Ⅲ和Ⅱ會相應地發生一些變化。Ⅲ和Ⅱ這時預付資本 100 鎊，都只能使用 20 個工人，不變資本 60 鎊，可變資本 40 鎊，它們的產品的實際價值現在都等於 120 鎊。因為Ⅲ的個別價值是 $1\frac{3}{5}$ 鎊，所以它生產的產品為 75 噸（$120\div1\frac{3}{5}$）；Ⅱ的個別價值是 $1\frac{11}{13}$ 鎊，它生產的產品為 65 噸（$120\div1\frac{11}{13}$）。可見，Ⅲ和Ⅱ生產的噸數都減少了，因為它們用相同的資本，只能使用較少的勞動，而不是較多的勞動。馬克思強調指出：「李嘉圖卻經常錯誤地認為，能使用更多的勞動，因為他經常注意的只是為了生產**同樣**數量的產品需要多少勞動，而不是按新的資本（價值）構成能使用多少**活勞動**；而這一點在這裡正是唯一重要的問題。」（第二分冊第 507 頁）但是，Ⅲ的 75 噸產品按市場價值出賣卻得 150 鎊，比實際價值 120 鎊超出 30 鎊，從而地租由第二種場合下的 $19\frac{1}{21}$ 鎊提高到現在的 30 鎊。同時，Ⅱ的 65 噸產品按市場價值出賣可得 130 鎊，從而提供地租 10 鎊。

根據以上計算，在第三種場合，可以得出下列 C 表：

等級	資本（鎊）	噸數	總產品實際價值（鎊）	總產品市場價值（鎊）	每噸市場價值（鎊）	每噸個別價值（鎊）	每噸差額價值（鎊）	資本構成
Ⅲ	100	75	120	150	2	$1\frac{3}{5}$	$\frac{2}{5}$	60C+40V
Ⅱ	100	65	120	130	2	$1\frac{11}{13}$	$19\frac{2}{13}$	60C+40V
Ⅰ	100	60	120	120	2	2	0	60C+40V
合計	300	200	380	400				

	工人人數	剩餘價值率（%）	利潤率（%）	工資（噸）	利潤（噸）	地租（鎊）	地租（噸）
Ⅲ	20	50	20	20	10	30	15
Ⅱ	20	50	20	20	10	10	5
Ⅰ	20	50	20	20	10	0	0
合計	60			60	30	40	20

由此可以看出，第三種場合和 A 表相符合，這裡除了把絕對地租作為利潤的一部分以外，只是順序顛倒了。

現在再假定一種新的場合，即必須把耕種推移到更差的Ⅰb 土地上。在這個等級的土地上，為了生產 48 噸，需要資本 110 鎊（60 鎊不變資本和雇傭 20 個工人的 50 鎊可變資本），產品價值 120 鎊，每噸市場價值上升到 $2\frac{1}{2}$ 鎊，剩餘價值 10 鎊，剩餘價值率為 20%。按照 C 和 V 的這種比例（60：50）換算，100 鎊資本的構成是 $54\frac{6}{11}C+45\frac{5}{11}V$；60 鎊不變資本需要 20 個工人推動，$54\frac{6}{11}$ 鎊不變資本則只需要 $18\frac{2}{11}$ 個工人推動。這 $18\frac{2}{11}$ 個工人新創造的價值等於 $54\frac{6}{11}$ 鎊。所以，預付資本 100 鎊，產品價值等於 $109\frac{1}{11}$（$54\frac{6}{11}+54\frac{6}{11}$）鎊，或者等於 $43\frac{7}{11}$（$48\div20\times18\frac{2}{11}$）噸；利潤等於 $9\frac{1}{11}$ 鎊，或者等於 $3\frac{7}{11}$（$9\frac{1}{11}\div2\frac{1}{2}$）噸。

在這第四種場合下，由於產品的市場價值已提高到每噸 $2\frac{1}{2}$ 鎊，Ⅲ、Ⅱ、Ⅰ各個等級都會相應地發生變動。在預付資本為 100 鎊時，它們都只能使用 $18\frac{2}{11}$ 個工人，總產品的實際價值都是 $109\frac{1}{11}$ 鎊。

從Ⅲ來看，因為每噸的個別價值是 $1\frac{3}{5}$ 鎊，所以它生產的產品等於 $68\frac{2}{11}$（$109\frac{1}{11}\div1\frac{3}{5}$）噸。產品的數量雖減少了，但現在按每噸 $2\frac{1}{2}$ 鎊的市場價值出賣，可得 17, 0 $\frac{5}{11}$ 鎊，從而地租提高到 61 $\frac{4}{11}$（170 $\frac{5}{11}$ － 109 $\frac{1}{11}$）鎊，用噸表示，地租等於 24 $\frac{6}{11}$噸。

再看Ⅱ，因為每噸的個別價值是 1 $\frac{11}{13}$ 鎊，所以它生產的產品等於 59 $\frac{1}{11}$（109 $\frac{1}{11}$ ＋ 1 $\frac{11}{13}$）噸，可以賣得 147 $\frac{8}{11}$鎊，從而提供地租 38 $\frac{7}{11}$鎊，用噸表示，地租＝15 $\frac{5}{11}$噸。

最後再看Ⅰ，因為每噸的個別價值是 2 鎊，所以它生產品等於 54 $\frac{6}{11}$（109 $\frac{1}{11}$ ÷2）噸，可以賣得 136 $\frac{4}{11}$ 鎊，從而提供地租 27 $\frac{3}{11}$鎊，用噸表示，地租＝10 $\frac{10}{11}$ 噸。

綜合以上計算，第四種場合可以得出下列 D 表：

等級	資本（鎊）	噸數	總產品實際價值（鎊）	總產品市場價值（鎊）	每噸市場價值（鎊）	每噸個別價值（鎊）	每噸差額價值（鎊）	資本構成
Ⅲ	100	68 $\frac{2}{11}$	109 $\frac{1}{11}$	170 $\frac{5}{11}$	2 $\frac{1}{2}$	1 $\frac{3}{5}$	$\frac{9}{10}$	54 $\frac{6}{11}$C+45 $\frac{5}{11}$V
Ⅱ	100	59 $\frac{1}{11}$	109 $\frac{1}{11}$	147 $\frac{8}{11}$	2 $\frac{1}{2}$	1 $\frac{11}{13}$	$\frac{17}{26}$	54 $\frac{6}{11}$C+45 $\frac{5}{11}$V
Ⅰ	100	54 $\frac{6}{11}$	109 $\frac{1}{11}$	136 $\frac{6}{11}$	2 $\frac{1}{2}$	2	$\frac{1}{2}$	54 $\frac{6}{11}$C+45 $\frac{5}{11}$V
Ⅰb	100	43 $\frac{7}{11}$	109 $\frac{1}{11}$	109 $\frac{1}{11}$	2 $\frac{1}{2}$	2 $\frac{1}{2}$	0	54 $\frac{6}{11}$C+45 $\frac{5}{11}$V
合計	400	225 $\frac{5}{11}$	436 $\frac{1}{11}$	563 $\frac{7}{11}$				

	工人人數	剩餘價值率（%）	利潤率（%）	工資（噸）	利潤（噸）	地租（鎊）	地租（噸）
Ⅲ	$18\frac{2}{11}$	20	$9\frac{1}{11}$	$18\frac{2}{11}$	$3\frac{7}{11}$	$61\frac{4}{11}$	$24\frac{6}{11}$
Ⅱ	$18\frac{2}{11}$	20	$9\frac{1}{11}$	$18\frac{2}{11}$	$3\frac{7}{11}$	$38\frac{7}{11}$	$15\frac{5}{11}$
Ⅰ	$18\frac{2}{11}$	20	$9\frac{1}{11}$	$18\frac{2}{11}$	$3\frac{7}{11}$	$27\frac{3}{11}$	$10\frac{10}{11}$
Ⅰb	$18\frac{2}{11}$	20	$9\frac{1}{11}$	$18\frac{2}{11}$	$3\frac{7}{11}$	0	0
合計	$72\frac{8}{11}$			$72\frac{8}{11}$	$17\frac{6}{11}$	$127\frac{3}{11}$	$50\frac{10}{11}$

最後，再考察第五種場合，按照李嘉圖的說法，在這裡一切利潤都會消失，剩餘價值完全沒有了。假定把耕種推移到最差的Ⅰa級土地上，生產 40 噸需要 120 鎊資本（60 鎊不變資本和雇傭 20 個工人的 60 鎊可變資本），產品價值也是 120 鎊，每噸市場價值上漲到 3 鎊，剩餘價值等於零。在這種場合，資本構成將是 50C+50V，從而只能使用 $16\frac{2}{3}$（50÷3）個工人，預付資本 100 鎊只能生產 $33\frac{1}{3}$噸，產品價值也是 100 鎊，其中一半補償不變資本的價值，另一半只能補償可變資本的價值。

在這種場合下，由於每噸市場價值提高到 3 鎊，Ⅲ、Ⅱ、Ⅰ、Ⅰb 都會相應發生變動。在預付資本為 100 鎊時，它們都只能雇傭 $16\frac{2}{3}$個工人，總產品的實際價值都是 100 鎊。

Ⅲ的每噸個別價值是 $1\frac{3}{5}$ 鎊，現在它生產的產品是 $62\frac{1}{2}$（$100\div1\frac{3}{5}$）噸，按每噸 3 鎊的市場價值出賣，可得 $187\frac{1}{2}$鎊，從而可提供地租 $87\frac{1}{2}$（$187\frac{1}{2}$－100）鎊，用噸表示等於 $29\frac{1}{6}$ 噸。

Ⅱ的每噸個別價值是 $1\frac{11}{13}$ 鎊，所以現在生產的產品是 $54\frac{1}{6}$（$100\div1\frac{11}{13}$）

噸，按每噸 3 鎊出賣可得 $162\frac{1}{2}$ 鎊，從而可提供地租 $62\frac{1}{2}$ 鎊，用噸表示等於 $20\frac{5}{6}$ 噸。

Ⅰ的每噸個別價值是 2 鎊，現在生產的產品是 50 噸，按每噸 3 鎊出賣可得 150 鎊，從而可提供地租 50 鎊，用噸表示等於 $16\frac{2}{3}$ 噸。

Ⅰb 的每噸個別價值是 $2\frac{1}{2}$ 鎊，現在生產的產品是 40 噸，可以賣得 120 鎊，從而也能提供地租 20 鎊，用噸表示等於 $6\frac{2}{3}$ 噸。

這樣，在第五種場合可以得出下列 E 表：

等級	資本（鎊）	噸數	總產品實際價值（鎊）	總產品市場價值（鎊）	每噸市場價值（鎊）	每噸個別價值（鎊）	每噸差額價值（鎊）	資本構成
Ⅲ	100	$62\frac{1}{2}$	100	$187\frac{1}{2}$	3	$1\frac{3}{5}$	$1\frac{2}{5}$	50C+50V
Ⅱ	100	$54\frac{1}{6}$	100	$162\frac{1}{2}$	3	$1\frac{11}{13}$	$1\frac{2}{13}$	50C+50V
Ⅰ	100	50	100	150	3	2	1	50C+50V
Ⅰb	100	40	100	120	3	$2\frac{1}{2}$	$\frac{1}{2}$	50C+50V
Ⅰa	100	$33\frac{1}{3}$	100	100	3	3	0	50C+50V
合計	500	240	500	720				

	工人人數	剩餘價值率	利潤率	工資（噸）	利潤（噸）	地租（鎊）	地租（噸）
Ⅲ	$16\frac{2}{3}$	0	0	$16\frac{2}{3}$	0	$87\frac{1}{2}$	$29\frac{1}{6}$
Ⅱ	$16\frac{2}{3}$	0	0	$16\frac{2}{3}$	0	$62\frac{1}{2}$	$20\frac{5}{6}$
Ⅰ	$16\frac{2}{3}$	0	0	$16\frac{2}{3}$	0	50	$16\frac{2}{3}$

	工人人數	剩餘價值率	利潤率	工資（嗩）	利潤（嗩）	地租（鎊）	地租（嗩）
Ⅰb	$16\frac{2}{3}$	0	0	$16\frac{2}{3}$	0	20	$6\frac{2}{3}$
Ⅰa	$16\frac{2}{3}$	0	0	$16\frac{2}{3}$	0	0	0
合計	$83\frac{1}{3}$	0	0	$83\frac{1}{3}$	0	220	$73\frac{1}{3}$

為了便於比較，馬克思還把所有五種場合的情況匯編成一總表，這裡就從略了。

［(c) 一部分利潤和一部分資本轉化為地租。地租量的變動取決於農業中使用的勞動量的變動］

馬克思對以上按照李嘉圖的設想所推算出來的「地租逐漸吞並利潤」的數據表呈現出來的表面現象和矛盾進行了分析，揭示了其本質。

一、級差地租的增加，是由一部分剩餘價值和一部分資本轉化而來的

馬克思指出，如果首先考察 E 表就會看到，在最後一個等級Ⅰa 上，工資吞並了新創造的全部價值，任何剩餘價值都沒有了，從而利潤和地租都沒有了。因此，在這裡決不能說地租吞並了利潤。

至於其他四個等級，表面上卻呈現出兩種矛盾的現象：一是在這四個等級的土地上，勞動生產率沒有變動，而剩餘價值都「沒有了」，但是又都有地租存在；二是在這四個等級上，工人人數都減少了，而提供的用實物量來表示的地租，卻大大超過它們各自以往在投入耕種時只提供利潤而不提供地租時的全部利潤量。也就是說，地租不僅吞並了全部剩餘價值的利潤，而且有一個很大的超過額。例如，在Ⅲ這個等級上，在 A 表，使用的工人人數是 $21\frac{17}{23}$，體現全部剩餘價值的利潤是 $19\frac{1}{46}$嗩，而在 E 表，使用的工人人數減少到 $16\frac{2}{3}$，利潤等於零，地租卻高達 $29\frac{1}{6}$ 嗩，大大超過 A 表上的利潤。Ⅱ、Ⅰ、Ⅰb 幾

個等級也都存在著同樣的現象。這種現象僅僅用「地租吞並利潤」是解釋不了的。

馬克思進一步指出：「很明顯，Ⅲ、Ⅱ、Ⅰ、Ⅰb 的產品的市場價值高於個別價值，雖然也能夠改變產品的分配，促使產品從一類分享者手裡轉移到另一類分享者手裡，但是這種市場價值的提高，決不能使補償工資後留下的剩餘價值所借以表現的產品本身增加。」（第二分冊第 515 頁）因此，僅用產品的市場價值高於個別價值，也不能解釋這個現象。只有用下述方法可以解開這個謎：

以等級Ⅲ為例，按照假定，20 個工人在一定時間內（一天或者一年，在這裡無關緊要）新創造的價值等於 60 鎊（一個工人生產 3 鎊），$16\frac{2}{3}$ 個工人就生產 50 鎊，在這個等級每噸的個別價值等於 $1\frac{3}{5}$ 鎊，或者說，$1\frac{3}{5}$ 鎊所包含的勞動時間表現為 1 噸，所以 50 鎊就表現為 $31\frac{1}{4}$ 噸。其中 $16\frac{2}{3}$ 噸用於工資，從而有 $14\frac{7}{12}$ 噸留作剩餘價值。

那麼，當市場價值由Ⅲ這個等級來決定時，每噸為 $1\frac{3}{5}$ 鎊，補償 50 鎊不變資本就需要 $31\frac{1}{4}$ 噸。而在Ⅰa 這個等級的土地投入耕種的條件下，每噸的市場價值提高到 3 鎊，所以等級Ⅲ只需要 $16\frac{2}{3}$ 噸就可以補償 50 鎊不變資本了，從而有 $14\frac{7}{12}$ 噸遊離出來，轉化為地租。

由此可見，在等級Ⅲ，$16\frac{2}{3}$ 個工人在不變資本 50 鎊時生產的剩餘價值 $14\frac{7}{12}$ 噸，以前用來補償不變資本，現在以剩餘產品形式出現的產品也等於 $14\frac{7}{12}$ 噸，二者加起來等於 $29\frac{1}{6}$ 噸，這和 E 表中Ⅲ以實物量表示的地租完全相等。所以，「在較好等級的土地上由於它們產品的市場價值和個別價值的差額而產生的**級差地租**在它的**實在形態**上，作為**實物地租**，作為**剩餘產品**，……是由**兩個要素**構成，並由兩種**轉化**決定的。」（第二分冊第 516 頁）第一，是工人創造的剩餘價值經歷從利潤形式到地租形式的轉化；第二，是必須用來補償不變資本價值的產品，由於市場價值提高，其中有一部分遊離出來也以剩餘產品形式轉化為地租形式。「後一種情況，即產品的一部分不轉化為資本，而轉化為地租，李嘉圖和所有後來的經濟學家都沒有注意到。他們只看到剩餘產品轉化為地租，而沒有看到以前歸入資本分內（而不歸入利潤分內）的那部分產品中有一部分也會轉化為剩餘產品。」（第二分冊第516~517頁）

二、應就剩餘價值總額對預付資本的關係來考察一般利潤率的下降

李嘉圖所謂「地租吞並利潤」的觀點，實際上是用利潤在不同資本家集團之間的分配來說明利潤率的下降。馬克思指出，在談到資本主義生產發展過程中利潤率下降的規律時，應把利潤理解為剩餘價值總額，利潤率＝剩餘價值/預付資本。因為作為剩餘價值總額的利潤（P），還要在產業資本、借貸資本和土地所有者之間進行瓜分，分解為產業利潤（P′）、利息（Z）和地租（R），即 P＝P′+Z+R。這裡很明顯，如果利潤率下降，而產業利潤同利息、地租相比卻有可能提高，或者也會出現相反的情況。不管 P 的大小，也不管 P 是提高還是下降，而 P′、Z 和 R 彼此相對來說都有可能提高或下降，它們的變動僅僅是在 P 的範圍內在不同人之間的不同分配。所以，只能從剩餘價值總額對預付資本的關係來認識一般利潤率下降的規律，而不能用利潤的不同分割來解釋。那種沒有利潤而有地租的情況，只不過是一種表面現象。

三、在漲價的產品也加入不變資本的情況下，地租的增加仍然是由剩餘價值和一部分遊離的資本轉化的

馬克思說，前面的研究都假定，按市場價值已漲價的產品，「不以實物形式加入不變資本的構成，而只加入工資，只加入可變資本。如果已漲價的產品加入不變資本，那麼，在李嘉圖看來，利潤率因此就會降得更低，地租就會提得更高。這一點必須加以研究。」（第二分冊第518頁）

（1）現在先假定，不變資本一半由穀物等土地產品構成，另一半由其他商品構成，市場價值每噸按 E 表提高到 3 鎊計算。馬克思經過仔細推算得出，在這種場合下，100 鎊資本的新構成是 $58\frac{38}{39}$C+$41\frac{1}{39}$V，使用的工人人數等於 $13\frac{79}{117}$。這 $13\frac{79}{117}$工人推動 $12\frac{32}{39}$噸（價值等於 $38\frac{6}{13}$鎊）穀物的不變資本和

$20\frac{20}{39}$鎊其他商品構成的不變資本，新創造的價值等於 $41\frac{1}{39}$鎊，他們得到的工資按 E 表也等於 $41\frac{1}{39}$鎊，因而在這裡任何剩餘價值都沒有了。

但是，從 E 表Ⅲ這個等級來看，在勞動生產率不變的條件下，原來 $16\frac{2}{3}$個工人生產 $62\frac{1}{2}$噸，平均每人生產 $3\frac{3}{4}$噸。現在是 $13\frac{79}{117}$個工人，生產的總噸數將是 $51\frac{11}{39}$噸。其中 $12\frac{32}{39}$噸補償以實物形式加入的那部分不變資本，$6\frac{98}{117}$噸（等於 $20\frac{20}{39}$鎊）補償由其他商品構成的不變資本，$13\frac{79}{117}$噸用於支付工人的工資。這三部分加在一起等於 $33\frac{1}{3}$噸，所以還剩餘 $17\frac{37}{39}$（$51\frac{11}{39}$－$33\frac{1}{3}$）噸形成地租。很明顯，這 $17\frac{37}{39}$噸地租仍然是由剩餘價值和一部分遊離出來的不變資本轉化的。

（2）再假定不變資本和可變資本一樣，全部由農產品構成。按照馬克思的推算得出，在這種場合下，等級Ⅲ的 $13\frac{1}{3}$個工人生產 50 噸，以實物形式支出，20 噸補償不變資本，$13\frac{1}{3}$噸用於支付工人工資，剩餘 $16\frac{2}{3}$噸形成地租。其中工人提供的剩餘價值 $13\frac{1}{3}$鎊，合 $6\frac{2}{3}$噸；以剩餘產品形式遊離出來的不變資本 20 鎊，合 10 噸，二者相加，正好等於 $16\frac{2}{3}$噸。

按照同樣的方法推算得出，等級Ⅱ的 $13\frac{1}{3}$個工人生產 $43\frac{1}{3}$ 噸，其中 $33\frac{1}{3}$噸補償不變資本，剩下 10 噸（等於 $2,317\frac{1}{13}$鎊）作為剩餘產品而形成地租，其中 $9\frac{3}{13}$ 鎊來自剩餘價值，$13\frac{11}{13}$鎊是從不變資本中游離出來的。

其餘等級可以類推。只有在Ⅰa 這個等級上，生產出來的 $33\frac{1}{3}$噸產品全部都要用來補償不變資本和工資，因而事實上既沒有剩餘價值也沒有剩餘產品，既沒有利潤也沒有地租。

根據以上計算和分析，馬克思得出以下幾點看法：

第一，無論在哪個等級的土地上，只要生產出來的產品比以實物形式補償資本所必需的多，就會發生利潤（剩餘價值）和資本向地租的轉化。因為「只要以前在價值較低時本來必須用來補償資本的那部分產品中有一部分現在遊離出來，或者本來必須轉化為資本和剩餘價值的那部分產品現在歸入地租分內，在這裡就會發生這種轉化。」（第二分冊第 522 頁）

第二，不變資本的漲價如果是農產品漲價的結果，那就會使地租大大降低。例如，Ⅲ和Ⅱ的地租在 E 表上分別為 $29\frac{1}{6}$噸和 $20\frac{5}{6}$噸（合計 50 噸），現在分別降到 $16\frac{2}{3}$噸和 10 噸（合計 $26\frac{2}{3}$噸），總共幾乎降了一半。這是因為同一數額（例如 100 鎊）資本所使用的工人人數減少了（由於可變資本和不變資本價值都增加了），所以這種降低是必然的。

第三，在農業生產率降低的情況下，隨著級差地租的增長，即使在較好等級的土地上，與一定量的預付資本相比，總產品量也總是減少的。因為工資提高，同一資本所推動的勞動量越來越少；而在生產率既定的條件下，實際得到的產品量也和剩餘價值一樣，取決於資本所使用的工人人數。李嘉圖對這一點毫無所知。李嘉圖只注意到生產同樣數量的產品，必須使用更多的勞動，卻忽略了花費同一資本所使用的活勞動量會不斷減少，其中必要勞動的部分會越來越大，剩餘勞動的部分會越來越小（假定按下降序列）。而這一點對確定利潤率以及所生產的產品量是有決定意義的。

最後，馬克思指出，在級差地租的問題上，李嘉圖接受了前人的觀點，他的重大功績在於，如昆西所說的：「給地租學說增添了新的東西：他把地租學說歸結為地租是否真的取消價值規律的問題。」（轉引自第二分冊第 524 頁）李嘉圖的闡述表明，地租的存在是符合價值規律的。這正是他不同於前人而勝過前人的地方。

［(d) 在農產品價格同時提高的情況下利潤率提高的歷史例證。農業勞動生產率增長的可能性］

在前面，馬克思已經充分闡明，級差地租的本質、級差地租存在的事實，同土地的利用是按下降序列或上升序列運動沒有任何關係。實際上，上升序列和下降序列是互相交錯的。

在這裡，馬克思強調指出，即使在個別短暫時期出現下降序列的運動占很大優勢的情況下，也絕不是像李嘉圖所說的那樣，利潤率（剩餘價值率）因此就必然下降。以1797—1813年的英國為例，在那個時期，「在英國雖然小麥和一般農產品的價格都急遽上漲，但利潤率還是異乎尋常地提高了」。（第二分冊第525頁）馬克思分析了出現這種情況的原因：第一，工作日延長了，增加了絕對剩餘價值的生產，這是當時採用新機器的直接後果；第二，加入工人消費的工業品和從殖民地輸入的商品跌價，從而勞動力價值相應下降，第三，工人的實工資被壓低到勞動力價值以下；第四，國家發行公債和財政支出膨脹，對資本的需求比資本的供給增加得更快，從而引起商品名義價格的提高，並對剩餘價值作有利於工廠主地再瓜分。

最後，馬克思還用哈利特選育小麥良種極大地提高小麥產量的例子證明，農業勞動生產率，也不是像李嘉圖所說的那樣呈現不斷下降的趨勢，而是有著逐步提高的廣泛的可能性。

［（e）李嘉圖對利潤率下降的解釋以及這種解釋同他的地租理論的聯繫］

首先，馬克思集中摘引了李嘉圖關於利潤率下降的基本觀點，完全印證了前面（a）節對李嘉圖的見解的錯誤前提的分析。這裡就不贅述了。

其次，馬克思還對李嘉圖有關利潤率下降的其他觀點進行了評述。

第一，李嘉圖認為，即使假定商品價格隨著工人貨幣工資的提高而提高，他對利潤率下降的分析仍然是正確的。馬克思指出，李嘉圖在論證這個問題時「終於提出了對利潤率具有決定意義的因素，那就是，用同量資本**所雇傭的工人由於工資提高而減少**」。（第二分冊第530頁）至於商品價格隨著工資提高而提高，而資本家的「**景況並不會比商品價格沒有提高時好些**」（轉引自第二分冊第530頁）的說法，那就不完全正確了。

第二，李嘉圖說：「在社會向前發展的情況下，土地的純產品同土地的總產品相比，會不斷減少。」（轉引自第二分冊第531頁）馬克思充分肯定了這個論點，並且指出，這種減少的真實原因在於，隨著生產的進步，資本的有機構成會提高，不變資本同可變資本相比會增加。李嘉圖也承認這一點，但他只是在固定資本和流動資本相比會增加這種形式上意識到這一點的。

同時，李嘉圖自己還指出了土地的改良也是地租提高的一個原因，而這是「與農產品價格提高完全無關的」（第二分冊第 531 頁）。

第三，李嘉圖說：「在任何國家，在任何時候，**利潤都取決於**在不提供地租土地上或者用不提供地租的資本生產工人必需品所需要的勞動量。」（轉引自第二分冊第 532 頁）這就是說，租地農場主在最壞土地上的利潤，調節一般利潤率。馬克思說：「從歷史上和理論上來看，這是不正確的。」（第二分冊第 533 頁）從歷史上看，由於資本主義生產是工業先於農業，農業利潤是由工業利潤決定，而不是由農業利潤來調節工業利潤。從理論上看，在資本主義條件下，絕對地租等於個別價值和費用價格之間的差額，級差地租等於市場價值和個別價值之間的差額。在最壞的土地上之所以不提供地租，正是因為它的產品是按低於它的個別價值的市場價值出賣的，恰好抵償它的費用價格。而這種費用價格主要是由非農業資本的利潤率調節的。因此，「只有說，在提供利潤而不提供地租，其產品按費用價格出賣的最壞的土地上，平均利潤率會出現，會明顯地表現出來，那才是正確的，但如果說平均利潤是由此調節的，那就完全不正確了。」（第二分冊第 533 頁）

第四，李嘉圖在批判斯密「把**利潤的下降**完全**歸因於資本的累積和由此產生的競爭**」的觀點時說：「**如果沒有某種引起工資提高的持久的原因，任何資本累積都不能使利潤持久地降低**……」（轉引自第二分冊第 533 頁）馬克思指出，這種說法只有在利潤和剩餘價值等同的情況下，才是正確的。

接著，馬克思分析說，斯密的見解所依據的是他的庸俗價值論，即把價值看成是由工資、利潤和地租三種收入構成的。他認為，隨著資本的累積和競爭的加劇，通過降低商品價格的方法會迫使利潤降低。根據這種觀點，利潤就成為一種沒有內在尺度的商品價格的附加額。

馬克思指出：「李嘉圖反駁斯密說，資本的累積不會使商品的價值規定發生變動，這一論據在理論上自然是正確的；但是，李嘉圖企圖用一個國家不可能發生**生產過剩**這一點來反駁斯密，這就大錯特錯了。」（第二分冊第 534 頁）李嘉圖之所以否認生產過剩，主要在於他認為資本家進行生產的目的似乎不是為了利潤、為了剩餘價值，而是為了消費、為了使用價值；從而沒有看到，資本主義生產的發展具有與直接的需求無關的無限擴大的趨勢，正是這一趨勢同有支付能力的需求之間的矛盾，必然導致週期性的生產過剩。

最後，馬克思還指出以下幾點：李嘉圖在批評薩伊在利潤和利息的關係問題上的錯誤觀點時，強調利潤率決定利息率，這是對的；但「任何情況都不能使因果倒置」，（轉引自第二分冊第 535 頁）這是把二者的關係絕對化了。李嘉圖在批評薩伊的供求決定論時，卻接受了薩伊的生產費用的見解，把生產費用同生產商品的勞動量混同起來。李嘉圖在評述斯密關於殖民地貿易的觀點時，認為高額利潤能夠提高商品的價格是同勞動價值論相矛盾的看法，也是不正確的。李嘉圖沒有看到發達國家的勞動生產率比殖民地國家高，因而生產同一商品，發達國家可以按高於商品的個別價值但低於殖民地國家的價值出賣，發達國家的「這種勞動沒有被作為質量較高的勞動來支付報酬，卻被作為質量較高的勞動來出售」①。因此，利潤率就會提高。

① 馬克思. 資本論：第 3 卷［M］// 馬克思恩格斯全集：第 25 卷. 北京：人民出版社，1973：264-265.

[第十七章] 李嘉圖的累積理論。對這個理論的批判。從資本的基本形式得出危機

在這一章，馬克思分析了李嘉圖的累積理論。馬克思首先批判了為李嘉圖所接受的「斯密教條」，這是李嘉圖累積理論的基礎。馬克思全面批判了李嘉圖在資本累積和經濟危機問題上的錯誤，闡明了自己關於資本主義的對抗性矛盾和經濟危機的理論。

[(1) 斯密和李嘉圖忽視不變資本的錯誤。不變資本各部分的再生產]

斯密和李嘉圖在分析再生產時忽視了不變資本，這是他們錯誤的根本所在。既然把產品的價值僅僅分解為收入，忽視不變資本；那麼就會把累積看作是剩餘價值轉化為可變資本，把收入轉化為工資。馬克思說：「認為資本累積是收入轉化為工資，就是可變資本的累積，這種見解從一開始就是錯誤的，也就是片面的。這樣，對整個累積問題就得出了錯誤的解釋。」(第二分冊第 537 頁)

與此相反，馬克思在這裡著重指出，為了弄清楚社會資本的再生產，「首先，必須弄清**不變資本的再生產**。」(第二分冊第 538 頁) 這一重要思想，在《資本論》中一貫得到表現。馬克思在《資本論》第二卷第十九章用很大篇幅批判了「斯密教條」。在《資本論》第三卷第四十九章《關於生產過程的分析》中指出，闡明再生產過程的困難在於說明不變資本的實現和補償。①

正因為如此，馬克思在《剩餘價值理論》第一分冊中曾經批判了「斯密教條」，在這裡又回過頭來分析不變資本的再生產。分析不變資本各個部分的

① 馬克思. 資本論：第 3 卷 [M] // 馬克思恩格斯全集：第 25 卷. 北京：人民出版社，1973：944.

再生產。

馬克思假定再生產週期為一年。他指出，不變資本中很大一部分是固定資本。固定資本每年只消耗一部分價值並轉移到產品中去，所以固定資本的特點是加入年勞動過程，但不全部加入年價值形成過程。固定資本中不加入價值形成過程的部分不需要再生產，它只有「純粹形式上的再生產」（保存）。關於修理和保存固定資本所必需的其他一切，馬克思在這裡算在原來花費在固定資本上的勞動費用中。馬克思認為「投在真正修理上的資本……算作流動資本較為合適。」①

不變資本的第二部分是每年加入價值形成過程的固定資本以及屬於流動資本的原料和輔助材料。它們的價值被消費掉了並轉移到產品中去，因此需要得到補償。

與這個問題相聯繫，馬克思指出，不變資本的物質要素中的很大部分往往在一年內在一個生產領域中作為不變資本被消費掉，而在另一個生產領域又作為商品被生產出來。例如在紗廠中棉花被紡成紗，而在農場中棉花又被生產出來。它們都是一年內新勞動的產品，因此都可以在一年內在實物上得到補償。

關於不同部類消耗掉的不變資本的補償，《剩餘價值理論》第一分冊已經指出，Ⅰ(V+M) 是通過與ⅡC 交換實現的，即通過收入與資本相交換而實現的。至於ⅠC 則是通過第Ⅰ部類內部的交換而實現的，這是資本與資本之間的交換。

不變資本的存在不僅增加了產品的數量而且增加了產品的價值量，雖然不變資本的價值要通過今年的勞動才能轉移到產品中去，但是這個不變資本的價值本身卻是去年勞動或者過去勞動所創造的。既然這部分不變資本的增加不僅會增加年產量，而且會增加年產品的價值量，因此，即使年勞動量保持不變。這種增加就是**資本累積**的形式，理解這種形式非常重要。（第二分冊第 540 頁）可是李嘉圖卻錯誤地認為，工業中 100 萬人的勞動總是生產出相同的價值，雖然他們可以生產出不同的財富。

其實，100 萬工人不僅因為勞動生產率不同可以生產出不同數量的商品。而且由於生產中花費了不同的不變資本，這些商品的價值量也會有很大的不同。

---

① 馬克思. 資本論：第 2 卷［M］// 馬克思恩格斯全集：第 24 卷. 北京：人民出版社，1973：197.

[(2) 不變資本的價值和產品的價值]

馬克思首先指出，在這裡分析不變資本的再生產時，假定勞動生產率不變，從而不變資本的價值不變。如果不變資本的價值隨著勞動生產率的變化而發生了變化，那就會影響產品價值在扣除不變資本價值以後剩下餘額的大小。例如，由於勞動生產率的提高，20 誇特小麥種子（花費同量勞動）得到的收成由 100 誇特增加為 150 誇特（假定其價值量照舊為 300 鎊），這時種子占收成的百分比就會由原來的 20%下降為 $13\frac{1}{3}$%（無論就實物量和價值量來看都是一樣的）。

上面講到，年產品價值中包含著不變資本價值的轉移，因此兩個國家由於勞動生產率的不同，它們耗費同量活勞動時所消費的不變資本價值是不同的。假如英國在工業中每年所耗費的活勞動量和俄國相等，但是英國在生產中消費的不變資本價值大於俄國。這樣，英國所生產的商品的總價值大於俄國，因為英國生產的總商品中的不變資本價值更多。但是單位產品的價值卻比俄國要低，因為產量隨著勞動生產率的增長而增加了。

農業中的情況和工業有所不同。落後國家的農產品，就貨幣價格來說會比資本主義發達的國家便宜，假如 1 個英國農業工人花費 1 個工作日（使用了價值為 10 個工作日的不變資本）所生產的產品，需要 5 個俄國農業工人每人花費 1 個工作日（使用了價值為 1 個工作日的不變資本）才能生產出來。這樣，英國人產品的價值為 10+1＝11 個工作日，俄國人產品的價值則為 1+5＝6 個工作日。這樣，同量的英國穀物和俄國穀物價值之比將是 11：6。如果俄國穀物每誇特為 2 鎊，那麼英國穀物每誇特為 $3\frac{2}{3}$ 鎊（2：$3\frac{2}{3}$ ＝6：11）。可見，這時英國穀物的貨幣價格要比俄國穀物的貨幣價格來得高，雖然英國穀物所花費的直接勞動比俄國要少得多。「只要英國人比俄國人使用較少的直接勞動而使用較多的不變資本，並且，只要這種不變資本……沒有把勞動生產率提高到足以抵銷俄國土壤的自然肥力的程度，英國穀物的價格和價值較高的情況就會始終存在。」（第二分冊第 543 頁）馬克思指出，發達資本主義國家中貨幣工資之所以較高也可以由此來說明。

馬克思指出，到此為止，我們考察的都是簡單再生產。在這種條件下，不變資本是這樣得到補償的，一方面，「在生活資料的生產中消費的那部分不變資本，由一年內新勞動生產的不變資本來補償」。（第二分冊第 544 頁）也就是說，ⅡC 要和Ⅰ（V+M）進行交換。另一方面，「生產不變資本……時消費的不變資本，由生產不變資本的各個生產領域的總產品以實物形式或通過資本同資本的交換來補償。」（第二分冊第 544 頁）也就是說ⅠC 通過第Ⅰ部類內部的交換得到實現。

[（3）資本累積的必要條件。固定資本的折舊及其在累積過程中的作用]

在前面考察簡單再生產的基礎上，馬克思在本節分析了資本的累積及其條件。為了簡單起見，馬克思在分析時假定勞動生產率不變、撇開了對外貿易和資本週轉。

累積需要有價值源泉和物質條件。

馬克思首先指出，剩餘價值是累積的源泉，為了擴大再生產，「剩餘價值的一部分必須轉化為資本，而不是作為收入被消費。」（第二分冊第 544 頁）這部分剩餘價值按照資本的有機構成相應地轉化為追加的不變資本和可變資本。隨著生產的發展和資本有機構成的提高，轉化為不變資本的部分將相對增大。

累積還需要有物質條件。首先，要有追加的勞動力和生活資料。關於追加的勞動力可以通過很多途徑得到：延長勞動時間、增加半就業狀態工人的勞動時間、把非生產勞動者變成生產勞動者、把原來沒有參加勞動的人吸收到生產過程中來，等等。但是，只有在工人人口隨著整個人口增加而絕對增加的條件下，累積才能成為經常的不斷的過程。因此，「**人口增加**表現為累積這個經常過程的基礎。」（第二分冊第 545 頁）資本主義再生產發展是不平衡的，對於勞動力的需求也往往突然增加或收縮。「為了應付突然情況，資本主義生產已做了準備：它迫使一部分工人人口進行過度勞動，又使另一部分工人人口陷於赤貧或半赤貧狀態，作為後備軍儲備起來。」（第二分冊第 545 頁）

其次，累積還需要有追加的生產資料。為了不拖延地、不間斷地進行累積，織布廠主必須能夠在市場上找到現成的追加的紗、織機、煤炭，等等。

馬克思在本節還專門分析了固定資本的折舊及其在累積過程中的作用。馬克思指出：「凡是使用許多不變資本，因而也使用許多固定資本的地方，補償固定資本損耗的這部分產品價值就是**累積基金**，這個基金可以被使用它的人用來作為新固定資本（或流動資本）的投資，而且這部分累積根本不是從剩餘價值中扣除的。（見**麥克庫洛赫**的著作）這種累積基金在那些沒有大量固定資本的生產階段和國家是不存在的。這是重要的一點。這是一個不斷用於改良、擴大等方面的基金。」（第二分冊第 548 頁）關於折舊基金的性質和使用是很重要的問題。在 1862 年 8 月 20 日馬克思致恩格斯的信、1862 年 9 月 9 日恩格斯的回信以及 1867 年 8 月 27 日恩格斯致馬克思的信中都討論了這個問題並有詳細的計算。馬克思在《資本論》第二卷第八章第 2 節中對這個問題做了進一步的論述。從馬克思和恩格斯的整個思想來看，應該這樣來理解折舊基金：折舊基金本質上是補償基金，但是它可以在適當的範圍用於擴大再生產。

[(4) 累積過程中各生產部門之間的聯繫。剩餘價值的一部分直接轉化為不變資本是農業和機器製造業中累積的特點]

在累積過程中，不僅追加的不變資本和可變資本之間需要保持一定的比例，各生產部門之間也必須保持一定的聯繫。

在這一節中，馬克思首先考察了機器製造業和其他部門間的聯繫，即使製造業只維持簡單再生產，那些需要這些機器的部門卻必須進行擴大再生產。如果機器製造業自己也進行累積，那麼需要這些機器的部門就必須更加擴大自己的生產規模。在這裡必須注意，機器作為固定資本的一種物質形態，它是逐步消耗的，一臺機器也許可以用十年或者十二年。同時也要注意到機器雖然發生了價值損耗，但是在實物上有的還不立刻需要進行實物補償。

馬克思接著指出，織布廠主必須能夠在市場上找到現成的追加的生產資料。如果要依靠訂購才能得到追加的生產資料（如黃麻），那麼今年進行累積就不可能了。

反過來講，如果亞麻種植業進行了累積，擴大了生產，但是紡紗廠、織布廠、機器製造廠沒有擴大生產，那麼亞麻就會過剩。可見，各生產部門之間在累積過程中存在著緊密的聯繫。在分析中馬克思暫時撇開了個人消費，所以這裡考察的是生產者之間的聯繫。

那麼，假定普遍地進行累積，需要什麼條件呢？馬克思指出，累積無非是剩餘價值資本化，所以「**資本累積的條件同原來生產或再生產資本的條件是完全一樣的**。」（第二分冊第 551 頁）那就是用一部分貨幣找到工人，用另一部分貨幣在市場上找到生產資料。資本主義生產規模越大，從生產到消費的過渡階段，存在於流通中的商品量就越多，每一筆資本在市場上能夠現成找到各自的再生產條件的把握也就越大。總體來講，「正如一個**領域**中現有資本的生產和再生產以其他領域中**並行的**生產和再生產為前提，一個部門中的累積，或者說，追加資本的形成，也以其他部門中**同時或並行地進行的**追加生產為前提。因此，在所有提供不變資本的領域中，生產規模必須同時擴大（按照由需求決定的、每個特殊領域在整個生產增長應中承擔的平均份額來擴大）；所有不為個人消費提供成品的領域，都提供不變資本。」（第二分冊第 553 頁）

在再生產過程中，有一部分剩餘產品不需要經過出賣、經過市場，它直接就可以用作追加的不變資本。這個事實就表明：「應當轉化為資本的剩餘價值**並不是**全都轉化為可變資本，或者說，花費在工資上。」（第二分冊第 544~555 頁）

在農業中，作為剩餘產品的穀物，可以不經過出賣立即作為追加的種子直接轉化為追加的不變資本。這部分穀物不是用作工人的生活資料，它不轉化為追加的可變資本。剩餘價值中的其他部分也可能以役畜、肥料等形式直接用作追加的生產資料，轉化為追加的不變資本。「這裡累積是同更大規模的再生產直接一致的」。（第二分冊第 556 頁）

在工業中，生產機器的機器製造機的一部分剩餘產品也可以直接作為不變資本加入新的生產。

剩餘價值的一部分能否直接轉化為追加的不變資本，關鍵在於代表剩餘價值的剩餘產品的一部分能否直接用作追加的生產資料加入擴大再生產過程，也就是要看剩餘產品採取什麼實物形式。「這裡我們又有了一個例子，表明**使用價值**這個範疇對於**決定經濟形式**具有重要的意義。」（第二分冊第 558 頁）

這樣，我們看到在累積過程中，剩餘產品中有很大的部分能夠而且必須在本部門直接轉化為新的不變資本。此外，剩餘產品的一部分還可以通過不變資本的不同組成部分（如鐵、煤炭）之間，也就是生產資料的不同生產部門之間的交換形成新的不變資本。

[(5) 資本化的剩餘價值轉化為不變資本和可變資本]

我們已經看到，首先，在簡單再生產條件下，再生產不變資本使用的不變資本（即ⅠC）是通過兩種形式的內部交換得到補償的，這是資本同資本的交換。其次，ⅡC則通過與Ⅰ(V+M)的交換而得到補償。與此相適應，第Ⅱ部類中用於補償ⅡC的那部分產品代表第Ⅰ部類生產者的收入；反之，第Ⅰ部類中代表新加勞動形成收入的產品Ⅰ(V+M)則代表了生活資料生產者的資本。這就要求第Ⅰ部類用Ⅰ(V+M)去換生活資料，用於個人消費。

其中的ⅠV，即再生產出來的工資基金必須仍舊用於支付工資，用作個人消費。

至於ⅠM，這部分數量如果較大，資本家就可以在個人消費之外，把其中的一部分用於生產消費，用於擴大生產的規模。這時又會發生不變資本生產者之間進行的產品交換，但這已經不是ⅠC內部的交換，而是ⅠM，即第Ⅰ部類剩餘產品的直接轉化為不變資本。這就表明「累積，絕不等於全部剩餘產品都花費在生產工人的工資上」。(第二分冊第560頁) 從而批判了李嘉圖認為累積就是收入轉化為工資的錯誤觀點。

資本化的剩餘價值必須轉化為追加的不變資本和可變資本，因此，在累積過程中兩大部類之間必須相互適應。如果第Ⅰ部類片面累積必然會引起再生產的紊亂。

資本化的剩餘價值必須轉化為追加的不變資本和可變資本，這一點只要考察一下國際貿易就可以看得一清二楚。如果一個國家機器的生產趕不上擴大再生產的需要，必須從外國進口累積所需要的追加的機器。

至於剩餘產品究竟以怎樣的比例分為不變資本和可變資本，這就取決於資本的平均構成。

在本節最後，馬克思講到了另一個重要思想。他指出，不變資本中的固定資本有不同的用途。有的用於生活資料的生產，有的用於修鐵路、開運河，有的用於平整土地和水利設施的建設。它們的直接的後果是極不相同的。這就是說有的投資週轉快，有的投資週轉慢，它們之間需要保持一定的比例關係。

[(6) 危機問題（引言）。發生危機時資本的破壞]

從第6節至第14節，馬克思批判了李嘉圖在危機問題上的錯誤，闡述了經濟危機理論。這一節是引言。危機問題和再生產理論有緊密的聯繫。「整個累積過程首先歸結為這樣的**追加生產**，它一方面適應人口的自然增長，另一方面形成在**危機**中顯露出來的那些現象的內在基礎。」（第二分冊第 562 頁）

從前幾節分析可以看到，只要有了追加的生產資料、生活資料和追加的勞動力，這就具備了累積和擴大再生產的條件。但是，資本主義的再生產過程充滿了對抗性矛盾，這種矛盾的激化必然表現為經濟危機。這是由資本主義生產的目的和資本主義再生產發展的形式所決定的。首先，生產必須由消費完成，但是資本主義生產的目的卻不是為了人民的消費，而是為了資本家發財致富。馬克思指出，資本主義「追加生產的尺度，是**資本**本身，是生產條件的現有規模和資本家追求發財致富和擴大自己資本的無限慾望，而絕不是**消費**。」（第二分冊第 562 頁）在資本主義條件下，消費早就被破壞了，廣大工人的消費只能在非常狹窄的範圍內擴大自己消費。隨著資本主義的發展對勞動（力）的需求也在相對減少。其次，在資本主義私有制條件下，「一切平衡都是**偶然的**」（第二分冊第 562 頁），平衡的達到以經常的比例失調為前提。

馬克思批判了李嘉圖認為普遍的生產過剩是不可能的這一論點。詹姆斯・穆勒在 1808 年出版的《為商業辯護》的小冊子，已經提出了所謂生產和消費之間、供給和需求之間、購買量和銷售量之間的經常的和必然的平衡的論述。薩伊在《政治經濟學概論》中進一步發揮了這個觀點。他從「產品是用產品購買的」這一論點出發，認為任何商品的生產（供給）同時創造對產品的需求，從而斷言普遍的生產過剩是不可能的。這一錯誤觀點被資產階級庸俗經濟學家廣泛傳播，並鼓吹為「薩伊法則」；它也被李嘉圖所接受了。

為李嘉圖所接受的否認資本主義可能出現普遍生產過剩的經濟危機的謬論，其實質在於把資本主義生產的目的描述成是為了保證生產者的直接消費。馬克思針對這種錯誤觀點深刻指出：「任何時候都不應該忘記，在實行資本主義生產的條件下，問題並不直接在於使用價值，而在於交換價值，特別在於增加剩餘價值。這是資本主義生產的動機。為了通過論證來否定資本主義生產的矛盾，就撇開資本主義生產的基礎，把這種生產說成是以滿足生產者的直接消費為目的的生產，這倒是一種絕妙的見解。」（第二分冊第 564~565 頁）

此外，資本流通過程要經歷一個相當長的時期。由於勞動生產率的變化，商品的實際價值會發生重大的變化，從而干擾資本的形態變化和資本主義再生產順利進行。這就使「危機的要素必然會累積和發展」（第二分冊第 565 頁）。

這種矛盾是絕不能夠用產品同產品交換這類空話所能排除的。

在本節最後，馬克思指出，對於危機所引起的資本的破壞，要區分兩種不同的情況。一種情況是，由於生產過程的停滯，勞動過程縮短了或者完全停滯，這時實際資本就會被消滅。它不僅使資本的價值完全喪失（或減少），資本的物質形式的使用價值也遭到破壞。另一種情況是，資本的破壞意味著價值量的貶低，產品價格發生毀滅性的下降，但是使用價值並未遭到破壞。在這種情況下，一個產業資本家的虧損往往意味著另一個產業資本家賺錢；而貨幣資本家時常靠犧牲產業資本家來發財致富。至於社會的名義資本（交換價值）很大一部分被消滅，只要不觸及使用價值，可以在以後營業活躍時促進新的生產。

[(7) 在承認資本過剩的同時荒謬地否認商品的生產過剩]

李嘉圖接受了薩伊和詹姆斯・穆勒的觀點，否認普遍生產過剩危機。在經濟危機問題上李嘉圖沒有做出科學的貢獻，不過他的觀點比同輩和門徒更為前後一貫。

李嘉圖認為人的需要是無限的，對於商品的需求只受到生產的限制，因此商品普遍的供過於求，商品的普遍生產過剩是不可能的。不管一個國家的資本怎樣充裕，利用這些資本生產出來的商品不可能過剩。所以，在李嘉圖的著作中，「關於（商品的）生產過剩不可能的論點，同關於資本過多或資本過剩不可能的論點，是一回事。」（第二分冊第 567 頁）在李嘉圖看來，除了由於工資的大幅度提高使得剩下的利潤極少以致累積的動機消失，否則無論累積的資本有多少，不可能不被生產地加以利用。

但是李嘉圖的門徒們，一方面否認市場商品的普遍充斥，另一方面他們又用資本過多來說明危機。因此，「他們都承認一種形式的生產過剩，但是否認另一種形式的生產過剩。」（第二分冊第 567 頁）

那麼，李嘉圖和他的門徒相比為什麼有這個特點呢？生產過剩的兩種形式之間的關係究竟又是什麼呢？

馬克思指出，李嘉圖否認普遍生產過剩危機是和他所處的時代有聯繫的。資本主義第一次普遍生產過剩爆發於 1825 年，李嘉圖的代表作《政治經濟學及賦稅原理》出版於1817年，1823年李嘉圖就去世了。因此，「李嘉圖自己對於危機，對於普遍的、由生產過程本身產生的世界市場危機，確實一無所知。」（第二分冊第567頁）至於對1800—1815年的局部經濟危機，李嘉圖用歉收、紙幣貶值、殖民地商品跌價等來解釋；對於1815年以後的局部經濟危機則用戰爭到和平的轉變等加以解釋。

但是，1825年以後普遍生產過剩的經濟危機有規律地週期地出現。這就不允許李嘉圖的門徒繼續否認這個事實，或者把這個事實解釋成偶然現象。於是他們「臆造出了一個**資本過多**和**生產過剩**之間的美妙的差別。」（第二分冊第568頁）他們斷言生產過剩是不可能的，同時卻又用資本過多來解釋他們無法否認的現象。

承認資本過剩同時又否認商品生產過剩是極為荒謬的。眾所周知，資本在循環中要不斷採取貨幣資本、生產資本以及商品資本三種形態。危機時表現出來的商品普遍過剩、價格跌落以及開工不足也就意味著資本過剩。馬克思指出：「用『**資本過多**』的說法代替『**商品生產過剩**』的說法不僅僅是一種遁詞」，他們想用它來「迴避說明現象的困難，在現象採取某種形式（名稱）而同這些經濟學家的偏見發生矛盾時就加以否認，只有在現象採取另一種形式而變得毫無意義時才加以承認。」（第二分冊第569頁）

但是，如果撇開這一切不談，那麼馬克思認為，「從『**商品生產過剩**』的說法轉到『**資本過多**』的說法，實際上是個進步。」它的進步「在於承認商品生產者不是作為單純的商品所有者，而是作為資本家彼此相互對立。」（第二分冊第569頁）

[（8）李嘉圖否認普遍的生產過剩。在商品和貨幣的內在矛盾中包含著危機的可能性]

在這一節馬克思從幾個方面批判了李嘉圖否認普遍的生產過剩的錯誤論點，指出在商品和貨幣的內在矛盾中已經包含著危機的可能性。

李嘉圖否認普遍的生產過剩經濟危機有他的理論基礎和方法。馬克思指出，「大衛・李嘉圖接受了庸俗的薩伊的（其實是屬於詹姆斯・穆勒的）觀點……認為**生產過剩**，至少**市場商品普遍充斥**是不可能的。這種觀點是**以產品同產品交換**這一論點為基礎的，或者，正如穆勒所想像的那樣，是以『賣者和買者之間的形而上學的平衡』為基礎的。」(第二分冊第 563 頁) 為了證明資本主義條件下不可能導致普遍的生產過剩的經濟危機，辯護論者的方法是否認資本主義生產關係的特殊性，否認資本主義的歷史過渡性，把資本流通混同於簡單商品流通和直接的產品交換。「僞造最簡單的經濟關係」。他們「不顧對立而硬說是統一。」(第二分冊第 571 頁) 片面誇大並錯誤理解賣和買的同一性。在他們看來，各個對立因素的統一排除了它們的對立；似乎有了統一就不會有經濟危機。其實，作為商品形態變化運動的買和賣，在本質上既是兩個階段的統一又是兩個階段的對立。他們彼此有內在聯繫，分離只能在危機中強制地表現出來。危機表現出各個彼此獨立因素的統一。

馬克思分析批判了李嘉圖三方面相互有聯繫的錯誤觀點。

馬克思先抓住了李嘉圖的下述論點：「產品總是用產品或服務購買的，貨幣只是進行交換的媒介。」(轉引自第二分冊第 571 頁) 這裡的錯誤在於：首先，把商品交換變成了單純的產品的物物交換，這就不僅退回到資本主義生產以前，甚至回到了簡單商品生產以前去了。其次，「服務」是指作為使用價值來理解的勞動，出賣服務這種勞動的人為購買者提供某種使用價值。因此，李嘉圖「不說雇傭勞動，卻說『服務』，在『服務』這個詞裡，雇傭勞動及其使用的特殊規定性——就是增大它所交換的商品的價值，創造剩餘價值，——又被拋棄了，因而貨幣和商品轉化為資本的那種特殊關係也被拋棄了。」(第二分冊第 572 頁) 再次，把貨幣僅僅看作是交換的媒介，把商品—貨幣—商品還原為商品—商品，這就歪曲了貨幣的本質，否認貨幣是價值獨立性的表現。概括起來講，「這裡論證不可能有危機的辦法就是，忘記或者否定資本主義生產的最初前提——產品作為商品的存在，商品分為商品和貨幣這種二重化，由此產生的在商品交換中的分離因素，最後，貨幣或商品對雇傭勞動的關係。」(第二分冊第 572 頁)

接著，馬克思批判了李嘉圖的這一論斷：「任何人從事生產都是為了消費**或出賣**，任何人都是為了**購買**對他直接有用或者有助於未來生產某種別的商品。」(轉引自第二分冊第 573 頁) 對此，馬克思斥之為幼稚的胡說。第一，資本家進行生產是為了追求剩餘價值而不是為了自己的消費。「以前，李嘉圖忘記了產品就是商品。現在，他連社會分工也忘記了。」(第二分冊第 573 頁) 第二，說資本家進行生產是為了消費或者出賣，這種「二者擇一」的說法也是荒謬的。在資本主義條件下，商品生產占統治地位，資本主義企業的商品是非賣不可，毫無選擇的餘地。資本主義再生產過程中的困難主要表現在銷售上。第三，資本家出賣的目的是為了把商品資本轉化為貨幣資本，實現剩餘價值而不是為了購買。有時資本家生產中斷，被迫低價出賣是為了支付，他們暫時不會考慮購買進行再生產的商品。

最後，馬克思批判了李嘉圖的下述觀點：「某**一種**商品可能生產過多，可能在市場上過剩，以致不能補償它所花費的資本；但是不可能**所有的**商品都是這種情況。」（轉引自第二分冊第 575 頁）馬克思指出，貨幣不僅是進行交換的媒介，它同時還使買賣分離。李嘉圖把貨幣僅僅看成流通手段，把交換價值僅僅看成是轉瞬即逝的形式，其根本原因是「只看到交換價值的**量的規定**……忘記了交換價值**質的規定**」。（第二分冊第 575 頁）個人勞動的直接形式是具體勞動，只有通過具體勞動轉化為抽象勞動，個人勞動才被承認為社會勞動。認為生產過剩只可能是局部的，只是一種可憐的遁詞。首先，在商品形態變化中，所有的商品和個別商品一樣會遇到同樣多的困難。可見，「商品形態變化（它既包括買和賣的分離，又包括兩者的統一）的一般性質，不僅不排除市場商品普遍充斥的**可能性**，相反，它本身就是這種普遍充斥的可能性。」（第二分冊第 576 頁）其次，李嘉圖的論斷當然不僅是從買和賣的關係出發，而且是從需求和供給的關係出發的。但是，供給和需求也是彼此分離並且可以彼此獨立的，所有商品的供給可能大於所有商品的需求。如果對需求和供給之間的關係從更廣泛的意義上來理解，那就應該包括生產和消費的美系在內。必須看到，「這兩個因素的潛在的、恰好在危機中強制地顯示出來的**統一**，是與同樣存在的，甚至表現為資產階級生產特徵的這兩個因素的**分離**和**對立**相對的」。（第二分冊第 576 頁）

李嘉圖把局部的生產過剩和普遍的生產過剩對立起來，只承認局部的生產過剩。對此，馬克思強調指出了兩點：第一，在危機之前，商品往往普遍漲價，而接著所有這些商品都卷進崩潰之中。這時按照下降幅度很大的商品價格，市場才能吸收較多的商品量，可見商品的過剩是相對的。第二，危機（因而，生產過剩也是一樣）只要包括了主要交易品，就會成為普遍性的。（第二分冊第 577 頁）

[(9) 李嘉圖關於資本主義條件下生產和消費的關係的錯誤觀點]

在本節，馬克思進一步批判了李嘉圖否認普遍的生產過剩的論點。

在李嘉圖看來，需要的是無限的，需要只受生產的限制，因此不會有超過需要的國度生產。

馬克思指出，這是一種幼稚的論證。在經濟危機時，一方面商品堆積如山，另一方面廣大勞動人民缺吃少穿。「如果僅僅在一個國家的全體成員的即使最迫切的需要得到滿足之後才會發生生產過剩，那麼，在迄今資產階級社會的歷史上，不僅一次也不會出現普遍的生產過剩，甚至也不會出現局部的生產過剩。」(第二分冊第 578 頁) 李嘉圖的錯誤在於，他把資本主義生產的目的看成是為了滿足消費，又把消費看作是絕對需要或者佔有商品的願望。但是，生產過剩只是相對的。「生產過剩同絕對需要究竟有什麼關係呢？生產過剩只同有支付能力的需要有關。這裡涉及的不是絕對的生產過剩，不是同絕對需要或者佔有商品的願望有關係的生產過剩本身。」(第二分冊第 578 頁)

按照李嘉圖的邏輯，他會說，既然有一批人需要鞋子和棉布，為什麼不去生產呢？但是資本主義的怪事，「正是充斥市場的那些商品的真正生產者——工人——缺乏這些商品。」(第二分冊第 578 頁) 紡織工人缺少衣服，挖煤工人缺少煤燒。所以，「無論如何也不能用市場上的許多商品還有需要，還有未能滿足的需要，就否定**普遍的**生產過剩。」(第二分冊第 578 頁)

總起來講，李嘉圖把資本主義生產的目的說成是滿足消費，他不懂得資本主義存在著生產無限擴大的趨向和消費相對狹小之間的矛盾。這個矛盾是從資本主義的基本矛盾中派生出來的。他也不懂得資本主義生產的限制在於資本本身。

[(10) 危機的可能性轉化為現實性。危機是資產階級經濟的一切矛盾的表現]

在這一節，馬克思著重講了兩個「分離作用」，論證了貨幣成為仲介物之後對於經濟危機的可能性發生的作用。

在直接的物物交換條件下，有兩種情況使交換不可能進行。或者是一方生產了無用之物，或者另一方沒有有用之物可以作為等價物同前者的使用價值進行交換。但是只要發生了交換，那麼買者就是賣者，賣者就是買者。買賣是同一的，因此不存在產生危機的因素。

在簡單商品流通條件下，W—W 轉化成了 W—G—W。商品形態變化包括出賣和買進兩個階段。這兩個階段互相補充，但是它們在時間上和空間上又可能相互分離。出賣了不一定需要立刻買進。一個人不買另一個人就不能出賣。「因此，危機的可能性只在於賣和買的分離。」（第二分冊第 580 頁）我們說形態變化的簡單形式包含著危機的可能性，「那只不過是說，在這種形式本身包含著本質上相互補充的因素彼此割裂和分離的可能性。」（第二分冊第 580 頁）

在進行直接物物交換的時候，產品的主要部分是滿足生產者自己的需要。到分工有了一些發展以後，作為商品交換的只是剩餘產品，因此這個剩餘產品是否能進行交換並不重要。但是在商品生產條件下，出賣是不可缺少的條件。因此，如果商品賣不出去，就會發生危機。

「總之，可以說：危機的第一種形式是商品形態變化本身，即買和賣的分離。」（第二分冊第 582 頁）

危機的第二種形式是貨幣作為支付手段的職能。貨幣，作為支付手段，起了價值尺度和價值實現的不同時刻的分離作用。

就危機的第一種形式來說，資本主義條件下的總商品資本和它所包含的每一個單個商品都要經歷 W—G—W 的過程。在社會總資本的再生產和流通過程中，單個資本的運動，它們的形態變化是互相連結、彼此交叉的。這種聯繫，「一方面，由於分工而成為必然的，另一方面，又是偶然的，因此，對危機的內容的規定已經擴大了。」（第二分冊第 583 頁）

就作為支付手段的貨幣形式產生的危機的可能性來說，資本主義社會裡各個資本家之間的債務關係形成的錯綜複雜的連鎖關係，如果有某些人到期不能支付，就會影響一大串，並可能破壞整個信用關係，這樣就要發生普遍的危機。

總體來講，「在這裡，在資本主義生產中，我們已經看到了使危機可能性可能發展成為現實性的相互債權和債務之間、買和賣之間的聯繫。」（第二分冊第 584 頁）

在簡單商品經濟條件下，危機畢竟只是一種可能性而沒有變成現實性。馬克思的危機學說就是「要就危機來自作為資本的資本所**特有**的，而不是僅僅在資本作為商品和貨幣的存在中包含的資本的各種形式規定，來徹底考察潛在的危機的進一步發展。」（第二分冊第 585 頁）只有這樣才能說明危機如何從可能性轉化為現實性。

現實的危機只能從資本主義生產的現實運動中才能引出。但是從生產過程本身這一點卻表現不出來，因為這裡不發生價值和剩餘價值的實現。「只有在本身同時就是**再生產過程**的**流通過程**中，這一點才能初次顯露出來。」（第二分冊第 585～586 頁）

資本的總再生產過程是再生產過程和流通過程的對立統一。它們既統一又彼此分離。「危機就是強制地使已經獨立的因素恢復統一，並且強制地使實質上統一的因素變為獨立的東西。」（第二分冊第 586 頁）

馬克思指出，對於再生產和危機的分析，「在論述再生產這一部分只能作不充分的敘述，需要在《資本和利潤》一章中加以補充。」（第二分冊第 586 頁）這是指後來《資本論》第三卷中有關的部分。

[（11）危機的形式問題]

在本節，馬克思補充說明了五點。

第一，危機有兩種形式上的可能性。第一種可能性包含在買和賣的分離中；第二種可能性包含在兩個時刻的分離中。（貨幣在兩個不同時刻分別起價值尺度和價值實現的作用。）

在沒有信用的情況下，第一種可能性既可能出現，也可能發生危機。但是在沒有買賣彼此分離的情況下，卻不可能出現第二種可能性。在第二種情況下危機之所以發生，不僅是因為商品一般地賣不出去，而是因為商品不能在一定期限內賣出，從而以它為基礎的一系列支付都不能實現。馬克思強調，即使沒有信用，也能發生危機，是為了批判那些從信用領域中尋找危機根源的資產階級經濟學家。

第二，考察一般資本時假定商品價格同價值是一致的。因此由價格變動和價格革命引起的危機就不能在考察一般資本時得到說明。

第三，危機的一般的可能性在於商品形態變化本身，但是危機的一般可能性不是危機的原因。要說明危機的原因，就必須說明危機為什麼從可能性變為現實性。

第四，危機的一般條件，只要不取決於價格波動就必須用資本主義生產的一般條件來說明。

「**危機**可能發生在：第一，（貨幣）**再轉化為生產資本**的時候；第二，由於生產資本的要素特別是**原料**的**價值變動**，如棉花收成減少，因而它的**價值**增加。」（第二分冊第 588 頁）馬克思指出，由於棉花歉收，它的價值和價格都提高了。這時紗廠用於原料的資本必須增加，用於勞動的部分必將減少，再生產就不能按有規模繼續進行。這種情形將使一部分固定資本閒置起來，一部分工人失業，並使利潤率下降（因為不變資本的價值和可變資本相比增加了，可變資本價值減少）。但是事先規定的利息和地租照舊不變，因此就有一部分不能支付。「於是發生**危機**。勞動危機和資本危機。因此，這就是由於靠產品價值補償的一部分不變資本的價值提高而引起的**再生產過程的破壞**。」（第二分冊第 589 頁）其次，利潤率下降了，但是產品反而漲價。如果這種產品是生產資料並加入其他生產領域，那麼這種漲價就會在其他領域使再生產遭受到同樣的破壞。如果這種產品是生活資料並加入工人的消費，那麼就會使必要生活資料漲價，從而使可變資本遭到破壞。如果這種生活資料不加入工人的消費只作為生活資料加入一般的消費。那麼，由於這種產品的漲價（假定這種產品的消費不減少）對其他產品的需求就會減少，從而使其他商品的再轉化為貨幣遭到破壞。

第五，由於對某一種產品需求的減少從而使這種產品的再生產遭到破壞所發生的生產過剩危機，是「**由於再生產的第一階段遭到破壞**，也就是由於商品向貨幣的轉化發生障礙，或者說**出賣發生障礙而產生的危機**。在發生第一種（由於原料漲價而引起的）危機的情況下，危機是由於生產資本的要素的回流發生障礙而產生的。」（第二分冊第 591 頁）

[（12）資本主義條件下生產和消費的矛盾。主要消費品生產過剩轉化為普遍生產過剩]

在這一節，馬克思批判了李嘉圖把生產者和消費者等同起來的錯誤，闡述了資本主義條件下生產和消費的矛盾。針對李嘉圖否認普遍生產過剩的錯誤論點，馬克思指出，主要消費品的生產過剩會轉化為普遍的生產過剩。

馬克思指出，李嘉圖把消費者和生產者等同起來是非常錯誤的。拿棉織廠來說，工人會把一部分工資用來購買棉布，但是工人購買的只是消費資料，他們不購買生產資料。「因此，說生產者和消費者是一回事，那是最可笑不過的了」。（第二分冊第591~592頁）因為對於不生產直接消費品的部門來說，工人不是自己產品的消費者或買者。工人在勞動過程中使用機器和原料，但是工人並不是機器和原料的買者。有人會說，企業主代表工人購買了生產資料。但是企業主必須出賣包含剩餘價值在內的商品量而不僅是出賣把預付資本再生產出來的商品量，可見資本家需要的市場比工人需要的市場要大。

對於生產資料來說，工人是生產者但不是消費者。

馬克思說：「因此，主張把資本主義生產中的消費者（買者）和生產者（賣者）等同起來，從而否定危機，是再荒謬不過的了。這兩者是完全不一樣的。」（第二分冊第592頁）

在這裡，辯護論者為了否認危機在有對立的地方大談統一。他們用想像排除矛盾的願望不過是實際上存在著矛盾的證明。這也說明，資本主義的深刻矛盾，按照善良的願望是不應該存在的。

但是資本主義生產的目的是追求剩餘價值。工人只有能為資本家生產剩餘價值時，才能進行生產，否則他們的生產和消費都會停止。可見，工人之所以貧困、缺少錢，「不是因為他們生產的東西不夠，而是因為他們從他們所生產的產品中得到的太少。」（第二分冊第593頁）

因此，雇傭工人和資本家的關係本身就包含著：①生產者的最大部分（工人），並不是他們所生產的很大一部分產品（生產資料）的消費者（買者）；②工人必須生產剩餘價值。他們生產的產品必須大於其等價物，只有工人生產的東西超過自己有支付能力的需求時，他們才能成為這個等價物的消費者或買者。「因此，就這個生產者階級來說，說生產和消費是統一的這種論調，無論如何一看就知道是錯誤的。」（第二分冊第594頁）

李嘉圖說，需求的唯一界限是生產本身，生產只受資本的限制。如果對李嘉圖這一論點進行正確的分析，應該指出，資本主義生產方式的特點是：資本主義生產只以資本作為自己的尺度，它不考慮消費的界限。

李嘉圖把資本主義生產中的消費者（買者）和生產者（賣者）等同起來，從而否定危機。李嘉圖只承認由於生產的比例失調而發生的局部危機。馬克思指出：「可是我們這裡談的，不是以生產的比例失調為基礎的危機，就是說，不是以社會勞動在各生產領域之間的分配比例失調為基礎的危機。」（第二分冊第595頁）

馬克思具體說明了主要消費品生產過剩是如何引起普遍生產過剩的。

如果棉布充斥市場，再生產遭到破壞。這時首先受影響的是生產棉布的工人，一部分棉布工人將要失業，他們的購買力和消費將大大減少。除此之外，棉布的生產過剩還會影響紡紗、棉花種植、織機、鐵和煤等生產部門，使它們的生產遭到破壞，因為這些部門為棉布生產提供生產資料，「棉布的再生產是他們進行再生產的條件。」（第二分冊第 597 頁）隨著上述生產部門生產的減少，這些部門資本家獲得的利潤以及工人的工資也會減少。這種收入的減少又勢必會減少對消費品的要求。這樣，「如果不僅棉布，而且麻布、絲綢和呢絨都發生生產過剩，那麼不難理解，這些為數不多但居主導地位的物品的生產過剩就會在整個市場上引起多少帶普遍性的（**相對的**）生產過剩。」（第二分冊第 597~598 頁）正是在這裡我們看到了資本主義的深刻矛盾：「一方面，是再生產的一切條件出現過剩，各種各樣賣不出去的商品充斥市場；另一方面，是資本家遭到破產，工人群眾忍饑挨餓，一貧如洗。」（第二分冊第 598 頁）

[（13）生產擴大和市場擴大的不一致。李嘉圖關於消費增長和國內市場擴大有無限可能性的見解]

亞當・斯密認為：當任何一個國家的資本增加到了已經無法全部用來供應本國的消費並維持本國的生產勞動時，資本的剩餘部分就自然流入海運業，被用來為其他國家執行同樣的職能。李嘉圖反駁了斯密的觀點。在李嘉圖看來，之所以把資本投入對外貿易或者海運業，並非由於缺乏國內市場，而只是因為投資於這些部門利潤要大些。李嘉圖認為：人們的慾望沒有止境，人們對消費需求是無限的，所以國內市場也是無限的，因此也不可能有普遍的生產過剩和資本過剩。李嘉圖說：「需求是無限的，只要資本還能帶來某種利潤，資本的使用也是無限的。」（轉引自第二分冊第 602 頁）

針對李嘉圖的觀點，馬克思指出，生產的擴大和市場的擴大是相互依賴的。在資本主義條件下市場的擴大要比生產的擴大慢。資本不是簡單地以原來的規模再生產自己，而是以擴大的規模把自己再生產出來，於是就會出現市場對於生產顯得過於狹窄的時刻。「假如市場的擴大與生產的擴大步伐一致，就不會有市場商品充斥，不會有生產過剩。」（第二分冊第 599 頁）馬克思還指出，如果把危機歸結為市場的擴大比不上生產的擴大，這只是把商品充斥歸結為市場有限。「這不過是把要說明的現象用另一種說法說出，不是用它的抽象形式，而是用它的現實形式說出而已。」（第二分冊第 598～599 頁）

[(14) 生產力不可遏止的發展和群眾消費的有限性之間的矛盾是生產過剩的基礎。關於普遍生產過剩不可能的理論的辯護論實質]

資本主義經濟危機是指普遍的生產過剩危機。對於生產過剩，必須有正確的理解。當社會上相當一部分人的最迫切的需要還沒有得到滿足，絕對談不上產品的生產過剩。相反，如果把產品生產過剩理解為產品量超過人們對於產品的需要量。那麼，從這個意義上講，在資本主義生產的基礎上經常是生產不足。「但是，商品的生產過剩和產品的生產過剩是完全不同的兩回事。」（第二分冊第 602 頁）生產過剩是指資本主義社會生產的商品超過了有支付能力的需求而出現的商品的生產過剩。在資本主義條件下，生產的界限是資本家的利潤，而不是生產者的需要。但是李嘉圖混淆了商品過剩和產品過剩。

前資本主義社會生產力水準低下，此外，「古代人連想也沒有想到把剩餘產品變為資本。」（第二分冊第 603 頁）和前資本主義社會相比，可以清楚地看到資本主義生產的本質和生產過剩的基礎。「構成現代生產過剩的基礎的，正是生產力的不可遏止的發展和由此產生的大規模的生產，這種大規模的生產是在這樣的條件下進行的。一方面，廣大的生產者的消費只限於必需品的範圍；另一方面，資本家的利潤成為生產的界限。」（第二分冊第 603～604 頁）

在資本主義社會條件下，商品生產普遍化了，它既不是直接的物物交換，也不是為滿足社會需要按計劃進行的社會生產。在資本主義社會條件下，每個人的私人勞動只有通過交換才能取得社會的承認。「每個人都為自己而勞動，而特殊勞動必須同時表現為自己的對立面即抽象的一般勞動，並以這種形式表現為社會勞動」。（第二分冊第 604 頁）在資本主義社會中，不同生產部門之間的平衡，只有通過消除不平衡才能達到。

因此，李嘉圖也承認個別商品可能充斥市場。但是李嘉圖否認普遍的市場商品充斥。在他看來，如果生產過剩是普遍的，那麼一切生產領域之間就會保持同樣的比例，這就等於按比例生產，而按比例生產就排除生產過剩。

李嘉圖認為個別產品之所以生產過多，只是由於另一些產品生產不足；而他所說的生產不足的產品，既不是像棉布那樣的主要產品，也不是為棉布進行中間生產的棉花、棉紗等生產領域。「生產不足的（不是上述那些產品，而）是其他物品，例如鋼琴、寶石等，**生產不足**是發生在這些其他物品的部門中。」（第二分冊第606頁）這種用一方面的生產不足來說明另一方面的生產過剩的觀點，無非是說，如果生產按比例進行就不會發生生產過剩。如果需求和供給彼此相符，也就不會發生生產過剩。

李嘉圖把資產階級生產方式看成是絕對的生產方式，因此他就不能承認資產階級生產方式所包含的生產力自由發展的界限。這種界限在危機中暴露出來。

馬克思在批判李嘉圖等人否定普遍生產過剩的錯誤中，闡述了自己關於經濟危機的理論。在本節最後，馬克思指出，生產力不可遏止的發展和群眾消費的有限性之間的矛盾是生產過剩的基礎。「至於專門談到**生產過剩**，那它是以資本的一般生產規律為條件：按照生產力的發展程度（也就是按照用一定量資本剝削最大量勞動的可能性）進行生產，而不考慮市場的現有界限或有支付能力的需要的現有界限。而這是通過再生產和累積的不斷擴大，因而也通過收入不斷再轉化為資本來進行的；另外，廣大生產者的需求卻被限制在需要的平均水準，而且根據資本主義生產的性質，必須限制在需要的平均水準。」（第二分冊第610~611頁）由此可見，資產階級生產的一切矛盾，在普遍的世界市場危機中集中地暴露出來。

[（15）李嘉圖關於資本累積的各種方式和累積的經濟效果的觀點]

在這一節，馬克思考察了李嘉圖關於資本累積的方式的見解，並且分析了李嘉圖關於資本累積對於商品價值總量、人口增長以及利潤率下降的影響等一些觀點。

關於資本累積的方式或方法，李嘉圖有兩個提法。

第一個提法是：資本可能由於增加生產或由於減少非生產消費而增加。李嘉圖認為累積資本有兩條道路：或者增加收入，或者減少消費。例如，在利潤從1,000鎊增加到1,200鎊而支出不變時，累積資本可以增加200鎊。在利潤不變而資本家的個人消費由於個人消費品的價值下降了200鎊（通過採用機器或者從外國輸入廉價商品）從而可以節約 200 鎊時，累積也可以增加 200 鎊。

第二個提法是：如果把一部分收入從個人消費轉入生產的消費，把節約的收入推動更多的生產勞動，這樣資本家按量和價值都能進行累積，這是靠節約來累積。或者是用於個人消費的支出不變，但是只要提高了勞動生產率，這樣「花費同樣的勞動會生產出更大量、更好、因而也更便宜的構成生產資本的要素即原料、機器等」。（第二分冊第 613 ~ 614 頁）這時累積的提高，既不取決於利潤率的提高，也不取決於資本家的個人消費的減少或者消費品的降價，而是取決於生產資料的降價。

我們知道，李嘉圖正確地認為，累積的特點是剩餘價值由生產工人消費而不是由非生產工人消費。但是他又錯誤地認為，累積的資本全部由生產工人所消費，累積的資本全部用作可變資本。

馬克思指出，如果李嘉圖所說的勞動生產力的提高是由於使用了較多的不變資本（和可變資本相比），特別是其中的固定資本，那麼在再生產過程中，不僅使用價值量會增加，價值量也會增加，因為轉移的價值增加了。此外，隨著勞動生產率的提高，單位產品中所消耗的勞動減少了，但是所使用的整個活勞動量卻增加了。最後，「即使勞動生產率保持不變，可變資本和不變資本也可能和每年人口的自然增長一起以同一程度增長。在這種情況下，資本不僅按量而且按價值，都能進行累積。最後這幾點李嘉圖完全沒有注意到」。（第二分冊第 614 頁）

李嘉圖認為由於在累積過程中採用了新機器，同量勞動生產出來的商品數量會增多，但是這個商品總量的價值總量卻是不會變化的。不僅如此，他還認為由於技術改良引起原有的同類商品貶值，所以社會所擁有的價值量將會減少。馬克思指出，從這裡決不能夠得出商品總的價值量會減少的結論來，儘管這個商品總量的某一個部分的價值會減少。馬克思還指出：「這種結果只有在兩種情況下才會發生，第一，如果由於技術進步而新增加的機器和商品的價值，小於原有同類商品的價值已經貶值的部分；第二，如果我們不考慮下面這一點，即隨著生產力的發展，生產領域也不斷增加，因而為投資開闢了以前根本沒有的新部門。生產在發展過程中不僅會變得更便宜，而且會變得**更加多樣化**。」（第二分冊第 616 頁）總之，隨著資本的累積和勞動生產率的提高，不僅產品的數量會增加，財富的價值總量也會增加。

在李嘉圖看來，假如資本的增加經常超過人口的增加，就會使工資的市場率經常高於它的自然率，使工資經常保持在比較高的水準上，從而不斷刺激人口的增加。按照李嘉圖的這種說法，資本的增加決定著人口的增加。但是資本主義的現實恰恰與此相反；勞動人口的增加和勞動生產率的提高，決定資本的累積和擴大再生產並決定人口的再生產。馬克思說：「從資本主義觀點出發，一切都是顛倒著表現出來的。工人人口量和勞動生產率程度既決定資本的再生產，又決定人口的再生產。這裡卻顛倒過來，表現為資本決定人口。」（第二分冊第 617 頁）

隨著資本的累積，利潤率趨向下降。李嘉圖看到了這一趨勢。他認為，隨著資本累積以及人口的增加，質量較壞的土地投入耕種，農業勞動生產率降低，這樣貨幣工資會提高，因而利潤率有下降的趨勢。李嘉圖也談到由於生產必需品所使用的機器的改良以及農業科學上的發現，對於利潤率的下降有抑制的作用。

李嘉圖認為，隨著利潤率的下降，資本家累積的動機就會減少，在他看來，農場主和製造業者的累積動機將隨著利潤的每一減少而減少。當利潤低落到不足以補償其用於生產的資本所必須碰到的麻煩和風險時，累積動機就會全然終止。李嘉圖認為利潤率的下降使資本主義生產方式受到了一個限制，它影響資本累積，造成社會停滯不前，他因此感到不安、恐懼。

李嘉圖看到了利潤率下降的趨勢。馬克思說：「利潤率下降規律是李嘉圖體系中最重要的觀點之一。」（第二分冊第 497 頁）但是他不瞭解不變資本和可變資本、剩餘價值與利潤、利潤本身與它的彼此獨立的各個組成部分（產業利潤、商業利潤、利息、地租）的區別，沒有徹底分析資本有機構成的差別和平均利潤率形成問題，因此不能科學地說明利潤率趨向下降的規律。

馬克思在《資本論》第三卷第三篇深刻分析了《利潤率趨向下降的規律》。

[第十八章] 李嘉圖的其他方面。約翰·巴頓

在這一章，馬克思在批判李嘉圖的學說時，就總收入和純收入以及資本主義條件下使用機器對工人階級的影響問題提出了許多重要的論點。本章的中心是評論李嘉圖關於資本主義條件下使用機器對工人階級有什麼影響的觀點。馬克思對此進行了詳細的分析，揭示了被機器排擠的工人會得到補償的辯護論的實質。由於約翰·巴頓對李嘉圖觀點的變化起一定的作用，所以李嘉圖的評論也涉及巴頓。

標題《李嘉圖的其他方面》是指與上面各章沒有直接關係的幾個問題。

[A. 總收入和純收入]

重農學派最初把純收入和總收入對立起來是為了說明地租。他們認為農業才能生產「純產品」，地租是剩餘價值的唯一形式；在他們看來工業利潤不過是一種工資。「這樣，純收入實際上就是產品（或產品價值）超過它補償預付資本即不變資本和可變資本的那一部分的餘額。」（第二分冊第 624 頁）

在這裡，馬克思結合分析了資本主義生產的目的和生產勞動問題。馬克思指出：「資本主義生產的直接目的不是生產商品，而是生產剩餘價值或利潤……不是產品而是剩餘產品。」（第二分冊第 624 頁）勞動本身只有在為資本創造利潤或者剩餘產品時才是生產的，否則便是不生產的。資本主義生產的目的通過加強對工人的剝削而達到。「資本主義生產的始終不變的目的，是用最小限度的預付資本生產最大限度的剩餘價值或剩餘產品。」（第二分冊第 625 頁）

產品的價值包括勞動新創造的價值和從生產資料轉移的舊價值，等於 C+V+M。由於李嘉圖在談到產品價值時承襲了「斯密教條」，撇開了不變資本的

價值，因此他錯誤地把產品價值歸結為收入。李嘉圖認為，每一個國家的全部土地產品和勞動產品都要分成三部分：一部分是工資，一部分是利潤，一部分是地租。

李嘉圖認為，一個國家的實際利益不在於總收入的大小而在於純收入的大小。他說如果 500 萬人能夠生產出 1,000 萬人的衣食來，其中有一半就是純收入。假定 700 萬人只能生產出 1,200 萬人的衣食來，這時純收入仍然是 500 萬人的衣食。這對國家毫無好處。

[B. 機器（李嘉圖和巴頓論機器對工人階級狀況的影響問題）]

[(1) 李嘉圖的觀點]

[(a) 李嘉圖關於機器排擠部分工人的最初猜測]

馬克思引用了李嘉圖在《政治經濟學及賦稅原理》第一章《論價值》第五節中的一大段話，其中有這樣的觀點：假設有一臺價值 5,000 鎊的機器能使用一年。這臺機器一年能做的工作恰好等於 100 個工人的工作日。倘若每個工人的工資為 50 鎊，那麼，對於工廠主來說，購買機器還是雇傭工人都是一樣的。如果 100 個工人的工資由 5,000 鎊提高到 5,500 鎊，工廠主就會改用機器。李嘉圖在分析機器的價格會不會由於工資的提高而提高時還談到，在每個工人的工資等於 50 鎊的情況下，製造一臺價值 5,000 鎊的機器所使用的工人人數一定少於 1,000，因為這臺機器的價值，除了工資以外還必須包括資本家的利潤。因此，「**生產這些不會說話的因素所花的勞動，總是比被它們排擠的勞動少得多**。」（轉引自第二分冊第 629 頁）

這是李嘉圖初次提出的關於機器排擠部分工人的猜測。對此，馬克思指出：「這一點完全正確。這也是對那些認為受機器排擠的工人能在機器製造業本身找到工作的人的回答。」（第二分冊第 629 頁）

馬克思還進一步用數字進行了論證。假定利潤率為 10%，那麼生產出一臺價值 5,000 鎊機器所需要的預付資本大約為 4,545 鎊（利潤約為 455 鎊）。就可變資本來說，如果一個工人的工資為 50 鎊，那麼 4,545 鎊只代表 $90\frac{9}{10}$個工人的工資。但是機器製造業還要使用生產資料，因此這筆預付資本中用於雇傭工人的人數要比 90 個工人少得多。「所以，只有在用於生產機器……的工人人數……比機器所代替的工人人數少得多的情況下，使用機器才是有利的。」(第二分冊第 630 頁)

[(b) 李嘉圖論生產的改進對商品價值的影響。關於工資基金遊離出來用於被解雇的工人的錯誤論點]

李嘉圖曾經說，如果原先用十個人推動磨面機，後來借用風力或水力可以節省這十個人的勞動。這樣，面粉的價值會按照所節約的勞動量相應地下降，社會的財富會由於這十個人的勞動能生產其他商品而增加，而「**預定用於維持這十個人的生活的基金並無任何減少**」。(轉引自第二分冊第 631 頁)

對此，馬克思指出，面粉降價以後，「社會可以消費更多的面粉，也可以把以前**預定用在面粉上**的錢用在另一種商品上，這另一種商品或者是已經存在的，或者是因新的消費基金遊離出來才出現的。」(第二分冊第 631 頁) 關於這種由於面粉降價而遊離出來的，用於另一種商品上的收入可以說是離開了「預定的用途」，這就好像累積了新資本一樣。使用機器和自然因素就是用這種方法把資本遊離出來，並使以前「潛在的需要」可能得到滿足。相反，李嘉圖「關於『**預定用於維持**』這十個由於新發現而失去工作的人的『生活的基金』的說法是錯誤的」。(第二分冊第 631 頁) 為什麼是錯誤的呢？因為這種說法包含著這樣的荒謬前提：「如果採用機器（或者利用自然因素）不減少可以用作工資的生活資料的量……那麼用上述方法遊離出來的基金就必然要作為可變資本花掉……並且必然要恰恰用在被解雇的工人身上。」(第二分冊第 632 頁) 在李嘉圖看來，使用機器或者自然力會使資本遊離出來，成為被排擠的工人的消費基金。事實上，這筆基金確實並沒有因為這十個工人的失業而減少，但是這筆基金和這十個工人沒有任何必然的聯繫。這些生活資料可以出口也可以用在非生產勞動者身上，即使這筆基金仍舊用作資本，也不是非要全部用作可變資本不可，更不必「恰恰用在被解雇的工人身上」。

馬克思指出：「機器經常不斷地造成相對的人口過剩，造成工人後備軍，這就大大增加了資本的權力。」(第二分冊第 632 頁)

[(c) 李嘉圖改正他對機器問題的看法表現了他在科學上的誠實。李嘉圖對問題的新提法中仍保留了以前的錯誤前提]

關於機器對於社會不同階級的影響，李嘉圖原來認為在任何生產部門採用了機器只要能夠節省勞動，對大家都有好處；對土地所有者來說，如果貨幣地租不變，會從商品價格下降中得到好處；對資本家來說，首先採用機器的可以得到額外好處，普遍採用機器以後資本家獲得的貨幣利潤和過去一樣，但是可以支配更多的舒適品和享樂品；對工人階級來說，採用機器可以使工人用同樣的貨幣工資購買更多的商品。

在李嘉圖看來，機器雖然會排擠工人，但是雇傭這些工人的資本仍然存在，資本所有者會把資本用在生產上。對於工人不方便之處在於要從一個部門轉移到另一個部門。因此，李嘉圖說：「**由於我認為對勞動的需求仍然和以前一樣**，而工資又不會降低，我認為工人階級將由於使用機器後商品普遍跌價而和其他階級同樣受益。」(轉引自第二分冊第 634 頁)

李嘉圖在《政治經濟學及賦稅原理》第三版中增加了一章，即第三十一章《論機器》。在這一章中，李嘉圖改正了他原來對機器的看法。他說：「我現在深信，**用機器來代替人的勞動，對於工人階級往往是非常有害的**。」(轉引自第二分冊第 634 頁) 馬克思認為，這新加的一章證明了李嘉圖在科學上的誠實，這也使李嘉圖和庸俗經濟學有了本質的區別。

但是，在李嘉圖的新提法中仍然保留了以前的錯誤的前提。

在李嘉圖看來，好像機器總是在資本主義生產方式已經存在的生產領域被採用。但是事實並非如此。珍妮機代替了手工織工，割草機、脫粒機和播種機也許是代替了獨立的小農。在這裡不僅勞動者受到了排擠，他們的生產工具也不再是李嘉圖所講的資本。當機器在工場手工業中進行革命時，舊的資本發生了徹底貶值，因此說舊資本對勞動的需求和過去仍然一樣是荒謬的。手工織工和紡工使用的「資本」已不會「仍然存在」。

但是為了簡便，我們假定資本主義生產已經占統治地位。

李嘉圖錯誤的主要內容是他認為使用機器會使資本遊離出來並成為被排擠的工人的消費基金。馬克思指出，為了進行批判，必須把兩種基金區別開來。一種是資本家的基金，即採用機器解雇工人的資本家的基金；另一種是消費者的基金，即資本家的商品的消費者的基金。

第一，就採用了機器的資本家來說，他不可能把同過去一樣多的資本用在工資上，他必須把自己資本的一部分轉化為機器及原料，因此資本中可變資本的比重下降了。即使在資本累積過程中資本的總量會增大，但是可變資本的相對量總是在減少，其後果是一部分工人被拋上街頭。

當然，機器製造業會需要工人，但是李嘉圖自己已經指出，機器所費的勞動量絕沒有它所代替的勞動那樣多。此外，還必須看到，工作日會延長、婦女和兒童被更廣泛的使用、農業中存在著經常的相對過剩人口。

由此可見，「認為採用機器能使工廠主的資本在最初投入企業時就遊離出來」。這種說法一看就知道是難以置信的。採用機器只是使他的資本投入別的部門，根據這個前提，其直接後果就是解雇工人，把一部分可變資本轉化為不變資本。(第二分冊第636頁)

第二，就社會成員的收入來說，由於採用機器使物價下跌會使人們的一部分收入遊離出來。這種遊離出來的收入可以用來增加個人的消費。其中一部分收入也可能轉化為資本，用來擴大已有的某個生產部門或者建立新的生產部門，但是這種轉化為資本的收入未必能夠吸收被機器排擠的工人。此外，一部分遊離出來的收入還可能用來和外國的產品相交換或者由非生產勞動者所消費。「無論如何，**在遊離出來的收入和從收入遊離出來的工人之間沒有任何必然的聯繫**。」(第二分冊第637頁)

第三，李嘉圖的論據是以下述荒謬看法作為基礎的的：現在被解雇的工人以前消費的生活資料依然存在，並且存在於市場上，這些工人也存在於市場上。因此，同時存在著生活資料（支付手段）和失業工人。因此，失業工人就能夠找到工作。

李嘉圖以為資產階級的整個結構非常精巧，如果有十個人被解雇了，那麼遊離出來的生活資料必定還是被這十個人消費掉。馬克思指出，這只是一種幻想。資本主義充滿著不可調和的矛盾。「人為地不斷製造出來的、只有在熱病似的繁榮時期才能被吸收的過剩人口，是現代工業生產的必要條件之一。沒有什麼東西能阻止這樣一些現象發生：一部分貨幣資本閒置不用，生活資料由於相對生產過剩而跌價，而被機器排擠的工人卻活活餓死。」(第二分冊第639頁)

馬克思說：「當然，遊離出來的勞動和遊離出來的一部分收入或資本，最終一定會在某一新的生產部門或在舊的生產部門擴大時找到出路，但這更多的是給**那些本來應該接替被排擠的工人的人**，而不是給被排擠的工人本身帶來好處。」(第二分冊第639頁)

馬克思最後對李嘉圖借以發揮的一些論點進行了概括。他說，李嘉圖（和巴頓）論斷的基礎是：任何資本的累積都是可變資本的增加，所以對於勞動的需求是和資本的累積按同一比例增加的。這種觀點顯然是錯誤的。隨著資本的累積，資本的有機構成在提高，不變資本的比重在增加。隨著資本主義的發展，消費品的總量增加了，但是其中轉化為可變資本的部分不僅不會因此增加還可能減少，因為歸地主、資本家、非生產階級消費的更多了。

就採用機器來生產消費品的資本家來說，由於勞動生產率提高，產品增加了。但是被解雇的工人已經不再是這種商品的買者和消費者了。資本家在再生產過程中將把他的商品更多地轉化為機器、原料，而不是轉化為工人的工資（間接就是生活資料），「所以，如果我們考察的是這樣的資本，即它的一部分現在不是再轉化為雇傭勞動，而是再轉化為機器，那麼，生產的商品量和這些商品中再轉化為工資的份額之間首先就沒有任何確定的關係或必然的聯繫。」（第二分冊第 642 頁）

再就整個社會的收入來說，它的範圍由於採用機器和物品降價而擴大。這種收入一部分會用於個人消費，其中相當大的部分會轉化為資本。但是，除了人為地造成的人口過剩外，總還存在著自然增長的人口，他們能把轉化為可變資本的那部分收入吸收掉。

由於機器排擠了工人，這些失業者對於消費品的需求會減少。但是由於商品降價，從業工人的消費可以擴大，資本家也可以多生產一些奢侈品。因此，「可能生產和以前一樣多的，甚至更多的商品（其中包括加入工人消費的商品），儘管現在轉化為可變資本即花費在工資上的是較少的資本，是總產品中一個更小的部分。」（第二分冊第 643 頁）

對於這些商品的生產者來說，也不會發生資本的遊離。即使由於對商品的需求減少了，他們的再生產發生困難，收入也減少，但是這並不意味著他們商品中的某一部分以前是作為資本被解雇的工人相對立，現在則和這些工人一起「遊離出來」了。曾經使用過他們的那筆資本「仍然存在」，但是不再以資本轉化為工資（或者只在更小程度上轉化為工資）的形式存在了。

馬克思諷刺說，難道「任何因遭遇某種不幸而掙不到錢的人，都會因此而使一筆能給他自己提供工作的資本遊離出來嗎？」（第二分冊第 643 頁）

［(d) 李嘉圖對採用機器給工人階級帶來某些後果的正確判斷。在李嘉圖對問題的說明中存在的辯護論觀點］

李嘉圖在《政治經濟學及賦稅原理》第三十一章《論機器》中不僅談道:「我現在深信,**用機器來代替人的勞動,對於工人階級往往是非常有害的**。」(轉引自第二分冊第 634 頁) 而且緊接著在下一段指出:「使國家的純收入增加的**原因**,同時也可能**造成人口過剩**,使工人狀況惡化。」(轉引自第二分冊第 644 頁) 這說明李嘉圖對採用機器給工人階級帶來某些後果有了正確判斷。

馬克思在這裡結合分析了資本主義的基本經濟規律和資本主義生產的局限性。資本主義生產的目的不是為了生產者,它的唯一目的就是純收入。他說:「資本主義生產的目的在於用一定量的財富得到盡可能多的剩餘產品或剩餘價值。達到這一目的的方法是:使不變資本相對地比可變資本增加得快些,也就是說,以盡量少的可變資本來推動盡量多的不變資本。」(第二分冊第 305~645 頁) 通過工人從中取得收入的基金的減少,促使資本家和土地所有者從中取得收入的基金的增加。

李嘉圖舉例說明機器的採用是如何引起人口過剩的。他並且指出,維持人口和雇傭勞動的能力取決於一個國家的總產品而不是它的純產品,所以對於勞動的需求必然會減少,人口將會過剩,工人階級的狀況將陷於窮困。

那麼,這些過剩人口的命運到底如何呢?李嘉圖認為,採用機器以後生活資料的價格下降,一部分純收入會轉化為累積的資本,因此,「**原先失業的人中有一部分後來就可以就業;如果採用機器以後生產增加很多,以致以純產品形式提供的食品和其他必需品的數量和以前以總產品形式存在的數量相等**,那就有**可能像以前那樣給全體人口提供工作**,因而就不一定(但是可能和也許!)**會有過剩的人口出現了**。」(轉引自第二分冊第 649 頁)

需要指出的是,李嘉圖所說的總收入或總產品,由於他忘記了補償不變資本的價值,所以指的是活勞動新創造的價值或體現這些價值的產品的數量。而李嘉圖在講到總產品或總收入的變化對於工人階級的影響時,他所講的總產品和總收入又只指用來支付工資的基金。正是在這個意義上,李嘉圖假定,機器的採用只有在它減少總產品(從而減少總收入)的時候才對工人有害。他說:「我想要證明的,只是機器的發明和應用可能伴隨著總產品的減少;每當這種情形出現時,工人階級就要受損害,因為其中一部分人將會失業,**人口同雇傭他們的基金相比將會過剩**。」(轉引自第二分冊第 649 頁) 其實,即使在產品總量隨著勞動生產力的提高而增加時，如果這種產品中用作資本家個人消費的部分增多了，可變資本基金也可以減少，從而使工人階級受到損害。馬克思說：「即使在總產品數量不變或者增加的時候，這種情況也可能發生，而且在大多數場合一定會發生，不同之處僅僅在於總產品的一部分以前用作可變資本，現在則作為收入來消費。」（第二分冊第 649 頁）

馬克思概括了李嘉圖在機器問題上的論述，指出李嘉圖為機器的資本主義使用辯護。

在機器問題上，資產階級辯護論並不否認：機器經常不斷地使一部分人口過剩，人口過剩並不是因為人口比生活資料增長得更快，而是因為機器的採用減少了對勞動的直接需求。李嘉圖承認：「人口過剩的產生，不是因為社會基金減少了，而是因為其中用於工資的部分由於這種基金的增長而相對地減少了。」（轉引自第二分冊第 651 頁）此外，李嘉圖也不否認從事機器勞動的工人和被機器排擠而瀕於死亡的手工勞動者的困苦。

但是，資產階級經濟學家斷言，首先，隨著機器的採用、生產力的增長，利潤和地租將會增加，資產者將需要更多的家僕。「美妙的前景就是日益增多地把一部分工人變為僕人。」（轉引自第二分冊第 651 頁）其次，由於新的生產條件需要的活勞動比過去少會產生對於累積的刺激，從而會擴大原有的生產領域並不斷產生新的生產領域，這就可以把被機器排擠的工人或者本該接替他們的人吸收到生產中來。最後，由於機器的採用，消費將變得更講究，奢侈品的生產範圍會擴大，工人階級就業機會又可以增加。其實，這不過表明工人階級為了得到必需的生活資料必須使上層階級擴大他們的享受範圍而已。

馬克思指出，在資本主義生產的發展中，有兩種不斷交錯的趨勢：第一，使用盡量少的勞動來生產更多的剩餘價值，純收入；第二，使用盡量多的工人。因為在生產力發展的一定階段上，使用的勞動量增加，剩餘價值和剩餘產品的量也會增加。這兩種趨勢對於工人的影響也是二重的。一種趨勢把工人拋向街頭，造成過剩的人口；另一種趨勢又把他們吸收掉，並絕對地擴大雇傭勞動奴隸制。

李嘉圖在這一章中要努力解決的正是這些矛盾。在李嘉圖看來，機器雖然使總收入有損失，但卻增加了純收入。這種純收入會轉化為資本，從而再轉化為總收入並增加對勞動的需求。他不懂得這不過是工人「被迫不斷增大資本的權力」。（第二分冊第 654 頁）李嘉圖還把機器看作只是制止工資上漲的手段。他認為機器往往只是在勞動價格上漲時才被應用，因此，機器的誘惑力在美國沒有英國大。其實，美國使用機器比經常有過剩人口的英國相對說來要多得多。

李嘉圖提出了資本增加的規律，即資本每有增加就意味著對於機器和勞動的需求的增加，但是對於勞動的需求的增加率是遞減的。

從李嘉圖的《政治經濟學及賦稅原理》一書第三十一章《論機器》的一個註中，① 可以看到李嘉圖的這一規律是在追隨約翰·巴頓。所以，馬克思在下邊簡略分析了巴頓的觀點。

[(2) 巴頓的見解]

[(a) 巴頓關於資本累積過程中對勞動的需求相對減少的論點。巴頓和李嘉圖不懂得這種現象同資本統治勞動有內在的聯繫]

亞當·斯密認為，對於勞動的需求的增加同資本的累積成正比；而馬爾薩斯則認為，資本累積沒有人口增加得那麼快，從而得出了人口過剩的結論。馬克思指出，英國古典政治經濟學代表者之一，約翰·巴頓有很大的功勞。他在《論影響社會上勞動階級狀況的環境》(1817 年出版) 一書中第一次提出，資本各部分並不隨著累積和生產力的發展以同樣的程度增加。隨著技術的進步，固定資本與流動資本相比越來越多。對於勞動的需求取決於流動資本的增加而不是取決於固定資本的增加，因此轉化為工資的那部分資本會相對減少。「因此，他第一次提出這樣一個重要論點，『就業工人的人數』不是『同國家的財富成比例』，工業不發達國家的就業工人的人數比工業發達的國家相對地多。」(第二分冊第 658 頁)

李嘉圖在《政治經濟學及賦稅原理》一書的前兩版中，完全採取了斯密的看法，即對勞動的需求的增加同資本的累積成正比。但是在該書的第三版新增加的第三十一章《論機器》中卻採取了巴頓的看法。李嘉圖不僅像巴頓那樣提出對於勞動的需求並不是同機器的發展成比例，並且斷言機器本身造成過剩的人口。不過，李嘉圖錯誤地把採用機器的這種結果，局限於純產品靠減少

① 李嘉圖. 政治經濟學及賦稅原理 [M]. 郭大力，王亞南，譯. 北京：商務印書館，1962：338.

總產品而增加的場合（這只會在農業中才會遇到），但是這種分析反駁了馬爾薩斯的荒謬的人口論，也反駁了資產階級庸俗經濟學家鼓吹的工人應該把自己的繁殖限制在資本累積水準以下的謊言。

巴頓的錯誤在於，他只從在流通過程中所表現的形式，即固定資本和流動資本的形式來理解資本的有機構成。馬克思指出，資本不同組成部分對活勞動的直接關係不是同流通過程的現象相聯繫的，不是從流通過程產生的，而是從直接的生產過程產生的；並且是不變資本和可變資本之間的關係。只要弄清了不變資本和可變資本的差別，就可以看到這種差別本身同生產的消費品的絕對量沒有關係，雖然它和總收入的一定量的實現在什麼物品上有很大關係。在消費品的絕對量增長時，這個總量中用作可變資本的量可以減少，然而不變資本和可變資本在預付總資本中所占份額會決定總產品採取什麼形式。

「但是，總收入實現在不同商品上的這種方式，並不像李嘉圖所說的和巴頓所暗示的那樣，是資本主義生產的內在規律的**原因**，而是它的**結果**。」（第二分冊第660頁）在李嘉圖看來，社會勞動中用於生產機器的部分增加了，就會減少用於生產工人生活資料的勞動，這就意味著工資基金的減少，並會造成對勞動需要的減少。按照這種說法，對勞動需求的減少似乎是由於在總收入中工人生活資料所占份額相對減少造成的；總收入實現在不同商品上的形式似乎成了決定資本主義生產內在規律的原因。這是把原因和結果弄顛倒了。馬克思指出，事實剛好相反，資本主義生產內在規律決定總收入或總產品實現在不同商品的形式。對於剩餘價值的無限追求和競爭的外在強制，使得在資本累積過程中勞動生產力和資本有機構成不斷提高。資本有機構成的提高使資本對於勞動的需求相對減少，並決定了社會總產品中加入工人消費的生活必需品的相對減少。在資本主義條件下，從事消費品生產的工人中，有較大一部分人是用來生產供資本家、土地所有者和他們的僕從花費的消費品。

馬克思指出：「只要工人和資本家的社會關係發生改變，只要支配資本主義生產的關係發生革命，這種情況就會立即發生變化。」（第二分冊第660頁）在社會主義條件下，社會再生產的結構，首先是生產消費品的部類的結構將會改變，它將由勞動者的需要來決定。

［(b) 巴頓對工資變動和工人人口增長的見解］

關於工資變動和工人人口增長之間的關係，巴頓提出了以下觀點：首先，工資上漲本身不會使工人人口增加，但是工資下降卻能很容易地使工人人口增長。他提出的論據是：英國 18 世紀上半葉工資逐漸上漲而人口增長緩慢；相反，18 世紀下半葉實際工資大大下降，工人人口卻迅速增長。巴頓對這種現象的解釋是：妨礙結婚的是尋求工作困難而不是工資低微。其次，工資低對勞動的需求就大，因為這時使用大量勞動對企業主有利，相反，在工資高時企業主就會採用機器，盡量少用工人。可見，工資水準越低，尋找工作越容易。最後，資本的累積只會緩慢地提高對勞動的需求，因為對勞動的需求一提高工資就會迅速提高，利潤就會大大減少。所以，只有在下述條件下，資本的累積才會迅速反應在對勞動的需求上：工人人口已有大量增加、工資水準很低，以致累積引起工資上漲以後，工資水準仍然很低。

當然在資本累積過程中是採用機器還是雇傭工人，這要看哪一種辦法對資本家更有利。但是，巴頓的解釋沒有說明資本主義生產的發展過程。「巴頓提出的歷史證據是和它應該證明的東西相矛盾的。」（第二分冊第 663 頁）在 18 世紀上半葉，英國工資逐漸上漲，人口緩慢增長，按照巴頓的推論，似乎應該多採用機器了，但這一時期沒有機器。到了 18 世紀下半葉，工資大大下降、人口迅速增加，照巴頓看來，應該大量使用工人了，但是這時卻出現了許多機器。

問題在於巴頓缺乏歷史的分析。18 世紀下半葉，英國的產業革命引起機器的大量使用。當時工資不斷下降，人口驚人增長的事實應該用機器的資本主義使用來說明。「正是機器，一方面，使現有的人口過剩，從而使工資降低，另一方面，由於世界市場的迅速發展，又把這些人口吸收，之後再使它過剩，再把它吸收；與此同時，機器異常地加快了資本的累積，增加了可變資本的**數量**，雖然這種可變資本無論是同產品的總價值相比，還是同它使用的工人數量相比，都相對地減少了。」（第二分冊第 663 頁）

資本對工人的更大的吸引力和更大的排斥力是相互結合的，而且它的規模在不斷擴大。相反，在 18 世紀上半葉還沒有大工業，只有以分工為基礎的工場手工業。這時勞動生產力發展緩慢，因此資本對勞動的需求是和資本累積一起增加的，而且幾乎是同累積成比例地增加的。

在 18 世紀上半葉可變資本占優勢，而在下半葉固定資本占優勢，但是要大規模地運用固定資本，必須有人口的增長。馬克思指出：「這裡生產方式一般發生了變化。適合於大工業的規律和適合於工場手工業的規律不是一回事。」（第二分冊第 664 頁）

附錄

附錄共有六節。材料是從馬克思《1861—1863 年經濟學手稿》第 XI、XII 和 XIII 冊封面上摘錄下來編輯而成的。內容是關於本冊（原第二冊）正文所考察的某些問題的補充資料和論述。

[(1) 關於農業中供求經常相符的論點的最初提法。洛貝爾圖斯和 18 世紀經濟學家中的實踐家]

馬克思從 18 世紀的英國經濟學家和農場主約翰・阿伯思諾特的《當前糧食價格和農場面積相互關係的研究》一書中摘錄了幾段文句，說明以下兩個論點：

一、斯密在 1776 年出版的《國富論》中提到的關於穀物創造對穀物本身需求的理論，在 1773 年阿伯斯諾特的著作中已經簡單明了地提出來了。他已經說明了「穀物同它的消費或多或少是成比例的。如果**人口多了**，**穀物**也會**多**，因為會有更多的人手耕種土地，如果**穀物多了**，人口也會多，因為**豐富**將使人口增加。」（轉引自第二分冊第 669 頁）因此在農業中不可能有生產過剩。後來，19 世紀初馬爾薩斯在他的地租理論中不過是對這個論點進行復述。這一段是對本書第十四章《亞當・斯密的地租理論》第二、三節的補充說明。

二、正文第八章中馬克思批判了洛貝爾圖斯用農業中不把種子等計入生產費用的觀點說明「一般地租」形成的錯誤。這裡補充說明 18 世紀，特別是 60 年代起已有數百篇論文可以駁倒洛貝爾圖斯的這一論點。馬克思還用摘錄的阿伯思諾特著作的一段文句，證明租地農場主是把地租計算在生產費用之內的。他的話已經表明，自從資本掌握了農業的時候起，租地農場主就把全部剩餘價值看成是利潤，地租是利潤的扣除。

［（2）納薩涅爾·福斯特論土地所有者和工業家之間的敵對關係］

納薩涅爾·福新特（1726 年左右至 1790 年）是英國教士，寫有一些經濟著作，維護工人利益。他在《論當前糧價昂貴的原因》一書中，指出了「**土地所有者**和**工業家**彼此之間永遠是敵對的」。（轉引自第二分冊第 671 頁）本段可以看作評述李嘉圖關於地主階級和資本家階級之間對立的觀點的補充材料。

［（3）霍普金斯對地租和利潤之間的關係的看法］

托馬斯·霍普金斯是 19 世紀上半葉的英國資產階級經濟學家。馬克思在本書第八章第五節評論洛貝爾圖斯地租理論時，講到他從德國資產階級化的土地貴族立場出發，認為土地所有者同時是資本家。在他看來起初剩餘價值全部是地租，後來土地所有者和資本家分為兩個階級，剩餘價值也就分為地租和利潤兩部分。這裡，馬克思引霍普金斯的《關於調節地租、利潤、工資和貨幣價值的規律的經濟研究》（1822 年出版）一書中的一段文句，是說明早在 1822 年霍普金斯已提出了和洛貝爾圖斯類似的觀點：把地租看作剩餘價值的原始形式，把利潤看作從地租派生的東西。

［（4）凱里、馬爾薩斯和詹姆斯·迪肯·休謨論農業改良］

本節馬克思引證了三位經濟學家的話，說明他們對農業改良的看法。可以看作是對正文第九章第八、九節和第十三章第四節的補充說明。

一、馬克思摘錄美國經濟學家凱里①的《過去、現在和將來》一書中的一段話。指出凱里總是把土地所有者和農場主看成同一個人。他不同意李嘉圖的

① 亨利·查理·凱里（1793—1879），美國資產階級庸俗經濟學家、階級利益調和論者。

級差地租論中，認為人們耕種土地總是從好地向壞地推移的觀點。他認為，美國的情況表明「人總是從貧瘠的土地推移到較好的土地，然後再回到原來的貧瘠土地」。（轉引自第二分冊第 673 頁）他還強調農業投資對土地改良的作用。在他看來資本投入農業比投入機器能帶來更大的利益。投入農業的資本不僅能得到工資和利息，還會加上土地改良得到的利益。如把資本投入機器，雖然能節約勞動，但是要減去機器磨損的損失。

二、馬克思摘錄馬爾薩斯《關於地租的本質和增長及其調整原則的研究》（1815 年出版）一書中的一段文句，說明馬爾薩斯關於農業改良對利潤和地租的影響的看法。他認為，租地農場主在租約期內追加投入資本，會得到超額利潤，在重訂租約時，地主就會要求增加地租。因此，租約期內追加投資，初期會引起利潤提高，最後總是使地租增加。

三、19 世紀初，隨著工業革命的發展，英國出現了穀物價格上漲的情況。穀物法限制外國糧食進口助長了這一趨勢。詹・迪・休謨①反對穀物法，主張自由貿易。在他的《關於穀物法及其同農業、商業和財政的關係的看法》（1815 年出版）一書中，認為地租的提高影響了農業實行公認的必要的休閒制，主張降低地租，恢複合理的休閒制，以保持土地的肥力。

[（5）霍吉斯金和安德森論農業勞動生產率的增長]

本節是對正文第九章第九節的補充。在正文中**馬克思指出：「安德森是人口論**的死敵，他非常明確地強調指出，土地有不斷增長的持久的改良能力。」（第二分冊第 158 頁）他認為通過合理耕種，土地可以越來越得到改良。這裡，馬克思摘錄霍吉金斯②的《財產的自然權利和人為權利的比較》一書（1832 年出版）中的一段話，說明他也認為隨著社會發展人口增長，土地也會改良，為了給人們提供食物，只要有越來越少的土地面積就夠了。

---

① 詹姆斯・迪肯・休謨（1774—1842），英國資產階級經濟學家、自由貿易論者。

② 托馬斯・霍吉斯金（1787—1869），英國經濟學家和政論家；從空想社會主義立場維護無產階級的利益和批判資本主義，他利用李嘉圖的理論推出社會主義的結論。除本書外，他還著有：《保護勞動不受資本的侵犯》（1825 年）、《通俗政治經濟學》（1827 年）。

[(6) 利潤率的下降]

本節是對正文第十六章第三節的補充論述。馬克思認為，使用較多不變資本的較大資本，其利潤按比例來說，小於使用較大比例的可變資本的較小資本。即資本有機構成高的資本利潤率低於有機構成低的資本。因此，隨著資本有機構成的提高，利潤率下降，這只是勞動生產率提高的另一種表現。

國家圖書館出版品預行編目（CIP）資料

剩餘價值理論導讀 / 北京大學經濟系<<資本論>>研究組 編著. -- 第一版.
-- 臺北市：財經錢線文化, 2019.05

面； 公分

ISBN 978-957-680-350-5(中冊：平裝).

1.馬克斯經濟學 2.剩餘價值

550.1861　　　　108007774

書　名：剩餘價值理論導讀中冊
作　者：北京大學經濟系《資本論》研究組 編著
發 行 人：黃振庭
出 版 者：財經錢線文化事業有限公司
發 行 者：財經錢線文化事業有限公司
E-mail：sonbookservice@gmail.com
粉 絲 頁：　　網 址：
地　址：台北市中正區重慶南路一段六十一號八樓 815 室
8F.-815, No.61, Sec. 1, Chongqing S. Rd., Zhongzheng Dist., Taipei City 100, Taiwan (R.O.C.)
電　話：(02)2370-3310 傳　真：(02) 2370-3210
總 經 銷：紅螞蟻圖書有限公司
地　址: 台北市內湖區舊宗路二段 121 巷 19 號
電　話:02-2795-3656 傳真:02-2795-4100　網址：
印　刷：京峯彩色印刷有限公司（京峰數位）

定　價：360元
發行日期：2019 年 05 月第一版
◎ 本書以 POD 印製發行